高等职业教育"十四五"规划旅游大类精品教材
专家指导委员会、编委会

高等职业教育"十四五"规划旅游大类精品教材

总顾问 ◎ 王昆欣

导游词创作与讲解

Tour Guide Scriptwriting and Commentary

主　编◎高　媛　乔海燕

副主编◎安胜强　冯四朵　李　冉
　　　　王婉姝　张文静

参　编◎张俊藐　李宇星

华中科技大学出版社
http://press.hust.edu.cn
中国·武汉

内 容 简 介

本书立足导游职业岗位核心能力需求,系统阐述导游词创作与讲解的实战技能与艺术,旨在切实提高导游人员的专业服务水平和职业竞争力。全书采用职业导向的项目化教学设计,划分为若干仿真工作场景的任务模块。首先,本书聚焦导游词创作的核心要点,详细讲解基本原则与实操方法,并深入解析项目化教学对技能养成的支撑作用。帮助学生系统掌握不同情境下的导游词创作技能,并针对自然景观、人文古迹等不同资源类型,讲授相关创作技法。其次,本书深度解析导游讲解的语言艺术与核心技巧,着重训练学生的表达能力、逻辑思维能力及互动沟通能力。最后,本书直面导游实践中的高频问题,深度剖析并提供切实可行的解决方案,帮助学生提升独立应对复杂情况的能力。本书紧密结合行业实际,突出技能训练与问题解决,是培养高素质、应用型导游人才的实用操作指南与核心教学资源。

图书在版编目(CIP)数据

导游词创作与讲解 / 高媛,乔海燕主编 . -- 武汉 :华中科技大学出版社,2025.5. -- (高等职业教育"十四五"规划旅游大类精品教材). -- ISBN 978-7-5772-1882-3

Ⅰ. K928.9

中国国家版本馆 CIP 数据核字第 2025RX9238 号

导游词创作与讲解
Daoyouci Chuangzuo yu Jiangjie

高　媛　乔海燕　主编

总 策 划:李　欢
策划编辑:王　乾
责任编辑:王梦嫣
封面设计:原色设计
责任校对:李　弋
责任监印:曾　婷
出版发行:华中科技大学出版社(中国·武汉)　　　电话:(027)81321913
　　　　　武汉市东湖新技术开发区华工科技园　　　邮编:430223
录　　排:孙雅丽
印　　刷:武汉科源印刷设计有限公司
开　　本:787mm×1092mm　1/16
印　　张:17.25
字　　数:378千字
版　　次:2025年5月第1版第1次印刷
定　　价:49.80元

总序
ZONGXU

习近平总书记在党的二十大报告中深刻指出,要"统筹职业教育、高等教育、继续教育协同创新,推进职普融通、产教融合、科教融汇,优化职业教育类型定位""实施科教兴国战略,强化现代化建设人才支撑""坚持教育优先发展、科技自立自强、人才引领驱动""开辟发展新领域新赛道,不断塑造发展新动能新优势""坚持以文塑旅、以旅彰文,推进文化和旅游深度融合发展",这为职业教育发展提供了根本指引,也有力地提振了旅游职业教育发展的信念。

2021年,教育部立足增强职业教育适应性,体现职业教育人才培养定位,发布了《职业教育专业目录(2021年)》,2022年,又发布了新版《职业教育专业简介》,全面更新了职业面向、拓展了能力要求、优化了课程体系。因此,出版一套以旅游职业教育立德树人为导向、融入党的二十大精神、匹配核心课程和职业能力进阶要求的高水准教材成为我国旅游职业教育和人才培养的迫切需要。

基于此,在全国有关旅游职业院校的大力支持和指导下,教育部直属的全国重点大学出版社——华中科技大学出版社,在党的二十大精神的指引下,主动创新出版理念、改进方式方法,会聚一大批国内旅游院校的国家教学名师、全国旅游职业教育教学指导委员会委员、全国餐饮职业教育教学指导委员会委员、资深教授及中青年旅游学科带头人,编撰出版"高等职业教育'十四五'规划旅游大类精品教材"。本套教材具有以下特点。

一、全面融入党的二十大精神,落实立德树人根本任务

党的二十大报告中强调:"坚持和加强党的全面领导。"党的领导是我国职业教育最鲜明的特征,是新时代中国特色社会主义教育事业高质量发展的根本保证。因此,本套教材在编写过程中注重提高政治站位,全面贯彻党的教育方针,"润物细无声"地融入中华优秀传统文化和现代化发展新成就,将正确的政治方向和价值导向作为本套教材的顶层设计并贯彻到具体项目任务和教学资源中,不仅培养学生的专业素养,更注重引导学生坚定理想信念、厚植爱国情怀、加强品德修养,以期落实"立德树人"这一教育的根本任务。

二、基于新版专业简介和专业标准编写,兼具权威性与时代适应性

教育部2022年发布新版《职业教育专业简介》后,华中科技大学出版社特邀我担任总顾问,同时邀请了全国近百所旅游职业院校知名教授、学科带头人和一线骨干教师,以及旅游行业专家成立编委会,对标新版专业简介,面向专业数字化转型要求,对教材书目进行科学且全面的梳理。例如,邀请职业教育国家级专业教学资源库建设单位课程负责人担任主编,编写《景区服务与管理》《中国传统建筑文化》《旅游商品创意》;《旅游概论》《旅游规划实务》等教材成为教育部认定的职业教育国家在线精品课程的配套教材;《旅游大数据分析与应用》等教材则获批省级规划教材。经过各位编委的努力,最终形成本套"高等职业教育'十四五'规划旅游大类精品教材"。

三、完整的配套教学资源,打造立体化互动教材

华中科技大学出版社为本套教材建设了内容全面的线上教材课程资源服务平台:在横向资源配套上,提供全系列教学计划书、教学课件、习题库、案例库、参考答案、教学视频等配套教学资源;在纵向资源开发上,构建了覆盖课程开发、习题管理、学生评论、班级管理等集开发、使用、管理、评价于一体的教学生态链,打造了线上线下、课内课外的新形态立体化互动教材。

本套教材既可以作为职业教育旅游大类相关专业教学用书,也可以作为职业本科旅游类专业教育的参考用书,同时,可以作为工具书供从事旅游类相关工作的企事业单位人员借鉴与参考。

在旅游职业教育发展的新时代,主编出版一套高质量的规划教材是一项重要的教学质量工程,更是一份重要的责任。本套教材在组织策划及编写出版过程中,得到了全国广大院校旅游教育教学专家教授、企业精英,以及华中科技大学出版社的大力支持,在此一并致谢!

衷心希望本套教材能够为全国职业院校的旅游学界、业界和对旅游知识充满渴望的社会大众带来真正的精神和知识营养,为我国旅游教育教材建设贡献力量。也希望并诚挚邀请更多旅游院校的学者加入我们的编者和读者队伍,为进一步促进旅游职业教育发展贡献力量。

王昆欣
世界旅游联盟(WTA)研究院首席研究员
高等职业教育"十四五"规划旅游大类精品教材总顾问

前言
QIANYAN

　　党的二十大报告将文化建设摆在突出位置,对文化和旅游工作作出重要部署,在"推进文化自信自强,铸就社会主义文化新辉煌"中,明确把"坚持以文塑旅、以旅彰文,推进文化和旅游深度融合发展"作为发展文化事业和繁荣文化产业的重要要求。习近平总书记在全国旅游发展大会上指出,"旅游业从小到大、由弱渐强,日益成为新兴的战略性支柱产业和具有显著时代特征的民生产业、幸福产业",要"加快建设旅游强国"和"推动旅游业高质量发展行稳致远"。

　　在"文旅融合"的大背景下,旅游消费呈现新趋势,旅游体验质量成为重中之重。鉴于游客正是通过导游的讲解来获得知识拓展和美感享受,讲解服务自然成为导游服务的核心,因此,导游创作导游词的能力尤为重要。然而,在以往的旅游管理和导游专业人才培养中,导游词创作往往只是作为导游业务、应用文写作等基础课程中的一个章节或单元存在,这在一定程度上制约了对学生的导游词创作能力的培养。因此,本书在编写的过程中,着重培养导游创作、优化导游词的能力,具体特点如下:

　　一是采用项目化教学体例。在教材编写上,我们遵循以项目为主线,以具体任务为节点的原则,构建了一个条理清晰、结构严谨的教材内容体系。这种依据项目教学法编排的教材,与高职院校倡导的"学做结合,任务驱动"的一体化教学模式高度契合。

　　二是本书兼具教师用书、学生用书及实习指导用书的功能,具有极强的可操作性。书中设置了供学生创作与摘抄导游词的区域,并提供了讲解评分表,这些设计极大地提升了教材的实用价值。

　　三是紧密贴合导游服务工作实际。本书所有项目是根据导游带队实际工作中导游服务的具体需求而设置的。本书紧密跟随旅游产业的发展步伐,密切关注行业与时代的最新发展动态,设定以实训教学为主的导游词撰写任务,旨在培养学生的导游词创作能力。本书的编写注重职业性、时代性、针对性与实用性,符合一线导游服务工作的特点,立足于学生的认知规律,着重培养写作与讲解能力,以初级和中级导游考试为标准,通过四位一体的"415"教学模式,以期实现导游人才的培养目标。

本书由秦皇岛职业技术学院高媛、嘉兴职业技术学院乔海燕担任主编,构建了全书的基本思路和框架,并对全书内容进行了统稿、定稿和补充修改工作。具体编写分工如下:嘉兴职业技术学院张俊蔲负责编写项目一,河源职业技术学院冯四朵负责编写项目二、项目三,安徽职业技术大学张文静负责编写项目四,山东旅游职业学院李冉负责编写项目五,辽宁省交通高等专科学校王婉姝负责编写项目六、项目七,嘉兴职业技师学院李宇星负责编写项目八。北京鼎盛诺蓝科技有限公司安胜强负责提供与制作全书中引用的全国职业院校技能大赛导游赛项成果视频资源,以及项目五部分导游词的编写。

感谢本书所参阅和引用的信息、资料的作者所给予的理解和支持,正是在全体编写人员的共同努力以及诸多专业人士的支持下,本书才得以顺利编写完成。感谢华中科技大学出版社旅游分社王乾编辑为本书的出版做出的贡献。

由于编者水平有限,书中难免存在不足之处,真诚欢迎各位读者批评指正,在此表示衷心的感谢。

编者

2025 年 6 月

Note

目录
MULU

Note

Note

二维码资源

项目一
认识导游词

项目描述

本项目详细介绍了导游词的概念与基本特点、导游词的分类与构成、导游词的应用场景及其在不同场景下的基本功能。

项目目标

知识目标

(1)了解导游词的基本概念与内涵、导游词的基本特点、导游词的构成。

(2)了解导游词分类方法,以及不同分类下的导游词类型。

(3)了解导游词在不同场景下的功能及他们之间的区别。

能力目标

(1)能够根据导游词的分类方法对其进行恰当分类。

(2)能够针对不同场景,精准选择恰当的导游词形式。

素养目标

(1)扩充导游服务理论知识储备,加深行业认知。

(2)强调导游词作为文化传播工具的角色,培养学生的职业道德。

知识导图

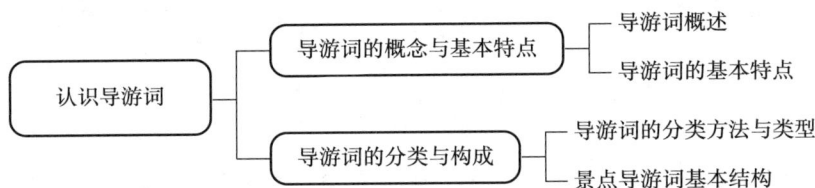

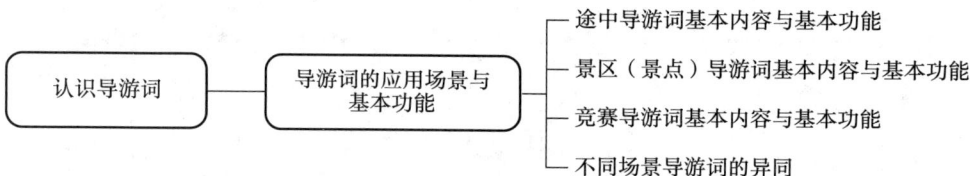

```
                                             ┌── 途中导游词基本内容与基本功能
                                             │
  ┌─────────┐     ┌──────────────┐           ├── 景区（景点）导游词基本内容与基本功能
  │ 认识导游词 │─────│ 导游词的应用场景与 │───────┤
  └─────────┘     │   基本功能    │           ├── 竞赛导游词基本内容与基本功能
                  └──────────────┘           │
                                             └── 不同场景导游词的异同
```

项目引入

导游词讲解案例

导游小张带领一个旅游团前往北京。在旅途中，小张说道："亲爱的朋友们，我们正向着充满魅力的城市北京前行。北京是一座古老与现代交融的城市，我们即将参观故宫、长城等著名景点。一路上，大家可以欣赏到北方的壮丽风光。行程中，请大家紧跟团队，注意个人财物安全。我先给大家讲讲北京的美食文化和咱们这几天的大致安排……"

到达故宫后，小张介绍道："朋友们，现在我们来到了宏伟壮观的故宫。故宫建于明朝，是世界上现存的规模最大、保存最为完整的木结构古建筑群。这里的一砖一瓦都承载着丰富的历史故事。大家看那精美的雕刻，无不展现着古代工匠的高超技艺……"

之后，小张参加了一场导游竞赛，选取了长城进行讲解："各位评委、朋友们，今天我要带您领略雄伟的长城。长城是中华民族的象征，它蜿蜒于群山之间，见证了无数的烽火岁月。其建筑之宏伟、战略意义之重大，令人叹为观止……"

分析：

从这个案例中可以看出，讲解服务是导游服务的重要组成部分，小张在途中的介绍，不仅让大家对北京有了初步期待，还分享了美食文化等实用信息，帮助游客缓解旅途疲劳，提供消遣，传递行程信息，营造良好氛围，让大家对旅游目的地充满期待。小张在景区讲解的导游词充实详细，对景点的历史、建筑特点等描述准确。他在游览过程中根据游客反应调整讲解重点，能够帮助游客深入了解景点的历史文化，激发游客的兴趣和思考，为游客提供有价值的信息。竞赛中的导游词语言表达规范、用词考究，充分展示了小张的专业素养和讲解能力。

任务一　导游词的概念与基本特点

任务描述

本任务对导游词的概念、基本特点进行了详细介绍，并借助相关知识活页帮助学生更加具象化地了解导游词。

任务目标

了解导游词的基本概念与内涵、导游词的基本特点,通过本任务的学习对导游词形成基本认知。

一、导游词概述

在游客观光游览的过程中,导游会根据游客所在景点、活动场所的情况,运用自身的知识和经验等,向游客提供有针对性的介绍、说明和讲解,这种引导游客游览的讲解词,通常被称为导游词。导游词来源于导游的工作实践,又服务于导游工作实践,是导游必修的课题。对导游而言,导游词是他们与游客交流思想、向游客传播信息与文化知识的基础资料和工具,吸引游客、展示自身形象与专业水平的重要手段,以及未来招揽潜在游客的基本前提。由此可见,导游是导游词的主要使用者,是导游词语言表达的主体;游客是导游词的主要受用者,是导游词语言表达的客体。

根据表达形式,导游词分为口语导游词与书面导游词两种。其中,书面导游词在语言表达上相对规范,它是根据游览线路,为了对景点和重要景物进行介绍而创作的,引导游客游览和了解知识的一种文体。书面导游词通常包含一些基本的数据、知识等,是口语导游词生成与口语讲解的基础与脚本。由于游客具有多样化的特点,这就要求导游要根据游客的特点和现场的实际情况进行临场发挥,对书面导游词进行再创作并生成具有针对性的口语导游词。口语导游词方便游客接收和理解,往往较为口语化,在语言表达上具有较大的灵活性。书面导游词、口语导游词与导游之间的关系,就像是剧本、现场表演与演员之间的关系。书面导游词(剧本)为导游(演员)的表达提供了基本依据;导游(演员)则需要根据书面导游词(剧本),结合自身知识、经验和理解,创作口语导游词(现场表演),进而形成自己独一无二的讲解风格。

知识活页
Zhishi Huoye

傣族泼水节导游词

1.书面版本

各位游客,大家好! 欢迎大家来到我们的西双版纳傣族自治州,一年一度的傣族泼水节今天就要开始了,在我们进入活动现场之前,先为大家简单地介绍一下我们的泼水节。

可能有朋友要问了,泼水节不就是互相泼水祝福吗? 有什么好介绍的?

那还真不是只有泼水这么简单! 整个节日期间,除了泼水祝福,还会有赶摆、赛龙舟、浴佛、诵经、跳孔雀舞和白象舞等传统娱乐活动,另外还增加了斗鸡、放气球、游园联欢等新的活动。泼水节对傣族同胞来说,是辞旧迎新的节日,一般在傣历六月中旬举行,也就是我们农历清明节前后十天左右。它是西双版纳隆重的传统节日之一,也是国家级非物质文化遗产之一。泼水节又名"浴佛节",随着佛教在傣族地区影响的加深,泼水节成为民族节庆流传下来,已经有数百年的历史了。

到了节日这天,傣族妇女们会挑一担清水为佛像洗尘,祈求佛祖保佑。"浴佛"完毕,集体性的泼水活动就开始了,人们会涌到大街上,用各种各样的容器盛水,逢人便泼,追逐嬉戏,文雅一些的则用树枝蘸水洒身,希望用圣洁的水带走疾病和灾难,迎接美好幸福的生活。入夜,村寨鼓乐相闻,人们纵情歌舞,热闹非凡。

朋友们,傣族村寨的男女老少们已身穿盛装开始欢度佳节,接下来,就让我们加入其中吧!希望大家在泼水节期间玩得开心!

2.口语版本

各位游客朋友们,大家好呀!欢迎大家来到咱们的西双版纳傣族自治州。今天呀,一年一度的傣族泼水节就要开始啦!在咱们进入活动现场之前,我先给大家简单讲讲泼水节。

可能有朋友会问:"泼水节不就是互相泼水送祝福嘛,这有啥好介绍的?"嘿,这可没那么简单!整个节日期间呀,可不是只有泼水送祝福哦,还有赶摆、赛龙舟、浴佛、诵经、跳孔雀舞和白象舞这些传统娱乐活动呢!另外,还有斗鸡、放气球、游园联欢等新活动。在傣族,泼水节是辞旧迎新的盛大节日,一般是在傣历六月中旬举行,差不多就是咱们农历清明节前后十天。这可是西双版纳特别隆重的传统节日之一,还是国家级非物质文化遗产哟!泼水节又叫"浴佛节",随着佛教在傣族地区的影响越来越深,泼水节就变成一种民族习俗流传下来了,已经有好几百年历史啦!

到了节日这一天,傣族妇女们会挑一担清水给佛像洗尘,祈求保佑。"浴佛"完了之后,集体性的泼水活动就开始咯!人们会在大街上,用各种各样的容器装水,追着闹着,见人就泼。文雅一点的呢,则会用树枝蘸水往身上洒。人们都盼着用这圣洁的水带走疾病和灾难,过上幸福美好的生活。到了晚上,村寨里到处都能听到鼓乐声,人们尽情地唱歌跳舞,那叫一个热闹!

朋友们,傣族村寨的男女老少们都已经穿着盛装开始欢庆节日啦!接下来,咱们也赶紧加入吧!希望大家在泼水节期间玩得开心!

(资料来源:编者提供。)

知行合一
Zhixing Heyi

导游小李在带领一个旅游团参观中国的历史文化名城西安时,凭借精心准备且富有内涵的导游词,为游客们带来了一次难忘的旅行体验。

在参观秦始皇兵马俑博物馆时,小李这样讲解:"亲爱的朋友们,现在我们站在了世界八大奇迹之一的秦始皇兵马俑面前。这些栩栩如生的陶俑和陶马，仿佛在诉说着秦始皇统一六国的伟大征程。每一个陶俑的神态、姿态都各不相同，他们是古代工匠智慧的结晶，也是中华民族辉煌历史的见证。"

在古城墙上，小李又说道："这道城墙见证了无数的风云变幻，它承载着古代人民的智慧和勇气，也见证了我们中华民族的坚韧与团结。当我们漫步在这城墙上，仿佛能听到历史的回声，感受到岁月的沧桑。"

（资料来源：根据网络资料整理。）

分析：

从文化传承的角度来看，导游词是传承中华优秀传统文化的重要载体。小李通过生动准确的导游词，让游客深入了解了秦始皇兵马俑和古城墙所蕴含的历史文化价值，增强了他们对中国传统文化的认同感和尊重，促进了文化的交流与传播。

从价值观引导的角度来看，导游词能够激发游客的爱国情怀和民族自豪感。小李对景点的讲解，让游客们感受到了古代劳动人民的智慧和中华民族的伟大，增强了游客的民族自信和文化自信。

在服务意识方面，精心准备的导游词体现了导游小李的敬业精神和对游客的尊重。小李的讲解服务满足了游客对知识的需求，也为他们提供了精神享受，导游词讲解的过程展现了小李良好的职业道德和服务意识。

同时，导游词讲解也有助于培养游客的文明旅游意识。导游词中关于历史文化的介绍，能够引导游客尊重历史、珍惜文化遗产，从而在旅游过程中自觉遵守文明规范，共同保护和传承人类的宝贵财富。

总而言之，导游词不仅是导游工作的重要内容，还是传播文化、引导价值观、提升服务质量和培养文明意识的有效途径，对于促进旅游业的健康发展和推动社会的文明进步具有重要意义。

二、导游词的基本特点

（一）准确性

讲解服务是导游服务的重要组成部分，导游词的内容要精准，这是保障讲解质量的基础。在导游词中，不论是谈古论今，还是议人叙事，都要重视准确性，避免所讲内容不准确、无根据。要想提升导游词的准确性，可以从以下三个方面入手：①牢固掌握相关知识，包括且不限于景区景点信息、旅途信息、历史文化知识、自然科学知识、文学艺术知识等。②关注时事动态，并能根据最新动态及时调整导游词细节，避免缺乏时效性导致导游词内容失真的情况发生。③秉持科学的态度，以事实为依据，准确地反映客观事实、贴近客观实际，实事求是地表达正确的内容。

（二）灵活性

因为导游词应用的情境是多变的，所以它需要及时调整，具有较大的灵活性。导游需要根据现场实际情况及游客的需求差异灵活应对，即使是相同的景区，也需要因时、因人而异，及时调整既定的导游词，以便更好地满足游客的实际需求。导游词讲解并非单向输出的过程，游客与游客之间是存在双向互动的，导游也要根据游客的反应及时捕捉其兴趣点，调整导游词内容。例如，面对那些对景区相关信息了解不多甚至毫无了解的游客，导游词内容不能太深入，概括性内容的比例要高一些；对于那些对景区相关知识已经有所了解的游客，导游应根据情况突出个别主题，增加导游词内容的深度；对低龄群体进行讲解时，导游应加强导游词的故事性。

（三）针对性

导游词是否具有针对性，对游客而言至关重要。因为一份优质且具有针对性的导游词，能够极大地提升游客在整个旅游过程中的体验感。导游词应具有针对性，因时、因人而异。导游在创作和讲解导游词时，需要充分考虑各种因素。例如，游客有着不同的国籍、文化传统、教育背景等，导游需要据此来调整导游词的内容和讲解方式。同时，游览场所的状况也可能因为时间而有所变化，有的游览场所有特殊的规定和限制，有的场所还会因为季节、天气等实际情况而呈现出不同的风貌。所以，导游只有针对性地创作导游词，才能够更好地满足游客的需求、提升游客的旅游体验，让游客真正深入地了解和感受所游览的地方。

（四）生动性

导游词想要打动人心，引起游客的共鸣，就要生动且有趣味性。"看景不如听景"，呆板、单调或生硬的解说会使游客兴趣索然，以致在心理上产生厌恶情绪，影响游客游览的心情和效果，甚至会影响游客对旅游目的地的印象。生动形象、灵活幽默、妙趣横生又能发人深省的讲解，才能引人入胜，起到情景交融的作用。讲解生动灵活要求导游在讲解过程中使用形象化的语言，以创造美的意境；通过鲜明生动的语言，增加情趣性。提升导游词的生动性可以从以下三个方面入手：①在充分掌握资料的基础上，尽可能地发掘其中的趣味性，努力使情景与语言交融，最大限度地激发游客的游兴。②恰当地运用比喻。生动的比喻能让游客感到亲切且更容易理解导游所讲的内容。③灵活地运用幽默。幽默是人际关系的"润滑剂"，讲话风趣幽默能使听者欢笑、气氛活跃，提高游客的游兴。遇到问题时，幽默还可以令人保持乐观，暂时忘记烦恼。需要特别注意的是，导游在运用幽默语言时必须注意幽默的品位，品位低下的"幽默"可能引起游客心理不适，对游览体验产生负面影响。

（五）艺术性

旅游是一个寻找美、发现美、追求美、享受美的过程。富有艺术性的导游词能够给游客带来美的体验、美的享受，因此，导游词应当具备一定的艺术感染力。这要求导游词应在尊重客观实际的基础上,恰当地运用抒情、描写和议论等手法,使其内容引人入胜,充满艺术性,从而提升导游词质感。导游词的艺术性可以从以下四个方面进行锤炼:①描述性语句用词要恰当。对具有传神、鲜明、生动、形象等表达效果的语言材料进行锤炼,在语音、语义、词语、句式等方面表现出独特的艺术魅力,切忌冗长、空洞。②叙述性语句要流畅。导游词无论是涉及科学知识、历史文化的内容,抑或是神话传说、民间故事、历史典故及风土人情等,都要流畅自如、引人入胜。③节奏要恰当。导游词中可巧妙地穿插各种形式的问句,如设问、反问、正问等,以调节节奏,营造轻松的交际气氛,同时可以使导游词的重点、难点得到突出和强调。④主题要适当升华。导游词应当巧妙挖掘主题,并加以引申、升华,突出核心内容,打造讲解亮点,让游客获得更深层次的体验。

(六)逻辑性

导游词应当思维清晰、条理分明、内容连贯,在内容组织和结构安排上需要遵循一定的逻辑顺序。从开场的热情问候到景点详解,再到总结收尾,每个环节都需精心设计,让游客自然而然地跟随讲解节奏,获得流畅的游览体验。导游词的内容还应当连贯有序,各个环节之间要过渡自然,无突兀之感。例如,在从一个景点过渡到另一个景点时,要巧妙地通过衔接语句,使游客的思维能够顺畅地转换,不会有跳跃感或产生困惑。同时,导游词需要根据游览的过程,合理地运用各种表达技巧。在游览的起始阶段,导游可能会通过一些悬念的设置来吸引游客;在重点景点的讲解时,导游可以运用比喻、拟人等修辞手法,让景点魅力跃然眼前;在阐释历史文化时,宜采用层层递进的方式,将复杂的信息转化为清晰易懂的叙述。

只有做到以上这些,导游词才能真正具备逻辑性,让游客在整个游览过程中,不仅能够欣赏到美景,还能在导游清晰、连贯、富有技巧的讲解中,深入理解景点背后的文化和历史价值,获得丰富而难忘的旅游体验。

(七)规范性

导游词的规范性至关重要。在书面表达中,导游应使用准确、规范、正式的语言,确保文字清晰易懂,符合语法规范。在口语表达中,虽可适当运用方言增添趣味,但需谨慎使用并及时解释。例如,当使用某个方言词汇介绍景点时,应立即向游客说明其含义,避免产生误解。这种规范性既体现了导游的专业性,又能确保信息传递的准确性,避免因语言不规范造成游客困惑。

(八)实用性

导游词的实用性是其发挥作用的关键所在。导游词的内容应当翔实全面,涵盖景点历史背景、文化内涵、建筑特色及相关传说故事等方面。之所以要求如此,是因为在实际的导游工作中,导游常常需要根据游客的现场实际情况迅速做出调整。例如,当遇到对历史文化感兴趣的游客团队时,导游可以着重讲解景点背后的历史文化;面对更关注自然风光的游客,就可以多描述景色的独特魅力。

Note

　　内容翔实且全面的导游词能够为导游提供丰富的素材储备,方便其根据游客的年龄层次、兴趣爱好、知识水平等因素,灵活调整讲解内容。这种具有高适应性的导游词设计,既能够确保讲解的专业性,又能满足不同游客的个性化需求,从而提供更优质的讲解服务。

他　山　之　石

秦始皇兵马俑博物馆导游词

　　山水西安千幅画,文明古都万卷诗。游客朋友们,早上好,欢迎来到西安,我是你们今天的导游。

　　说起西安,你能想到的第一个景点是什么? 想必大多数人,首先想到的都是兵马俑。

　　今天就由我来带领大家走进秦始皇兵马俑博物馆。它位于西安市临潼区,东距临潼区政府所在地约5千米,被誉为"世界第八大奇迹",是中国第一批世界遗产。自1979年10月1日开放以来,先后有200多位外国元首和政府首脑参观访问,法国前总统希拉克参观后曾说:"不看秦俑,不能算来过中国。"

　　兵马俑坑是秦始皇陵墓的陪葬坑,位于陵墓东侧约1.5千米处。陪葬坑坐西向东,最早发现的是一号坑,呈长方形,二号坑与三号坑分别位于它的东北侧和西北侧,三座俑坑呈凹字形排列。三座俑坑均为地下坑道式土木结构建筑,总面积有2万多平方米,共出土了陶俑和陶马7000余件,战车600余乘。

　　现在我们正前方的就是一号坑。俯视一号坑全景,您是否体会到了"秦皇扫六合,虎视何雄哉"的威势和"不尽长江滚滚来"的浩荡? 看过了兵马俑整体的气势,我们再换一个角度,来近距离欣赏兵马俑的造型艺术,相信您会更加震撼。一直以来,很多人都认为,中国文化从古至今都强调集体性而模糊个性,但是,眼前这些2200多年前的兵马俑,却是个性与集体性的完美结合。

　　我们先来看他们的个性。这里6000名将士有6000张面孔,每个陶俑的装束都不一样,并且具有或怒或笑、或悲或乐的不同表情。请大家随我看这具下级军士俑,他面部表情悲戚,眼神茫然,紧闭双唇,体现了他作为帝国将士的自信与坚毅,这也是现实生活的磨难与个体精神品质相碰撞的结果。

　　我们再来看集体性。这6000张面孔共同展现了秦人威严、从容的共同性格和秦兵的威武风采。6000名秦军,排列有序,组织严密。步兵个个身披盔甲,持枪执戟,聚精会神,目视前方,像在时刻等待战斗的号令。骑兵牵马挟弓,头戴圆形小帽,仿佛时刻准备跨马出击。车兵身着重甲,手执车辔,曲背挺腿,像要立即冲向沙场。弓弩兵则或立或跪,挽弓搭箭,箭镞仿佛要立刻飞向敌阵。步兵、骑兵、车兵、弓弩兵既各司其职,又相互协同,构成了一个和谐完美的整体。他们同心协力,汇成一股力量,威武雄壮,无所畏惧,排山倒海,绵延至今,成为秦朝"六王毕,四海一"的真实写照。

好了,接下来,大家可以自由观光,慢慢欣赏兵马俑独特的美与背后的文化。

（资料来源：编者提供。）

任务二 导游词的分类与构成

任务描述

本任务介绍了导游词分类的四种方法及景点导游词的基本结构,对导游词各部分的具体内容进行了阐述,帮助学生更进一步了解导游词。

任务目标

了解导游词的分类方法与不同类型导游词的区别,熟悉景点导游词的整体结构框架,掌握景点导游词具体内容模块,通过本任务的学习以确保导游词创作的完整性。

一、导游词的分类方法与类型

（一）按内容分类

从内容上看,导游词可分为自然景观导游词和人文景观导游词。自然景观导游词可根据景观类型不同进一步细分为地文景观、水域景观、生物景观、天象与气候景观类导游词,一般需要运用描写、比喻、拟人等修辞方法,生动形象地展现自然之美。人文景观导游词也可进一步细分为古代建筑、古典园林、城市风光、主题公园、博物馆等类型的导游词,多采用严谨的笔法和准确的语言来呈现其内涵和价值。

（二）按形式分类

从形式上看,导游词主要有书面导游词与口语导游词两类。书面导游词往往是依据真实的游览景观,按照既定的游览路线,并通过模拟游览活动创作出来的,它是口语导游词的基础和参照。当导游熟知书面导游词的关键内容后,再依据游客的实际情形,在现场进行即兴发挥,就变成了口语导游词。本书所涉及的导游词创作,指的是书面导游词的创作。

（三）按导游词的功能分类

按照导游词的功能,导游词可以分为带团导游词和竞赛导游词两种。带团导游词是导游在实际带团过程中使用的导游词,其实用性突出,并且具有一定的随意性。竞赛导游词则需要参赛选手在既定时间内完成对某个游览对象的讲解,具有较强的表演性和演讲性。导游词是导游向游客进行讲解的重要依据和蓝本,导游以导游词为基础,结合服务对象(如游客的性别、年龄、职业、文化层次等)、服务场景(如季节、天气等)的变化,有针对性地进行适当发挥,以满足不同游客的需求。

(四)按讲解受众分类

导游词可以分为常规受众导游词和特殊受众导游词。前文所述的自然景观导游词、人文景观导游词等大多是针对普通游客而设定的,因此属于常规受众导游词。特殊受众导游词更具针对性。例如,针对视障者的导游词,需要更多运用生动、形象且具体的语言描述,通过声音的传递让他们在脑海中构建出景点的画面,可能还需要增加触摸体验等环节。针对中小学生研学团的导游词,要着重结合教育目标,融入学科知识,引导学生观察、思考和探究。竞赛导游词则要求导游在有限时间内充分展现景点魅力和讲解水平,语言更加精练,富有感染力。涉外导游词需考虑不同国家的文化背景和语言习惯,避免文化误解,在准确传达信息的同时展现我国的文化特色。总之,特殊情境导游词需要根据特定的对象和情境进行精心设计,以满足不同人群的需求和期望。

他 山 之 石

故宫导游词

1.中小学生研学团版本

亲爱的同学们! 欢迎大家参加这次充满趣味和知识的研学之旅!

今天咱们要去的地方是故宫。故宫那可是超级厉害的! 它建成于明朝,到现在已经有好多年的历史啦!

故宫特别大,房子多得数都数不清。这里面住过好多皇帝和他们的家人。同学们可以想象一下,古代的皇帝就在这里处理国家大事,是不是很神奇?

故宫的建筑也特别精美,屋檐上的那些神兽、红墙黄瓦,都有着特别的意义。那些精美的雕刻和装饰都是古代工匠们一点点做出来的,他们可真是太厉害了!

咱们一边走,一边看看故宫里的宝贝。这里有古老的书画、精美的瓷器,每一件物品都在向我们讲述过去的故事。

同学们,这次研学可不是简单的游玩,大家要多观察、多思考,看看能从中学到什么新知识,好不好?

2.视障者旅游团版本

亲爱的朋友们! 欢迎大家参加这次旅行!

我们现在来到了故宫。虽然大家可能看不到故宫的样子,但我会尽我所能,让大家通过声音和触摸来感受它的魅力。

故宫建于明朝,是曾经皇帝居住和处理政务的地方。想象一下,这里曾经发生过无数重大的决策,影响着整个国家的命运。现在,大家可以用手触摸一下故宫的墙壁,感受它的坚实和厚重、古老和威严。

接下来,我会为大家详细描述故宫的建筑风格,比如屋檐的形状、门窗的雕花。大家还能听到周围的声音,比如风吹过的声音、人们的脚步声,这些声音也都在诉说着故宫的故事。

朋友们,让我们一起用心去感受这次旅行吧!

知识活页
Zhishi Huoye

为什么要关注针对特殊受众的导游词?

1.中小学生

中小学研学旅行是学习与旅行结合的教育方式,学生借此走出教室,亲身体验知识。此时,导游词如同"知识引路人",作用关键。

首先,要满足中小学生特定的学习需求。中小学生处于知识积累和思维发展期,充满好奇,渴望新知。研学不是单纯游玩,导游词需包含丰富的知识,导游要深入浅出地介绍景点的历史、文化、科学等方面的内容。比如参观博物馆,导游要深入挖掘展品背后的内涵,激发学生的思考。

其次,要培养爱国情怀和民族自豪感。我国众多名胜古迹是民族智慧的结晶,讲述长城、故宫等古迹背后的故事,能让学生真切感受到祖国的伟大,增强民族自信和文化认同。

再次,要有助于培养综合素质。在研学旅行中,学生需要通过合作交流来深化认知。导游词设计互动环节,引导观察、提问、讨论,锻炼能力。如参观自然风景区,提出生态保护问题,培养环保和团队精神。

最后,要体现教育的公平性。每个学生都有权接受优质教育,提供合适的导游词,能让更多学生在研学中受益,弥补学校教育的不足。

作为导游,应当充分了解学生的旅游需求和特点,用生动活泼的语言,结合多样化的教学手段,增强吸引力,并在此过程中提升自身专业能力。

2.视障者

在旅游业蓬勃发展的当下,旅游成为人们追求美好生活的重要方式。然而,残障人士尤其是视障者,在参与旅游活动时却面临诸多困难。

旅游业本应是高度包容的,人人都应享有平等的旅游权利。虽然宏观层面对视障者的重视程度有所提高,助残事业有所发展,但视障者在旅游中仍常被忽视。人们普遍认为旅游与视觉体验紧密相连,对视障者的旅游需求的关注程度很低。

事实上,视障者同样渴望旅行,渴望感知世界。据统计,全球有众多视障者,中国的视障者数量也在不断增长,且有强烈的出游愿望的视障者比例很高。这意味着视障旅游市场潜力巨大,只是尚未得到充分开发。

为视障者创作特殊的导游词至关重要。这不仅能让他们平等地享受旅游的乐趣,还能向他们传递社会的关爱,通过生动、详细且富有情感的描述,帮助他们在心中描绘出旅途的美好。

关注视障者,是社会公平的体现,也是我们共同的责任。让我们一起努力,为他们创造更美好的旅游体验吧!

二、景点导游词基本结构

通常情况下,景点导游词依次由标题、欢迎词、正文、欢送词四部分构成。

(一)标题

标题即导游词的题目,它是导游词的"眼睛",往往能够简洁明了地概括景点的核心特色或主题,吸引游客的注意力,激发他们的游览兴趣。我们一般将自然景观或人文景观的名称,加上"导游词"组成简洁明了的标题,如长城导游词、黄山导游词、苏州园林导游词等,也可以有主、副标题,如淡妆浓抹总相宜——杭州西湖导游词。

(二)欢迎词

欢迎词是导游与游客初次接触时的"开场白",它能够营造出亲切、热情的氛围,让游客迅速对导游产生信任和好感。欢迎词一般包括问候语、欢迎语、介绍语、希望语和祝愿语,导游通常会向游客表示诚挚的欢迎,介绍自己的身份,简要说明行程安排和注意事项等。欢迎词对导游来说非常重要,它好比一场戏的序幕、一篇乐章的序曲、一部作品的序言,会给游客留下深刻的"第一印象"。因此,导游应当通过致欢迎词来展示个人风采,表示热烈欢迎,使旅途有一个良好的开端。例如:

> 亲爱的游客朋友们,大家好!欢迎大家来到美丽的杭州西湖,我是你们的导游小华。在接下来的时间里,我将带大家领略西湖的迷人风光。首先,我代表杭州人民,向大家致以最热烈的欢迎!希望大家在杭州度过一段愉快而难忘的时光。在游览过程中,请大家紧跟团队,注意安全,保管好自己的随身物品。

(三)正文

正文即景点介绍词,它是导游的主体部分,也是最为关键的内容。它是对游览景点所做的全面介绍和详细讲解,就是将景点的具体内容向游客进行详细介绍,包括总述、分述、结尾三大部分。

总述部分是对游览景点的一个概括性介绍,通常介绍旅游景点的位置、历史、布

局、地位、价值、发展前景等,目的是帮助游客从宏观角度了解景区(景点),激发游客的兴趣。例如:

> 各位游客,接下来,我先为大家做一个简短的介绍,方便大家更好地了解杭州西湖。西湖,位于浙江省杭州市西湖区龙井路1号,是我国第一批国家级风景名胜区和中国十大风景古迹之一。西湖三面环山,湖面被白堤、苏堤、杨公堤等分隔为外西湖、西里湖、北里湖、小南湖及岳湖五片水域,苏堤、白堤越过湖面,小瀛洲、湖心亭、阮公墩三个小岛鼎立于外西湖湖心,夕照山的雷峰塔与宝石山的保俶塔隔湖相映,由此形成了"一山、二塔、三岛、三堤、五湖"的基本格局。西湖自古以来就以其秀丽的湖光山色和众多的名胜古迹闻名于世,被誉为"人间天堂"。

分述部分是导游词的重点,这一部分大都是以游览顺序为线索,按景点顺序一一进行生动、具体的解说。这部分会详细介绍景点的历史背景、文化内涵、特色景观、相关故事传说等,让游客能够全面深入地了解景点的魅力。此外,在对单个景点逐一介绍时,要注意景点介绍之间的过渡,不要让游客感到突兀或不自然。例如:

> 接下来,让我们一起走进西湖的美景之中。
>
> 我们先来到苏堤。苏堤旧称苏公堤,是一条贯穿西湖南北风景区的林荫大堤,为北宋文人苏轼在杭州任职时,疏浚西湖,利用挖出的淤泥构筑并历经后世演变而形成。堤上有映波、锁澜、望山、压堤、东浦、跨虹六桥,古朴美观。
>
> 沿着苏堤前行,便能看到三潭印月。它是西湖十景之一,被誉为"西湖第一胜境"。这里风景秀丽、景色清幽,湖中的三座石塔相传为苏东坡在杭疏浚西湖时所设。有趣的是,每逢中秋之夜,人们会在石塔的圆洞里点上灯烛,洞口蒙上薄纸,灯光从纸中透出,宛如小小的月亮倒映在湖中,与天上的明月相映成趣。
>
> 再往前走,便是断桥残雪。每当瑞雪初霁,站在宝石山上向南眺望,西湖银装素裹,白堤横亘,雪柳霜桃。断桥的石拱桥面无遮无拦,在阳光下,随着冰雪消融,露出了斑驳的桥栏,而桥的两端还在皑皑白雪的覆盖之下。石桥的身影若隐若现,而涵洞中的白雪熠熠生辉,与灰褐的桥面形成反差,远远望去,桥身似断非断,故称"断桥"。许仙与白娘子的爱情传说更为此景增添了几分浪漫色彩。

恰当地运用承上启下的过渡语,不仅能够帮助游客从上一个景点中走出来,为游览下一个景点做好铺垫,还能够让游客紧跟导游的讲解节奏,方便导游更好地组织和管理游客。

Note

结尾部分是对游览景点的一个总结和提升，好的总结可以起到画龙点睛的作用，让游客意犹未尽。例如：

"忆江南，最忆是杭州。山寺月中寻桂子，郡亭枕上看潮头。何日更重游？"这是白居易为颂扬西湖而留下的令人回味无穷的千古绝唱。西湖美景实在是数不胜数，每一处都承载着深厚的文化底蕴和历史记忆。希望通过今天的游览，大家能深深地爱上这片美丽的水域。

（四）欢送词

欢送词是导游在行程结束时向游客表达的惜别之情，它不仅包含对整个行程的回顾和总结，还会对游客的配合表示感谢，征求游客意见与建议，进行旅游小结，并送上美好的祝福，为整个游览行程划上一个温馨且圆满的句号。如果说欢迎词给游客留下了美好的第一印象，那么好的欢送词给游客留下的最后印象则是深刻的、持久的，甚至是永生难忘的。例如：

亲爱的游客朋友们，我们的西湖之旅就要结束了。相信西湖的美景已经给大家留下了深刻的印象。您是否也觉得意犹未尽呢？但愿后会有期，我们再次相聚，满觉陇赏桂子，钱塘江上看潮头，让西湖的山山水水永远地留住您美好的回忆吧！

感谢大家在旅途中的配合和支持，希望这次的旅行能成为您美好的回忆。如果您对西湖还有未尽的留恋，欢迎您下次再来。

最后，祝愿大家一路平安，生活幸福美满！期待与您再次相见！

任务三　导游词的应用场景与基本功能

任务描述

本任务全面阐述了途中导游词、景区（景点）导游词、竞赛导游词的基本内容和基本功能，并对它们在功能上的差异与相同点进行了分析。

任务目标

掌握不同类型导游词的构成要素和基本功能；理解不同场景中导游词的侧重点；学会根据场景选择符合需求的导游词；培养学生通过导游词传递信息、吸引游客、互动交流的能力。

一、途中导游词基本内容与基本功能

（一）基本内容

在游客从上一节点（包括游览点、住宿点、餐饮点、换乘点）到下一节点的过程中，导游通常需要对后续行程进行简要介绍，这一场景中导游所讲的导游词便称为途中导游词。途中导游词通常包括：对整个行程（或后续部分行程）的简要介绍，包括出发地、目的地、途经的主要地点等；对沿途风光的介绍，如山脉、河流、田野、建筑、地标等；对当地风土人情的介绍，如独特的习俗、传统节日、特色美食等。此外，行程安排、集合时间和地点、注意事项（如安全提示、环保要求）等也是途中导游词的重要组成部分。

（二）基本功能

途中导游词的基本功能包括以下三个方面：①在旅途中为游客提供消遣，使漫长的行程变得有趣，有效缓解游客旅途的疲劳；②向游客传递丰富且实用的信息，让他们提前对目的地有初步的了解并产生期待，为后续的游览做好心理准备；③通过积极的交流和互动，营造出轻松、愉快、和谐的氛围，增进游客与导游之间的信任和亲近感。

他 山 之 石

亲爱的游客朋友们，大家好！欢迎大家参加这次期待已久的黄山之旅，我是你们的导游牛牛。在接下来的这段旅途中，我将为大家详细介绍我们即将抵达的神奇之地——黄山。

此刻，我们正朝着黄山的方向前行，大家的心情是不是和我一样充满了期待并且十分兴奋呢？黄山，那可是被誉为"天下第一奇山"的胜地，以奇松、怪石、云海、温泉、冬雪"五绝"著称于世。

说起黄山的历史，那可是源远流长。早在唐朝，诗人李白就对黄山赞不绝口，留下了千古名句："黄山四千仞，三十二莲峰。丹崖夹石柱，菡萏金芙蓉。"从那时起，黄山的美名就逐渐传遍了大江南北。

在黄山，奇松是一绝。当我们登上黄山，您会看到那些生长在悬崖峭壁上的松树，它们形态各异，像迎客的主人伸出手臂，热情地欢迎着每一位游客的到来。有的像卧龙盘踞在山间，有的像凤凰展翅欲飞，每一棵松树都仿佛在诉说着大自然的鬼斧神工。

怪石也是黄山的一大特色。那些石头经过漫长岁月的风化和侵蚀，形成了各种奇特的形状。比如"猴子观海"，远远望去，就像一只猴子蹲在山顶，望着茫茫云海，若有所思；还有"梦笔生花"，一块尖尖的石头上生长着一棵松树，就像是一支巨大的毛笔上绽放出一朵鲜花，让人不禁感叹大自然的神奇创造力。

说到云海，那更是黄山的一大奇观。当云雾缭绕在山峰之间，黄山就仿佛变成了一座仙山。云海翻腾,时浓时淡,山峰在云海中若隐若现,人仿佛置身于仙境之中。有时候,云海会像波涛汹涌的大海,一浪接着一浪;有时候,又会像轻柔的薄纱,轻轻拂过山峰。

而温泉则是黄山给予我们的一份温暖的礼物。黄山的温泉水质清澈,水温常年保持在42℃左右,含有多种对人体有益的矿物质。在攀登黄山之后,泡一泡温泉,能够消除疲劳,放松身心。

当然,黄山的冬雪也是不容错过的美景。每到冬季,雪花纷纷扬扬地飘落,给黄山穿上了一件洁白的盛装。银装素裹的黄山,别有一番风味,仿佛是一个童话世界。

不过,大家在欣赏美景的同时,也要注意安全。黄山的山路有些陡峭,大家一定要按照指示牌行走,不要随意离开游览路线。另外,山上天气多变,大家要提前准备好合适的衣物和装备。

我们这次精心安排了丰富的行程。到达黄山后,我们将先乘坐缆车,欣赏沿途的美景,然后沿着山路徒步攀登,亲身感受黄山的魅力。晚上,我们将入住山上的酒店,第二天一早,还可以欣赏到美丽的日出。在游览过程中,希望大家能够爱护环境,不要乱扔垃圾,共同保护这美丽的自然景观。

亲爱的朋友们,黄山就在前方等待着我们去探索,很快,我们就能亲身感受黄山的壮丽与神奇了,让我们怀揣着期待,迎接这一场奇妙的旅程吧!

二、景区(景点)导游词基本内容与基本功能

(一)基本内容

景区(景点)是导游词应用的核心场景,因此,景区(景点)导游词的内容也更加丰富、详细。景区(景点)导游词需要有景点的详细历史背景介绍,包括建造时间、发展历程、相关的重要人物和事件等;需要深入挖掘并展示景点所蕴含的文化内涵,如宗教信仰、哲学思想、艺术价值等;需要生动而细致地描述特色景观,让游客能够在脑海中形成清晰的画面,也需要结合实际情况引入与之相关的传说故事,为景区(景点)增添神秘色彩和趣味性。此外,景区(景点)导游词还需要清晰地说明参观路线,包括最佳游览顺序、停留时间等,并重点提示游客需要注意的事项,如保护文物、遵守景区规定等。

(二)基本功能

景区(景点)导游词的首要功能是帮助游客深入了解景点的丰富内涵,不再只是走马观花式地观看,而是能真正领略到其独特的魅力和价值。有效地传递景点所承载的历史、文化和艺术信息,激发游客的兴趣和好奇心,使他们产生情感上的共鸣和思考。保障游客的游览安全和秩序,引导游客以正确的方式参观,避免对景点造成破坏,同时确保游客自身安全。

他 山 之 石

亲爱的游客朋友们，大家好！欢迎大家来到美丽的嘉兴南湖，我是你们的导游火火。在接下来的时光里，我将陪伴大家一同领略南湖的独特魅力。

嘉兴南湖，位于浙江省嘉兴市，是浙江省三大名湖之一。南湖最初形成于汉朝，三国时期称陆渭池，唐朝时改名南湖。

在近代，南湖更是因为中国共产党的诞生而闻名于世。1921年7月23日，中国共产党第一次全国代表大会在上海秘密召开。会议期间，因遭到法租界巡捕袭扰，最后一天的会议被迫转移到了嘉兴南湖的一艘游船上举行。正是在这艘红船上，中国共产党宣告成立，中国革命从此扬帆起航。这一伟大的历史事件，赋予了南湖深厚的红色文化内涵和重要的历史意义。

南湖的景色十分迷人。湖中心有一座美丽的湖心岛，岛上亭台楼阁，错落有致。其中最著名的当属烟雨楼，它因唐朝诗人杜牧"南朝四百八十寺，多少楼台烟雨中"的诗意而得名。烟雨楼重檐飞翼，典雅古朴，每当细雨蒙蒙，烟雾缭绕，别有一番韵味。

此外，南湖还有伍相祠、壕股塔等景点。伍相祠是为纪念吴国忠臣伍子胥而建，展示了他的英勇事迹和忠诚精神。壕股塔则高耸入云，登塔远眺，南湖的美景尽收眼底。

南湖不仅有优美的自然风光，还蕴含着丰富的文化内涵。从古代文人墨客的诗词歌赋，到近代的革命精神，南湖承载了无数的文化记忆。

这里的文化体现了中华民族的传统美德和爱国精神。中国共产党的诞生，更是将南湖的文化内涵提升到一个新的高度，它象征着中国人民对自由、平等、公正的追求，以及为实现中华民族伟大复兴而不懈奋斗的决心。

我们的游览将从会景园出发，沿着湖边漫步，欣赏湖光山色。然后乘船前往湖心岛，参观烟雨楼、伍相祠等景点，停留时间约为1.5小时。之后乘船返回岸边，前往壕股塔，停留约40分钟。

在游览过程中，请大家注意保护景区的文物和环境。不要随意触摸古建筑和文物，不要在景区内乱涂乱画。遵守景区的规定，不要攀爬树木和假山。同时，为了您的安全，请不要在湖边嬉戏打闹。

南湖的美景和历史文化让我们流连忘返。希望通过这次游览，大家能更加深入地了解南湖的价值和魅力，感受到它所承载的历史和文化。祝愿大家在这里度过一段愉快而难忘的时光！

Note

三、竞赛导游词基本内容与基本功能

（一）基本内容

竞赛导游词由于展示时长、展示主题受限，往往会精心挑选具有独特魅力和代表性的景点，对其进行深入研究和分析，并精心组织讲解内容。在导游词内容上，通常需要有独特的视角和创新的观点，致力于引起评委和观众的兴趣、展示自身专业能力。在语言表达上，需要字斟句酌，追求精彩绝伦的整体表达，包括生动的词汇、形象的比喻、富有感染力的语气词等。在结构和节奏上，需要进行精心安排，确保在规定时间内呈现出最精彩的部分，因此，竞赛导游词对景点的介绍往往不求全而求精。

（二）基本功能

竞赛导游词的核心功能在于充分展示导游从业人员的专业素养和卓越的讲解能力，包括对景点的深刻理解、语言表达的精准度和流畅度、与观众互动的能力等。通过独特的创意和精彩的表现吸引评委和观众的注意，给他们留下深刻的印象，从而在激烈的竞赛中脱颖而出。

他 山 之 石

亲爱的游客朋友们，大家好！欢迎大家来到美丽的丽江，我是你们的导游邓丽珍。非常荣幸能为大家服务，带大家领略丽江的迷人风采。

我们现在所在的地方，就是充满魅力的丽江古城。丽江古城有着悠久的历史和深厚的文化底蕴。这里的街道依山傍水而建，铺就的石板路承载着岁月的痕迹。

大家看，街道两旁古色古香的建筑错落有致，融合了纳西族、白族等多个民族的建筑风格。这些建筑大多采用木质结构，雕刻精美，展现了古代工匠们的高超技艺。

丽江古城还有着独特的水系。水是这座古城的灵魂，清澈的溪流穿城而过，给古城增添了许多灵动之美。这水来自玉龙雪山，它不仅为居民提供了生活用水，还形成了一道道美丽的水景。

在丽江，不得不提到纳西族的传统文化。纳西族是这里的主要民族之一，他们有着丰富多样的文化遗产。比如纳西古乐，这是一种古老而神秘的音乐形式，传承了数百年，其独特的旋律能让我们感受到历史的韵味。

而东巴文化更是纳西族文化的瑰宝。东巴文字是世界上唯一还在使用的象形文字，它充满了神秘的魅力。还有东巴绘画、东巴舞蹈等，都展现了纳西族独特的艺术风格。

说到丽江的美食，那也是别具特色。这里有鲜嫩可口的腊排骨、香气四溢的鸡豆凉粉等各种美味佳肴，一定能满足大家的味蕾。

丽江的周边也有许多值得一游的地方。比如玉龙雪山，它是北半球最靠近赤道的终年积雪的山脉，宛如一条巨龙腾云驾雾。乘坐索道上山，您不仅可以欣赏到壮观的冰川、雪景，还有拉市海，那里湖水清澈，湖畔是美丽的田园风光，您可以骑马漫步，感受大自然的宁静与美好。

在旅游过程中，也请大家注意保护这里的环境和文化遗产。不要随意破坏古建筑，不乱扔垃圾，尊重当地的风俗习惯。

希望大家能在丽江度过一段愉快而难忘的时光，留下美好的回忆！谢谢大家！

（资料来源：第五届全国导游大赛优秀风采选手邓丽珍的竞赛导游词展示。）

四、不同场景导游词的异同

（一）不同场景导游词的差异

由于各场景游客对导游词的需求不同，不同场景中导游词的内容与功能也会有所不同。总而言之，途中导游词主要侧重于在旅途中为游客营造轻松愉快的氛围，通过介绍行程路线、沿途风光和当地风土人情，缓解游客的疲劳，激发他们对目的地的期待，功能更偏向于娱乐和初步的信息引导。景区（景点）导游词则聚焦于深入且全面地解读景点的内涵，旨在让游客在有限的时间内最大限度地获取景点的核心价值，更注重知识传递和体验优化。竞赛导游词的重点在于通过独特的视角、精彩的表达和创新的内容来展示导游的专业能力和个人风采，更强调个性化和表现力，需要在短时间内展现出卓越的专业水平和独特的魅力。

（二）不同场景导游词的相同点

虽然不同场景的导游词各有差异，但是它们也具有一些相同点。例如，它们都具有信息传递的功能，无论是行程信息、景点知识还是个人讲解特色，都在向受众传达特定的内容；都致力于吸引受众的注意力，激发他们的兴趣，使他们保持专注和投入；都需要在一定程度上与受众进行互动，以增强交流效果和参与感。

-------- **项目小结** --------

本项目主要围绕导游词的基本理论知识展开，包括导游词的概念、基本特点、分类、构成、应用场景与基本功能等方面。首先，本项目介绍了导游词的基本概念，它源于导游工作实践，服务于导游工作，导游是使用者，游客是受用者。其次，本项目阐述了导游词的基本特点，如准确性、灵活性、针对性、生动性、艺术性、逻辑性、规范性、实用性等。再次，本项目讲解了导游词的分类方法（按内容、形式、导游词的功能、讲解受

Note

众分类),以及导游词的基本构成(包括标题、欢迎词、正文、欢送词)。最后,本项目还分别阐述了途中导游词、景区(景点)导游词、竞赛导游词等不同应用场景的导游词的基本内容与基本功能,并指出它们在内容侧重点和功能上的差异,同时也强调了它们在信息传递、吸引注意力、互动方面的相同点。

项目训练

在线答题
▼
项目一

一、知识训练

请扫描二维码进行在线答题。

二、能力训练

请根据本项目学到的导游词的相关知识,针对中研学游客写一篇都江堰景区的导游词。

要求:包含标题、欢迎词、正文、欢送词,符合导游词准确性、艺术性、灵活性、针对性、实用性等特点,并能够结合景区特质与游客需求创作符合条件的导游词。

项目二
导游词创作与讲解的基本方法

项目描述

本项目主要围绕导游词创作的基本要领、导游词创作的基本路径、导游词讲解的基本要领与方法三个任务模块进行了详细的介绍。导游词创作的基本要领详细介绍了导游词创作的七个要求,以及导游词创作的六个方法;导游词创作的基本路径主要阐述了导游词创作的七条路径;导游词讲解的基本要领与方法主要围绕导游词讲解的概念、导游词讲解的语言技巧、导游词讲解应遵循的原则、导游词讲解的基本要求、导游词讲解的常用方法等内容展开。

项目目标

知识目标

(1)了解导游词创作的基本要领和方法。
(2)熟悉导游词创作的基本路径。
(3)掌握导游词讲解的基本要领与方法。

能力目标

(1)能够根据实际工作要求创作导游词。
(2)能够掌握导游词的写作格式和创作方法,自行创作导游词。
(3)能够掌握并使用讲解技巧,使讲解生动化、自然化。
(4)提升口语表达能力、写作能力,以及收集信息的能力,增强合作意识。

素养目标

(1)激发学生的爱国情怀,使学生树立保护文物和文化遗产的观念。
(2)使学生树立正确的世界观、人生观、价值观,坚决拥护中国共产党的领导,树立中国特色社会主义共同理想,践行社会主义核心价值观。
(3)增强学生的爱国情感、国家认同感、民族自豪感。
(4)增强学生的遵纪守法意识、社会责任感和团队意识。

知识导图

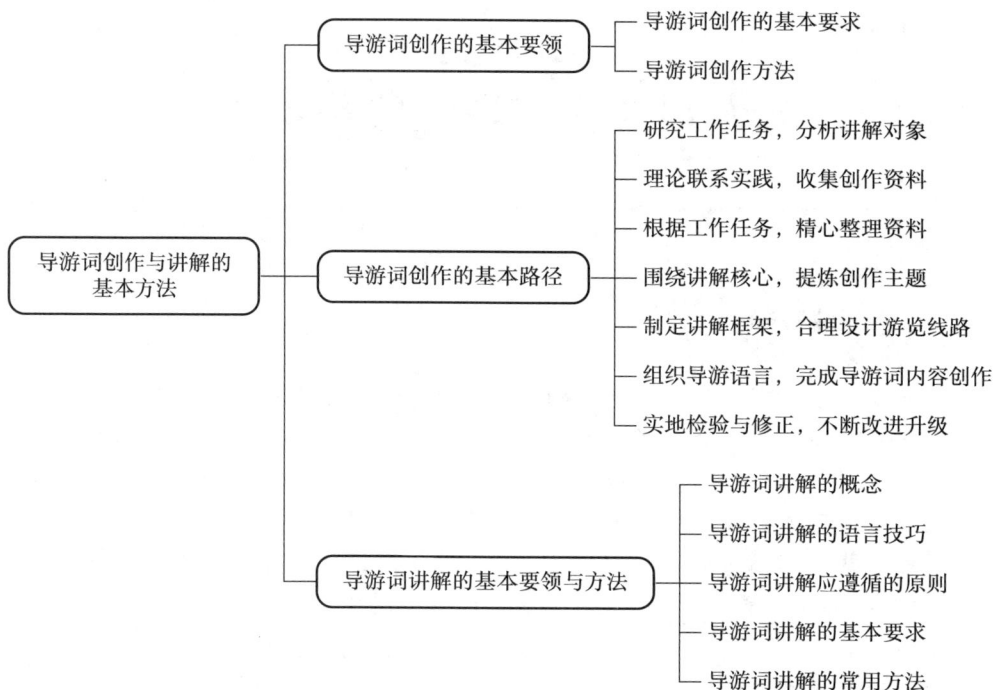

导游词创作与讲解的基本方法
├─ 导游词创作的基本要领
│　　├─ 导游词创作的基本要求
│　　└─ 导游词创作方法
├─ 导游词创作的基本路径
│　　├─ 研究工作任务，分析讲解对象
│　　├─ 理论联系实践，收集创作资料
│　　├─ 根据工作任务，精心整理资料
│　　├─ 围绕讲解核心，提炼创作主题
│　　├─ 制定讲解框架，合理设计游览线路
│　　├─ 组织导游语言，完成导游词内容创作
│　　└─ 实地检验与修正，不断改进升级
└─ 导游词讲解的基本要领与方法
　　├─ 导游词讲解的概念
　　├─ 导游词讲解的语言技巧
　　├─ 导游词讲解应遵循的原则
　　├─ 导游词讲解的基本要求
　　└─ 导游词讲解的常用方法

项目引入

"90后"大学生毕业后当导游，"圈粉"千万

前几年，疫情重创旅游业，导致众多导游纷纷转行，但"90后"小伙代帅另辟蹊径，选择进入自媒体旅游领域。他在线上线下同时发力，旅游、文创两手抓，账号粉丝量破千万，事业风生水起。他曾获得"最美舟山人——舟山魅力2020—2021年度最具影响力人物"等荣誉称号。参团游客和视频观众对他赞不绝口，称他"不光导游，还导心"。

1. 爱上导游，爱上普陀山

大二暑假，学工科的代帅来到普陀山做暑假工。普陀山是中国四大佛教名山之一，这里风光旖旎，历史文化悠久，禅寺巍峨，故事众多，被誉为"第一人间清净地"，让无数人心驰神往。暑假结束，代帅喜欢上了这份工作，还喜欢上了普陀山。于是，他大学毕业后，没有回家乡，而是考取了导游证，在一家旅行社做起了普陀山地接导游。他自身带有一种儒雅气质，待人真诚，将游客当作朋友，有极强的亲和力，再加上过硬的专业知识，获得了好人缘。因为表现突出，他获得了2019年旅行社"十佳导游"称号。

2019年10月，他注册了抖音账号，并开始在账号里分享自己的旅游心得。他的视频讲解细致，对其中蕴含的人文知识挖掘深刻，相关的典故信手拈来。尽管每个视频时长都不算短,但总能让人欲罢不能、意犹未尽。代帅积极地和网友互动、为网友答疑解惑,并分享了普陀山的交通攻略等实用信息。凭着这份"走心",代帅积累了大量人气,短视频作品获得了不错的流量。此外,他还在直播间里带领粉丝"云旅游",给粉丝最直观的视觉享受,也向粉丝分享更多的典故和道理。粉丝的正向反馈让他更加有信心,他十分享受这种交流。而后受疫情影响,他毅然辞职,走上了"自媒体导游"之路。

2.修炼"内功",打造自己的特色

疫情过后,随着旅游业逐步恢复,代帅开始带团出游。其带团风格独具特色,他不但具有很强的亲和力,而且专业能力过硬、知识面广。他不仅擅长讲故事,还能从中提炼感悟。

描绘自然景色时,他极尽辞藻,普陀山的壮丽、九华山的雪景,皆在他的描述下栩栩如生。对于历史人文,他引经据典、谈古论今,将所学知识融入讲解,深度挖掘景点的历史人文底蕴,这成了他的一大特色。他既风趣幽默又不失大气庄重的讲解,让游客大呼过瘾。网友称他为"真正的导游"。

3.以心换心,真情待人

2020年7月,代帅了解到一位阿姨计划来普陀山为孩子祈福。受代帅直播的影响,阿姨对此行充满期待,虽路费不菲,仍带着家乡土特产长途跋涉而来。因景区住宿贵,阿姨打算将就一晚,代帅得知后,热心地安排她与团队同住同吃。次日,代帅早起为阿姨买早点,并陪她拜访了普济寺等寺庙,完成了阿姨的心愿。临别时,代帅还给阿姨准备了路费,细心叮嘱行程。代帅的善举赢得了网友的盛赞。

2021年2月,代帅带团时还意外主持了一场浪漫求婚。团中一位男士希望代帅见证他的爱情,代帅欣然同意并跨界主持。代帅讲述两人相遇相知的故事,男方深情表白,感谢女方在艰难时日的陪伴与支持,现场单膝下跪求婚,女方感动落泪。团友们纷纷鼓掌祝福,称这场求婚太浪漫感人。

多年的导游经历,让代帅对普陀山的一切皆怀深情。他敬佩这里的环卫工人,是他们的辛勤付出让这片"天下第一清净地"实至名归。于是在炎炎夏日,代帅带领团队成员向环卫工人赠送"清凉包",带团时看见垃圾也会主动捡起,传递着满满的正能量。

4.以新焕新,事业蒸蒸日上

2020年8月,代帅和导游小庄、凯歌,建立了"心语旅行"团队。他们都是"网红"导游,都有自己的忠实的粉丝,代帅博学多才、小庄幽默诙谐、凯歌沉稳睿智。他们以竭诚之心,给游客带来欢声笑语;通过讲解和服务,给游客带来超值的体验。

他们承诺无购物店、无欺诈,让游客安心游览普陀山。为实现这一目标,他们也付出了很多。在普陀山拍视频、做直播,日复一日,风雨无阻,直观地展示着普陀山的风景。由于每日行走数万步,他们的膝盖都有伤。他们的团队,除了一线的导游,背后还有很多从业十年以上的管家提供服务。他们将游客视为家人,提供管家式服务,对游客嘘寒问暖。努力总有回报,他们的每一条视频都像一缕阳光,直入心田,吸引了许多人,使这些人开启一段新旅程。他们也成功帮助团队成员摆脱困境,助力更多导游转型。2021年年初,他们推出了私人定制小团游、禅行普陀深度体验游,视频中的禅意文案、励志金句也广受网友好评。

2021年下半年开始,他们的视频内容已经不局限于普陀山,还有五台山、乔家大院、西藏布达拉宫、北京故宫等。此外,他们还开发了文创产品。他们的脚步从来没有停下,未来还将继续前行。

（资料来源:根据网络资料整理。）

思考:

(1)如何进行导游词创作? 导游词创作的基本要求有哪些?

(2)如何进行现场导游词讲解?

(3)如何在现有的旅游市场下,做一个有特色、受游客喜爱的导游?

(4)如何利用新媒体、新技术扩大导游的影响力?

任务一　导游词创作的基本要领

任务描述

本任务对导游词创作的基本要求和创作方法进行了较为全面的介绍,详细介绍了导游词创作的七个要求,以及导游词创作的六个方法。

任务目标

了解导游词创作的基本要求,掌握导游词创作方法,能够自行创作导游词。

一、导游词创作的基本要求

一篇优秀的导游词除结构严谨、层次清晰、主次分明、文字流畅外,还必须注意以下七个要求。

（一）强调知识性

导游词具有极强的实用性,涉及的知识面十分广泛,而导游词讲解的主要目的之一就是传播知识与文化。一篇优秀的导游词必须有丰富的内容,融合多种知识,旁征博引,融会贯通。这样的导游词才能吸引游客,满足他们的求知欲。

导游词的创作不能只满足于一般性的知识介绍,不能把导游词写成"流水账"。导游词是综合性的,一篇优秀的导游词不仅会涉及自然科学知识,如地质成因、动植物学知识、力学原理等,还涉及社会科学知识,如宗教常识、哲学和美学知识、诗词歌赋等。另外,建筑、园林、历史、人物、书法、绘画等领域,导游词中也会有所涉及。一篇优秀的导游词往往从多角度、多层面对景点加以叙述,给游客以全方位的知识体验。

(二)突出趣味性

导游词要具有趣味性才能吸引游客,为了突出导游词的趣味性,必须注意以下六个方面。

1.编织故事情节

讲解一个旅游景点,一定要编织故事情节,特别是要不失时机地穿插趣味盎然的传说或民间故事,激起游客的兴趣和好奇心。需要注意的是,选用的传说故事必须是健康的,并与景观密切相关的。切忌生搬硬套,或者是讲述不健康的传说故事。例如:讲解洛阳龙门石窟,可以讲述武则天与龙门石窟的故事;讲解杭州西湖,可以讲述断桥的传说等故事。

2.语言生动形象

语言生动形象是写好导游词的关键。生动形象的语言可以将游客带入情境之中,给他们留下深刻印象。词汇贫乏的导游词无法提供良好的讲解服务体验,会让人感到枯燥乏味,甚至会使游客产生厌烦的情绪。内容生动活泼、词汇丰富多变的导游词则能产生截然不同的效果,它让游客觉得妙趣横生,从而激起盎然兴趣,给游客留下深刻的印象。

3.合理运用修辞方法

在创作导游词时,恰当地运用比喻、夸张、象征等修辞手法,能让静止的旅游景观动态化,赋予无生命之物生命力,将抽象的概念具象化,使原本静态的景观变得生动鲜活,从而激起游客浓厚的兴趣。导游词创作应合理利用修辞手法,揭示事物的内在美,使游客具有良好的审美体验。

4.幽默风趣

幽默风趣是导游词艺术性的重要体现。它可以使导游词锦上添花;也可以使游客开怀大笑,感觉轻松愉快;还可以活跃气氛,增加游客的游兴。同时,导游词的语言应该是文明的、友好的、富有人情味的语言。导游词创作应做到幽默风趣,言之有情,言之有理,让游客听后感到亲切温暖。

5.随机应变,临场发挥

导游词创作成功与否,不仅体现了导游知识水平的高低,也反映出导游的讲解技能、技巧的运用水平。在讲解导游词的时候,导游需具备随机应变、临场发挥的能力。例如,使用一些方法与游客进行互动,如问答法、引人入胜法、触景生情法、创造悬念法等。这样的讲解方式会更加生动自然,充满趣味。因此,创作导游词,不仅要展示导游的渊博知识,也要体现其导游技能。

6.注意讲解时口语化的运用

导游语言是一种具有丰富表达力和生动形象的口头语言。这就要求导游在导游词的口语化上下功夫。为使导游词口语化,导游应多用口语词汇,同时也要用浅显易懂的书面语词汇,但要避免使用晦涩难懂、拗口的词汇。在句式上,导游应多用短句,少用长句,让表达流畅、顺口,听起来轻松、易懂。

　　强调导游词的口语化,并不意味着就可以信口开河,不顾语言的规范性。创作导游词时,导游必须注意语言的品位,减少刻意的主观煽情,多用简洁明了的短句,避免华丽辞藻的堆砌,以便既讲起来顺口,又听起来轻松。

他 山 之 石

团城玉佛

　　各位朋友,大家好!

　　今天我们来到了美丽的北海公园上的一个小城堡——团城。那么,也许有人会问:它为什么被称作团城呢?因为,从空中来看其主体为圆环形,周围是用城砖垒砌的,从而构成了一座带雉堞的砖城,所以称它为团城。

　　在北京,它号称"北京内城最古老的城堡"。20世纪60年代被国务院公布为全国重点文物保护单位。团城总高度4.6米,周长276米,总面积4553平方米,团城东西两侧各辟墙门一座。中部有承光殿,殿前有玉瓮亭、内置"渎山大玉海",东部种有古柏"遮阴侯",东南部有古松"白袍将军",南面与中南海隔桥相望,空中俯瞰,水天一色。

　　清乾隆十一年(1746年),朝廷对团城进行了大规模的修建。清光绪年间,慈禧太后将明宽和尚从缅甸募化而来的一尊玉佛供奉在承光殿内,于是承光殿就变成了佛堂。今天,我来为大家重点讲一讲这尊玉佛。大家看,这尊玉佛通体莹润,玉如羊脂,洁白无瑕,活灵活现。它是一尊释迦牟尼的坐像,坐高1.6米,重达2400斤[①]。玉佛左臂披金色袈裟衣纹自然流畅,头顶和袈裟上镶嵌着无数各色宝石,熠熠生辉,玉佛被称为是"团城一宝",也是北京最大的一尊玉佛。你们知道吗?这件精美的国家级玉佛最初并不在承光殿,而是供奉在北京西直门附近的伏庵中。

　　玉佛在此,颇有传奇!清光绪年间,北京有一位和尚法号明宽,他和惠通和尚、广东的智然和尚一起出国向南云游。明宽和尚见多识广,加上智然和尚的吹捧,身价倍增。他们沿途大讲慈禧信佛的故事,吹嘘他们认识不少王公大臣,可以随便出入宫廷与王府,因此,他们一路受到了各地寺院的尊重。在途经缅甸的时候,当地的僧人赠给了他们一件稀世珍宝,也就是我们眼前的这尊白玉佛。明宽得到这尊玉佛后,欣喜异常,他知道这是一件了不得的宝物,于是就立刻将玉佛运往京城,由于路途遥远,为了防止沿途官兵的盘查勒索,就打着奉旨请佛的名义,一路顺利地将佛像运到了北京。没想到,玉佛引起了轰动,消息很快传到了步军统领衙门,麻烦来了,朝廷以"冒旨罪"为名,要严惩明宽等人,收回玉佛。明宽无奈之下,只好去求慈禧太后的心腹太

---

① 1斤等于500克。

Note

监李莲英,表示情愿献出玉佛。最后慈禧太后了解详情后答应收回玉佛,她的心里还是高兴的,毕竟这么好的宝贝就连库府中都找不到。因此慈禧降下懿旨:将玉佛安置在承光殿内,赏赐明宽白银500两及《龙藏经》一部,并重修了伏魔庵,赐名为玉佛寺。

好,大家来看看玉佛前面的一块横匾和两块竖匾。那块写有"大圆宝镜"的横匾以及"七宝庄严开玉镜"和"万年福寿护金瓯"的两块竖匾,都是慈禧太后的墨宝。横匾"大圆宝镜"是慈禧太后希望自己可以拥有佛陀的智慧,好让她能看透事物的本质,从而更好地治理国家。竖匾"七宝庄严开玉镜"是指日出时分,太液池的水面上波光粼粼,就像一面美丽的镜子上镶嵌着美丽的宝石。"万年福寿护金瓯"是指清朝可千秋万载得佛法护持而得福禄。而在最前面的这两块诗匾"九陌红尘飞不到""十洲清气晓来多"是由慈禧太后的丈夫咸丰皇帝所写的。上联的意思是指团城这座人间的仙境是远离红尘世俗的烦恼和纠葛的。下联的意思是指团城这座世外桃源汇集了神仙居所才有的祥瑞之气。

好,今天就为大家介绍到这里,谢谢!

点评:

作为一篇参赛用词,这篇导游词的优缺点较为明显。主题选择了团城玉佛,中心明确,主题鲜明。从总体情况看,这是一篇层次分明、逻辑清晰的导游词。开头用自问自答的形式引出要讲的主题,自然利落。主题内容上,从团城的概况,包括建筑情况、历史故事等进行介绍,再从中提炼出了玉佛和几块匾额这两个重点进行细致的讲解。选手用一个传说体现了玉佛的重要性和价值,故事的讲解很容易吸引听者的兴趣,使听者印象深刻,是一个比较好的形式。总体来说导游词内容饱满,重点突出。结尾上,没有特别设计,干脆利落。在语言上,导游词更多使用的是书面化的语言,有较多的数字,给人感觉比较专业。词句使用上较有文化内涵,流畅连贯。存在的不足是,与听者的交流、互动比较少,没有体现口语化,缺乏身临其境的现场感,趣味性较弱。在结尾上过于仓促,没有一个较好的过渡,有点突然,不能给导游词画下完美的句号。对于故事的讲解,要有很好的感情融入和自然生动的演绎,需要选手有很好的能力去掌控,否则达不到理想的效果。

(资料来源:徐慧慧、杨志超《比赛就要拿金牌:教育部2013年全国职业院校技能大赛导游服务赛项参赛导游词点评汇编》,中国旅游出版社。)

(三)注重话题性与时尚性

话题性的切入点即话题的关注度。创作导游词时,导游要注意利用游客关心的、感兴趣的方面,并围绕这些方面展开话题。例如:在哈尔滨可以谈论穿衣时尚,在大连可以介绍城市的绿化和城市建设,在长城可以讲述好汉情结,在西双版纳可以介绍傣族文化,在开封可以介绍宋朝文化,在西安可以介绍唐朝文化,在故宫可以讲解建筑文化和王朝更替,等等。只有讲解的内容既具话题性又富时尚性,才能激发游客的好奇心,满足游客的求知欲,增强游客体验感。

同时,导游词需要不断创新,具有鲜明的时代特征,符合社会潮流。在创作过程中,导游应站在时代的高度去发掘景观的本质意义,而不能囿于写作对象的具体范围,局限于社会生活的发展和变化,忽视游客的需要。随着社会生活的变化和市场经济的发展,现代游客的旅游需要和旅游动机也在不断变化,这使得旅游资源随时都面临着过时或丧失吸引力的风险。例如,20世纪90年代文化旅游兴起,观光旅游逐渐降温,而如今,旅游新产品层出不穷,乡村旅游、度假休闲旅游、探险旅游、研学旅游、康养旅游、边境旅游等备受游客喜爱。因此,导游词创作要与时俱进,满足市场需求,根据市场的变化而选择重点目标和题材,对已不再流行的资源进行正确评价,发掘其时代价值,增强其吸引力。

(四)重点突出

所谓重点突出,是指导游词除突出亮点外,还要突出重点。导游词是一种特殊文体,不同于小说、散文、诗歌、论文等,它要求文字优美、朗朗上口、听起来顺耳,既可以读,又可以结合场景实地讲解,最重要的是要让游客对景观形成鲜明的印象。因此,在撰写导游词时,我们应把握以下重点:一是要把最能体现景观本质特征的内容介绍出来。例如,对于历史古迹的介绍,应着重于它的特色和文化故事;对历史人物的介绍,应着重介绍其经历、功过与后世评价。二是介绍游客最想要了解的内容。面对如诗如画的自然景观和底蕴深厚的人文景观,游客在有限的时间内和空间内,不可能了解全部内容,游客所看到的只能是景区的冰山一角。对于这种不足,导游词恰恰可以进行弥补,因为导游词必须让游客见微知著、闻一知十。三是要将景观分成重点、次重点、一般景点依次布局。每个景区都有代表性的景观,每个景观又从不同角度展现出魅力。四是在亮点安排上,导游词应有起有伏,引导游客逐渐沉浸其中。5分钟一个兴奋点、10分钟一个高潮的导游词,能够使游客的情绪处于兴奋状态,让游客在游览过程中始终充满兴趣和期待。

面面俱到、没有重点的导游词不是优秀的导游词。在创作导游词时,应有一条主线贯穿整个讲解,这样才能给游客留下深刻的印象,并牢牢抓住游客的心,使游客从游览活动中获得知识并留下美好的回忆。

(五)体现针对性

导游词创作要从实际出发,具有针对性,因人、因时而异,要有的放矢,根据不同的游客以及他们当时的情绪和周围的环境来灵活调整导游词的内容。游客千差万别,导游词也应随之变化,避免千篇一律。编写导游词要有假设的对象,体现对象的针对性。例如,针对研学旅行的群体,要撰写适合中小学生研学旅行的导游词。正所谓"量体裁衣",导游词也要根据旅游目的地的目标市场的不同而创作。每一个旅游目的地都有其特定的目标市场,导游词创作要选准自己的目标市场,只有做到有的放矢,才能达到导游词创作的本来目的。

　　导游词创作应针对不同场合、不同游客设计不同的内容,正如同演员要体验角色的情感经历一样,导游要根据游客群体的不同而变换讲解的内容、重点与方法,提供游客需要的知识与信息,这样才能满足游客了解旅游目的地的需求。例如,针对中老年游客、青少年游客等,都需要采用不同的导游词版本。

　　总之,导游词创作应该有假设对象,这样才能有针对性。具体而言,导游需要知道假设对象的国籍、居住地、籍贯、民族、年龄、职业、文化程度、社会地位、兴趣爱好及旅游动机等资料,这些资料可从旅行社获得。例如,周口店北京人遗址,既是青少年的爱国主义教育阵地,又是考古学家、人类学家的科研场所,对这两种不同的旅游群体就要有不同的导游词。另外,导游还要掌握不同民族的文化习俗和文化背景,文化背景不同的人对一些具体事物的偏好也不相同,如花鸟鱼虫、飞禽走兽、文物古玩、园林建筑等,导游在创作导游词时都应加以注意,并进行妥当处理,以便讲解能够达到最佳效果。

　　从风格上说,导游应根据不同的游客群体采用不同的创作风格,或通俗易懂、或广博深入,或平铺直叙、或跌宕起伏,或大力渲染、或一带而过,或委婉避讳、或直接明了。其目的都是引起游客的共鸣。

(六)追求创新性

　　导游词创作的创新性是指善于选取新颖、独特的视角,探求景观的新意。新视角能展现出新的场景,发掘新的含义。如果总沿着前人的老路走下去,只能看到老生常谈的旧景。只有独辟蹊径,才能领略到前人所未见的奇观。"横看成岭侧成峰,远近高低各不同"就在于从不同的角度寻找到新的突破口,发现新的意境。这就要求导游词创作所选主题有新内容、新见解、新角度。不论是自然景观,还是人文景观,都有悠久的历史以及大量的民间故事或文学素材,导游必须在丰富的材料中筛选出优秀的、科学的、符合时代精神的、富有艺术性的精华,而去掉荒诞的、毫无意义的糟粕,尤其重要的是,要从新的角度去思考和观察客观世界,或是前人虽已有涉猎但尚未充分展现出来的东西,从中获取新意。

(七)注重品位

　　编写导游词必须注意导游词的文化内涵,提高导游词的品位。一要强调思想品位,注重中国优秀文化的对外宣传。因为,弘扬爱国主义精神是导游义不容辞的职务。导游词讲解是宣传中国文化的重要手段。通过导游词讲解向国内外游客介绍壮丽的中华大地、勤奋的中国人民及其伟大创造,宣传古老的中华文明和各地民俗风情,宣传社会主义革命和建设的伟大成就,以帮助国外游客更好地认识中国、了解中国,帮助国内游客更深入地了解我们本国的优秀文化,增强文化自信。因此,弘扬爱国主义精神和中国优秀的传统文化是导游义不容辞的责任。二是要讲究文学品位。导游词的语言应该是规范的,文字是流畅的,结构是严谨的,内容介绍是符合逻辑的。这是对一篇导游词的基本要求。导游词在创造的时候,在关键地方要引经据典,合理使用中国优秀诗词歌赋或者名人名言,提高导游词整体的文学水平,但是,导游词在创造时切忌故弄玄虚,过多地、不合适地使用名言经典,使导游词变得不伦不类,结果会适得其反。

例如,杭州西湖是集自然景色与历史文化于一体的著名景观。如果仅仅停留在一般性地介绍自然景观,就无法充分展现其博大精深的文化内涵。以下导游词大量使用历史故事、文学典故和中国优秀诗词歌赋或者名人名言,提高了导游词整体的文学性。

> 今天我们的游览路线是从白堤的平湖秋月开始,过西泠桥再到断桥。现在大家可以跟随我的脚步走近观看,您的左前方是平湖秋月的观景点,平湖秋月位于白堤西端,南宋时并无固定景址,而以泛舟湖上流览秋夜月景为胜。康熙三十八年(1699年),圣祖巡幸西湖,御书"平湖秋月"匾额,景点得以固定。平湖秋月高阁凌波,倚窗俯水。每当清秋入夜,月光与湖水交相辉映,颇有"一色湖光万顷秋之感",故题名"平湖秋月"。其实美景又何止秋日、何止月夜,南宋诗人孙锐笔下有"月浸寒泉凝不流,棹歌何处泛归舟"之句;清朝骆成骧也曾言:"穿牖而来,夏日清风冬日日;卷帘相见,前山明月后山山。"
>
> 看完了湖,再来走走桥吧,大家现在看到的这座拱形石桥就是西泠桥。桥头这座亭子名唤慕才亭,亭柱上有联曰:"湖山此地曾埋玉,风月其人可铸金。"这人就是南朝歌伎苏小小,她才貌出众,更是留下"妾乘油壁车,郎骑青骢马。何处结同心?西陵松柏下。"这样脍炙人口的诗句,传说她死后葬于西泠桥畔。后人仰慕其文采,在此建苏小小墓。于是,"千载芳名留古迹,六朝韵事著西泠",传为湖山佳话。[①]

二、导游词创作方法

导游词创作方法主要有以下六种。

(一)在借鉴基础上进行创新

借鉴是导游词创作的基础。没有基础,就没有发展与进步的条件。导游词的编写过程就是在大量历史文化资料的基础上,运用导游的技巧及口语化的语言进行再创作的过程,因此,创作导游词时借鉴是不可避免的。只有在对现有的资料有了充分理解的情况下,才能加深对景点的认识。对于那些已经公开发布的有关景点的简介、旅游界前辈历经多年总结出来的观点,导游应该予以重视并合理借鉴,不能简单地照搬和模仿。随着时间的推移、时代的发展,有些资料不可避免地存在着局限性,甚至可能与新的研究成果存在相悖的现象,因此,在借鉴时,导游要做到不盲从。对于雕塑、壁画、

---

① 资料来源:中国旅游协会旅游教育分会《优秀导游词集锦Ⅲ——"云驴通杯"第十二届全国旅游院校服务技能(导游服务)大赛成果展示》,旅游教育出版社。

音乐、建筑等艺术性较强的内容,向来是仁者见仁、智者见智,很难用统一的尺度去衡量,也难以得出绝对正确的结论。

创新是导游词创作的生命。没有创新,就不会有发展和进步。导游词贵在创新,但创新不是漫无边际的、毫无根据的信口开河,而是在符合历史的真实性和社会发展规律的前提下进行创新,给游客以更深刻、更丰富、更新奇的感受。导游词的创新还体现在要有更强的时代性。

（二）平时注意观察与思考

观察是导游词创作的本源,思考是导游词创作的灵魂。没有认真观察与深刻思考,就无从谈及创作。所谓观察,是指导游需要用双眼从细微处发现闪光的东西。车尔尼雪夫斯基曾说,世界上不是缺少美,而是缺少发现。导游的职业要求,就是从众多的、杂乱的、平淡无奇的、司空见惯的事物中发现美。

观察就是要求导游以职业敏感性留意周遭的一切。介绍旅游景点的书籍、资料只能提供基本情况和大概特色,如果仅靠这些资料编写导游词,势必空洞无物、千篇一律。只有对景点进行认真观察后,导游才会发现新的、有价值的内容。

所谓思考,是指导游需要勤动脑筋。从认识论的角度来看,观察只是感性认识,只有经过大脑的加工之后,才可以变成理性认识。因此,仅有观察是不够的,只有在观察的同时进行思考,才能获得有益的东西。导游要对讲解的内容不断地进行思考,得出独特的见解。古人云:"学而不思则罔。"倘若只注重积累资料而不善于思考,到头来只能人云亦云、毫无建树。导游词讲解中有一种很重要的方法,就是突出与众不同之处。只有经过认真观察、精心比较、深入思考之后,导游才能真正挖掘出讲解内容的与众不同之处。

（三）注重导游词重点内容的提炼与概括

提炼与概括是导游词创作的重要方法。面对众多无序的资料,编写时不可能面面俱到,必须进行适当的选择。材料的取舍、结构的布局,都必须经过认真地提炼与概括。提炼是创作中必不可少的手段之一。提炼就是从纷繁复杂的素材中去粗取精、去伪存真的过程,就是从平淡无奇、良莠混杂的素材中总结出带有高度思想性、高度艺术性、高度感染力的内容。

比如在讲解山西五台山唐朝建筑佛光寺时,就不能不提到将佛光寺推向世界的梁思成。如果只是单纯地叙述梁思成发现、考察佛光寺的过程,难免显得平淡无奇,但是经过提炼,在讲解过程中突出梁思成的爱国主义情怀,便能给游客带来较强的感染力。又比如黄河壶口瀑布的导游词的提炼也颇具典型意义。作为自然景点,黄河壶口瀑布的"霓虹戏水""壶底生烟""旱地行船"等景观虽然颇具特色,但是这远不足以展现其真实风貌。中国人对黄河给予了太多的感情寄托,因此,导游词的主旨应聚焦于突出黄河壶口瀑布的力量与性格,如此提炼,方能让游客产生心灵的震撼。

概括是一种将表达的内容条理化、精练化的总结方式。导游在讲解中,不能期望游客在听过之后自己去总结景点的特点。为了使游客对景点有较为清晰的认识，导游需要对此进行概括。例如，山西太原的晋祠是一个较大的景点，沿中轴线游览将涉及很多具体的内容。如果在游览之前，导游先向游客概括性地介绍一下晋祠，游客便更容易把握景点的特色，游览也便有了目的性。如果用"诸神荟萃，各得其所"八个字先对晋祠的特色进行了概括，再进行详细介绍，就会产生很好的讲解效果。

概括还体现在对一个景点从不同角度进行的具体分类上，这样可以将讲解内容按层次、有条理地呈现给游客，使游客既易于理解又便于接收。例如，从艺术性角度对云冈石窟第六窟进行概括，可以分为构思奇特、布局新颖、内容丰富、造型优美、手法多样、技法精湛等，再进行详细介绍，就可以使游客有全面的、完整的认识。讲解结束前，再对景点进行总结性概括，可以使游客的印象更为深刻。例如，当游览完刘公岛以后，导游可以对刘公岛进行概括性总结：

> 一代人有一代人之使命，一代人有一代人之担当。朋友们，此次游览，当我们走过这些血与水交融的地方，尽头满眼都是花团锦簇，我们在旅行中追寻心中的远方，追寻更加美好的生活，这幸福生活，每一帧都洋溢着和平、安定和希望。这条从古至今无数仁人志士用尽青春和热血铺就的道路，也正是通往中华民族伟大复兴的繁华大道。碧海蓝天，任尔探索，大好河山，愿大家尽情、尽兴观看。[①]

爱国，是人世间最深层、最持久的情感，是一个人立德之源、立功之本。这段概括虽然文字不多，但是将爱国之情、报国之志表现得淋漓尽致，激起游客无限的感情。

（四）体现自我个性与风格

因为每个导游都有自己的讲解风格、生活阅历、知识水平，所以导游本身的表达方式和自身积累千差万别。因此，在导游词创作过程中，要体现出适合自己的风格，这既是对导游的客观要求，也是导游的主观需要。

讲解的个性与风格，是指导游在讲解中驾驭题材、表现内容、描绘形象、安排情节、阐述哲理和运用语言等方面所体现出来的情感倾向、性格特点、审美情趣和文化素养的综合性个人特征。导游在具体创作过程中都会或多或少地体现自身的个性特征和风格特征，有意识地追求个性的张扬、强调风格的凸显。在带团过程中展现出独特的讲解风采，应是每位导游的理想追求。要创作适合自己的导游词，就要避免简单模仿、众口一词、千人一腔，而应根据自身条件和性格特点，设计风格鲜明、特点突出的导游词。

---

① 资料来源：中国旅游协会旅游教育分会《优秀导游词集锦Ⅲ——"云驴通杯"第十二届全国旅游院校服务技能（导游服务）大赛成果展示》，旅游教育出版社。

　　导游词创作的个性与风格是个人综合素质和人格的体现与浓缩,它与旅游活动的质量和活力息息相关。为此,导游应当对自身个性特点加以总结和提升。导游词的创作不论是在借鉴与创新,还是在观察与思考,以及提炼与概括几个方面,都应该有自己的个性与风格。这样才能使讲解具有新颖和鲜明的特色,反之则会使自己的个性与风格大为削弱,难以凭借鲜活、生动的特色赢得游客的认同和好评。

(五)虚实结合,以实为主

　　"虚实结合,以实为主"是导游词创作的一种有效方法,旨在通过将实际景物介绍与虚构的故事情节相结合的方式,增强导游词的吸引力和感染力。这种方法不仅能让导游词更加生动有趣,还能提高游客的兴趣、加深游客的理解。虚实结合意味着在导游词中,导游将典故、传说与景物介绍有机结合,通过编织故事情节,使导游词故事化,从而产生艺术感染力,使气氛变得轻松愉快。这种方法能够有效地吸引游客的注意力,提高他们的旅游体验感。

　　以实为主强调在导游词中,实际的景物介绍应当是主要的,而虚构的故事情节则作为辅助,用来增强导游词的生动性和趣味性。这种做法确保了导游词的真实性和可信度,同时也避免了过度虚构可能带来的不真实感。在运用虚实结合法进行导游词讲解时,需要注意以"实"为主,以"虚"为辅,避免为了讲故事而讲故事。选择"虚"的内容时要精练和灵活,以确保故事情节与实际景物介绍相得益彰,而不是相互矛盾或脱离实际。综上所述,"虚实结合,以实为主"是一种值得推荐的导游词创作方法。

(六)创作内容具体深入

　　导游创作导游词时,应当努力抓住重要且突出的内容,写得越确切、越具体、越独特越好,这样才能给游客留下深刻的印象。要做到具体且深入,需注意以下两点。

1. 做好细节刻画

　　在叙述事件、描绘人物的导游词中,要抓住关键性的细节进行具体刻画,这样会给人一种身临其境的感觉,给人留下清晰而又深刻的印象。

2. 描绘要传神

　　在描绘自然美景时,导游如果能将神韵和活力注入静态的景观中,就会使描绘变得传神而生动。

他 山 之 石

沱 江 泛 舟

　　各位远道而来的朋友们,大家上午好! 欢迎来到美丽的浪漫小城凤凰,我是各位此次浪漫之旅的导游,在我们凤凰,未婚的女孩子都被称为"阿妹",今天阿妹要带大家一起去体验凤凰九景之一的"沱江泛舟"。现在我们来到的是北门码头,我们将从这儿坐上乌篷船,顺江而下,请大家带上自己的随身物品,穿好救生衣,牵着心上人,有序上船。

朋友们，现在缓缓流淌在我们身边的这湾江水就是沱江，沱江是古城凤凰的母亲河，发源于四川盆地西北缘的九顶山，因其一路奔来，弯弯曲曲，像蛇一般，而古人称蛇为"沱"，故称其为"沱江"。大家请看，前面有一排石墩，这就是著名的沱江跳岩。跳岩全长100米，共有15个岩墩。它是湘西特有的交通方式，也曾是进出凤凰古城的主要通道之一，当年沈从文、黄永玉等艺术大家，就是从这里走向世界的。如今它还是青年男女牵手定情的好地方，这就是凤凰第一怪——大河中央谈恋爱，听，远处传来了阵阵情歌，郎在高山打一望……

伴着悠扬的山歌，我们继续泛舟前行。顺着我手指的方向大家请看江的两岸，全是些高高低低、错落有致的木楼，这是凤凰第二怪——木楼长腿水边盖，它们一排排扎根岸边，探出身子似要拥抱沱江，这就是有着百年历史的土家吊脚楼，一根根木柱撑起一栋栋小巧玲珑的房子，撑起了一个个甜蜜温暖的家。

朋友们，那一扇扇撑开的雕花窗户，那倒映在清澈波光里的大红灯笼，那手拿棒槌笑语朗朗的姑娘，构成了古城一道别样的风景，这不就是一首流动的诗，不就是一幅浓墨淡彩的水墨画吗？

唉，我们团里有朋友正向着吊脚楼的窗户张望，您是不是在寻找沈从文笔下的那个美丽善良的姑娘翠翠呢，相信所有《边城》的拜读者都已被翠翠的纯真所打动，渴望在美丽的湘西凤凰去感受男女之情最真诚纯粹的传递方式，触摸美在红尘之外的另一种表达。朋友们，我想问问大家刚刚都找到翠翠了吗？其实翠翠只是沈老先生的一个梦，或者说翠翠应该是我们每个人心中的一个关于爱情的美梦。阿妹告诉大家一个秘密，农历七月十二是我们土家族的传统节日"女儿会"，可爱的土家阿哥阿妹们会一起载歌载舞，以独特的方式表达心中的爱恋，如果有哪位未婚的帅哥想要在凤凰找到心中的翠翠，不妨到"女儿会"的时候，再来凤凰一趟，在这么美丽浪漫的地方，说不准真的会邂逅一辈子的姻缘呢！

好了各位，我们马上就要上岸了，这里阿妹要告诉大家一个好消息，今天晚上啊，我们就住在古城里面，有游客跟我说，最美的凤凰还是晚上的凤凰，他将心留在了这里，将情留在了这里，连梦也遗落在了这里，所以大家到了晚上一定要出来走一走、逛一逛。你们会发现，夜晚的凤凰又有一番别样的风情。

各位，我们今天的游览到这里就结束了，浪漫凤凰、多情桂英永远期待您的光临！

点评：

本篇导游词带有一定的地域文化色彩，比如"阿妹"的称呼、凤凰几大怪以及水上情歌的元素等，加上沈从文及其产生的湘西文学世界的名人名文效应，一定程度上加强了与游客的情感共鸣，也使交流变得相对通畅、有效。同时,本篇导游词主要围绕着浪漫和爱情的基调展开,具有抒情性和唯美性,也保证了主题的鲜明和完整。在语言方面,本篇导游词也基本符合导游语言的特征,具有很强的现场性和交流感。全篇文字流畅、内容丰富、结构完整,是一篇不错的竞赛导游词,成功与否主要看其是否符合选手的气质,以及选手对导游词的表现力如何。

（资料来源:徐慧慧、杨志超《比赛就要拿金牌:教育部2013年全国职业院校技能大赛导游服务赛项参赛导游词点评汇编》,中国旅游出版社。）

· 实训练习

　　实训项目:导游词创作。

　　实训内容:①按照导游词创作的要求,每位同学创作出一篇三段式导游词;②注意导游词创作技巧、导游语言、创作方法的应用,合理使用分段讲解法、引用法、问答法等讲解方法。

任务二　导游词创作的基本路径

任务描述

　　本任务对导游词的创作路径进行了较为全面的介绍,包括七个基本路径:研究工作任务,分析讲解对象;理论联系实践,收集创作资料;根据工作任务,精心整理资料;围绕讲解核心,提炼创作主题;制定讲解框架,合理设计游览线路;组织导游语言,完成导游词内容创作;实地检验与修正,不断改进升级。

任务目标

　　熟悉导游词创作的基本路径,能对导游词创作的基本路径和过程有清晰的认知,并能够依据该创作路径创作导游词。

　　导游词的创作是一个系统性的过程,需要遵循一定的步骤和路径来确保内容的丰富性、条理性和吸引力。导游词创作的基本路径如下。

一、研究工作任务,分析讲解对象

　　研究工作任务,分析讲解对象是创作导游词的起点。如果是针对旅游团创作导游词,那就要分析旅游团的基本情况,包括旅游团的团型、游客年龄层次、性别结构、职业构成、宗教信仰,确定旅游团中的重点关照对象,合理创作讲解内容。以接待教师考察团为例,此类游客的专业素养与文化层次较高,加之有相应的实践考察活动,因此,无论是在内容的广度、深度上,还是在语言的专业性、规范性方面,对导游词讲解都有较高的要求。如果工作任务是创作竞赛导游词,那就要根据竞赛的类型,做好"点线面"结合,构建导游词知识网,创作出符合竞赛要求的现场导游词。

案例分析
Anli Fenxi

创作优质导游词 讲好红色故事

在红色旅游过程中,如何才能有效地向游客传播红色文化、弘扬红色精神? 如何才能更好地发挥红色资源的价值引领作用? 如何才能让游客真正意义上获得"瞻仰一次圣地,净化一次灵魂"的旅游体验? 要达到这些目标,其中的关键之一,是创作优质红色导游词。

红色导游词的创作要求严、标准高、难度大,既不能对史料进行照搬照抄,也不能随意想象,内容既要真实客观、权威严肃,具有思想引领、精神指导的意义,更要朴实又有内涵、丰富又有亮点、新颖又有深度,这样才能达到"游中学、学中游",寓教于游、润物无声的目的。

坚持严肃创作 确保内容真实

要准确把握红色导游词创作的严肃性。红色导游词创作要在契合大历史观的基础上,明确梳理各阶段的历史脉络,并旗帜鲜明地反映出不同时期的红色内涵、历史价值和时代意义。要以史料为基础,不能离开史料凭空创作或任意编造;不能歪曲历史事实,人为地演绎发挥;更不能为了哗众取宠而掺杂粗俗、迷信、低级趣味等内容。

刘胡兰,是一个中国人民耳熟能详的名字,一位为了革命事业而英勇献身的英雄。年仅15岁的女孩,在铡刀前毫无畏惧,英勇就义。然而,社会上却有些人为了吸引眼球恶意诽谤。所以在创作红色导游词时,一定要在内容上做到遵循史实、有据可查,通过实物和实证所承载的历史信息,来还原客观事实,彰显革命事业的伟大,塑造革命英雄的形象;通过红色故事、红色人物所蕴含的精神内涵,来激发游客的情感、认识和评价,达到启发教育的目的。

总之,要再现真实历史,展现先烈风采,彰显伟大精神。

坚持与时俱进 体现时代价值

红色导游词的创作要紧随时代号角,在理清红色历史脉络的基础上,深入挖掘中国共产党筚路蓝缕奠基立业的百年历史,以红色旅游线路中的景区、场馆、遗址为依托,从党史、新中国史、改革开放史、社会主义发展史中,分析、比较、筛选、提取出优秀且具有代表性的红色历史、红色人物、红色故事进行二次创作和精神延展,真正做到"缅怀历史功绩,着眼时代发展,立足当今社会,坚定理想信念",真正体现出红色导游词倡导坚定初心使命和与时俱进的作用。

"毛泽东主席在陕北听到刘胡兰的事迹,挥毫写下'生的伟大,死的光荣'，这八个字不仅饱含着对女英雄的褒奖，更蕴含着对这片土地和人民的深情。"这样的表达确实完整地介绍了事件发展的脉络，也体现了党和国家对于刘胡兰烈士的高度肯定和崇高致敬。但红色导游词还要引导游客的情绪变化和思想进度，让游客从现实走进历史，再从历史走回当今。

因此，在创作这段导游词时，可以增加些新的内容，如："七十多年过去了，今天的文水有很多用英雄命名的地方，刘胡兰镇、刘胡兰中学、胡兰民兵班等，英雄的精神在新时代被赋予更深刻的内涵，英雄的基因在这座英雄之城一代又一代传承。今天的吕梁儿女，秉承先烈遗志，牢记习近平总书记嘱托，在脱贫攻坚和全面建成小康社会的道路上奋勇前进。今天的成绩可以让我们告慰英灵，也可以让我们激情饱满地迎接未来！"

红色导游词创作的核心是挖掘深厚的故事背景，延续宝贵的精神力量，奏响奋进的时代号角。

坚持小中寓大 升华创作主题

红色导游词的创作要以故事化的形式以小见大，以人说史。一方面挖掘领袖、英雄的平常生活，使大人物走下圣坛，走进群众中，产生亲和力和亲近感；另一方面要通过对普通人的描写，表现出人民群众无私无畏的壮举，刻画出人民群众不畏险阻、奋勇斗争的决心，创造历史的真谛，使普通人鲜活和丰满起来。同时还要注重拓宽红色导游词的深度和广度。在对故事、事件、人物充分介绍的基础上，要深度挖掘这些故事背后蕴含的红色文化精髓和红色精神内涵。

比如，刘胡兰纪念馆是全国重点烈士纪念建筑物保护单位、全国爱国主义教育示范基地、全国红色旅游经典景区，位于山西省文水县刘胡兰村（原名云周西村）。在刘胡兰纪念馆的展柜中，有三件看似很普通的展品——一块手绢、一枚戒指、一个万金油盒，这是当年刘胡兰赴刑场前，匆忙留给母亲的物品。在导游词的创作中，如果只是表达了"这三件物品是烈士遗物"，这样陈述就错过了宝贵的创作点。可以将这里写成："这是这位十五岁女孩的心爱之物，这个时刻她来不及和母亲说告别的话语，只希望把这些东西留给母亲好好保存，就好像自己永远能陪在她身边一样。今天，我们看到这三件普通的遗物，仿佛看到了这位英雄平时生活的真实写照，又看到了这位姑娘面对危险，表现出来超乎年龄的从容和镇定，这三件物品饱含着她对家人无限的爱意。"这样的描述，一下拉近了我们和英雄之间的距离和感情，让英雄的形象变得更亲近了。波澜壮阔的大场景，会让人不禁肃然起敬，而身边点滴的小细节，更容易直抵人心最柔软的地方。此时，创作者也可以由刘胡兰的故事开始延展到整个山西地区乃至全国范围内同刘胡兰一样英勇的其他女性英雄的介绍，从而让游客从思想上领悟红色精神，从心灵上感悟震撼效果。

所以，用心发现闪光点，注重挖掘价值点，善于拔高升华点，加强导游词创作的艺术性表达和运用,才是成功的红色导游词。

　　作为一名新时代的导游,不仅是红色旅游这一系统工程的参与者和推动者,更是红色文化的传播者和传承者。导游应积极参与到红色导游词的创作中来,多出精品,为传播红色文化、传承红色精神、赓续红色血脉、促进社会主义精神文明建设和助力红色旅游高质量发展,贡献自己的力量!

　　(资料来源:《中国旅游报》,2022年4月21日。)

　　思考:

　　(1)如何进行现场导游词创作?

　　(2)红色导游词创作需要注意哪些方面?

二、理论联系实践,收集创作资料

　　导游在创作导游词之初,要结合线路安排、团队特点和工作任务,收集相关景点资料,并根据需要,结合各种修辞手法,将零散的资料有机结合在一起,创造出个性化的导游词。需要收集的创作资料主要包括书面导游词、地方风物志、旅游景点介绍及画册、旅游声像资料、网络旅游资料等。导游可以从以下途径收集相关景点资料。

(一)互联网线上及传播媒体

　　导游可以通过门户网站、景区景点官网、导游论坛、微博、微信等渠道,从互联网上获取大量导游词创作的基础资料。在利用互联网搜索资料时,应注意以下内容:一是要注意关键词的选取。在网络上搜索景区景点或者城市发展资料时,可以输入想要的关键词,例如在讲解广东万绿湖的发展历史时,可以搜索"广东万绿湖是怎么形成的"。尽量不要直接借鉴别人已经写好的导游词,这样非常容易限制创作思维。二是网络信息纷繁庞杂,导游词创作者要注意分辨真伪,寻找准确可靠的信息来源,如景区官方网站、政府门户网站等,勇于质疑网上信息,发现错误。

　　此外,电视节目中的影像资料也不失为获取资料的一个良好途径,如旅游纪录片等。就目前来看,很多旅游城市、景区景点都拍摄有自身的纪录片、宣传片等,这些影像资料可以让导游词创作者在短时间内全面了解该地概况及其景观特色、文化内涵,从中汲取利于创作导游词的养分。

(二)纸质媒介

　　导游也可通过学术著作、图册、报纸、杂志等收集要创作景点导游词的相关信息。相对网络信息而言,从纸媒上所获取的信息,虽然更新速度慢,但是信息来源通常更准确、可靠。特别是,若从旅游目的地相关历史年鉴、古籍、文化名著等资料中获取相关信息,更能增加导游词的文化厚重感和文化品位。由此可见,纸媒这种收集资料的途径并不过时。

（三）实地考察

导游在创作导游词时仅靠收集来的文献资料是远远不够的,还要以事实为依据,实地考察,将理论与实践相结合,这样才能创作出高质量的导游词。因此,只有利用各种机会实地走访、考察,并随时观察景点景区的变化,结合当下的时事政策与人们的心理需求,及时记录心得,才能创作出与众不同的导游词。

考察景区和景区所在地及周边50千米半径范围内的山川河流、历史人文,通过录音录像熟悉城市交通、景区线路及景点实际情况。走访当地老人、专家、相关部门,请他们讲述当地故事和传说,收集当地民俗风物、乡言俚语、名人名言、逸事、典故、诗词、雅事等资料,深刻感受当地文化,并对这些资料进行整合。

三、根据工作任务,精心整理资料

导游通过多方收集来的资料,不一定是正确的、有效的,甚至还有互相矛盾的、错误的。因此,收集资料后,导游要对所收集的材料进行仔细甄别、多方求证、去伪存真、去粗取精、精心整理。比如,一些诗词名言的出处是否正确,一些历史年份、历史事件是否符合实际,一些生僻字的发音是否准确,等等。切忌生搬硬套、不认真思考。

在整合资料时,要结合景区背景,将景区细化成一个个小景点,挖掘每个小景点的资料,逐一撰写每个小景点的讲解词,并做到虚实结合。

四、围绕讲解核心,提炼创作主题

主题,是一篇导游词的核心和灵魂,它体现了创作者的主要意图,表现了创作者对文章中所反映的客观事物的基本认识、理解和评价。因此,导游词的写作必须十分重视主题的提炼。一篇导游词要向游客传达怎样的思想、意图,要激发游客怎样的情感、认知和评价,从而达到启发教育的目的,这是创作者需要深思熟虑的问题。鉴于此,导游词创作者要选择一个或几个能够突出景点特色的主题,如历史脉络、文化特色或建筑风格等,这可以使导游词内容更加丰富且具有深度。切忌在导游词中出现泛泛而谈的现象,或者创作出记流水账似的导游词。

五、制定讲解框架,合理设计游览线路

在进行导游词创作的时候,要根据确定的主题和整理好的资料,制定导游词的框架结构,包括引言、特色亮点、详细介绍、相关信息和结尾等部分,确保内容的条理性和完整性。很多大型景区游览景点众多、线路复杂,因此,在创作导游词时要结合服务对象和预设的场景,围绕预先确定的导游词主题及重点,合理设计游览线路,可根据重点选取的场景的不同,规划出多条线路。以北京天坛为例,可以重点围绕中轴线这一条主线进行导游词创作,而中轴线上又以回音殿为主;又比如西湖景区,可分重点创作断桥、岳王庙、灵隐寺、雷峰塔等景点的导游词,最后根据旅游线路把相关景点串联起来。

在线路安排上,有四个方面的要求:一是要充分考虑景点的类型和特点;二是要确保线路便捷、合理,尽量不走回头路;三是要能够引导游客移步换景,逐步深入地探索景观;四是要能根据游客的不同情况和不同需要,设计出不同的线路。

六、组织导游语言,完成导游词内容创作

导游的风格气质,常常是通过语言表达来体现的。讲解时的语言表达,只有具有鲜明的个性和独特的风格气质,才会形成独特的语言魅力和人格魅力。良好的语言风格和适度的情绪表达,往往能激发游客的个性化思维,促使他们积极参与鉴赏,并充分体验旅游的乐趣,在整个游览过程中形成一种物我交流、情景相融、客导融洽、文明旅游的良好氛围。语言表达越具有个性、风格越鲜明突出,就越能表现出导游特有的感染力;反之,则显得平淡无奇。

因此,在确定导游线路及主题之后,导游就要对收集的资料进行取舍,使杂乱无章的材料变成典型的、生动的、互相联系的、体现景观特色的语言。同时,还要围绕确定的主题及重点,在篇章布局上下功夫,最终创作出一篇优秀的导游词。

七、实地检验与修正,不断改进升级

撰写好导游词后,应多次大声朗读,发现问题,及时修改,避免其在内容、语法、表述上出现错误。创作导游词要符合受众的语言表达习惯,读起来朗朗上口。同时,还要充分认识自身优势,发挥自己在语言表达、性格、气质等方面的特长,巧妙运用幽默形式,创造出具有自己风格的导游词。

实践是检验真理的唯一标准。一篇导游词优秀与否,要经过实地检验。导游可从实地讲解时的游客反应和气氛中总结不足。优秀的导游词一定要能吸引游客、活跃气氛,让游客有所收获;若不能达到这样的效果,则需在今后的创作过程中不断改进与提升。

导游词不是一成不变的,而是在实践中有一个不断演化和提升的过程。所谓演化,是指在一个核心版本的导游词的基础上,为适应不同游客群体,分化出不同版本的导游词。所谓提升,是指同一版本的导游词,随着导游对景观的深入理解、旅游景观的逐步演化和游客需求的不断变化,进一步升华文化主题和不断挖掘内涵的过程。这一过程涉及导游词的再创作和智能化导游平台的构建等问题。

通过上述一系列步骤,创作者可以有效地组织和管理信息,创作出一篇内容丰富、条理清晰、具有吸引力的导游词,为游客提供一次愉快而难忘的旅行体验。

·实训练习

实训项目:创作导游词。

实训要求:熟练掌握导游词创作技巧。

实训地点:教室或者模拟导游实训室。

实训材料:导游词创作相关书籍、网络资料、影像资料。

考查能力：观察学生对景区资料的收集整理能力；考查学生对资料的取舍能力；考查学生的写作能力；考查学生对导游知识、导游技巧的掌握与运用能力。

实训准备：学生分组创作导游词，导游词要求主题明确、内容新颖、有特色、有文化内涵等。

实训内容：教师选择若干个导游词创作景点，随机将学生分成若干个小组（每组4—5人），每组分配一个导游词创作任务。

实训考核、点评：指导教师点评，纠正实训过程中存在的问题，并指出创作导游词的过程中应注意的事项；学生现场展示所创作的导游词，并进行自评、互评，正确评价导游词创作的优点与不足，互相学习。

任务三　导游词讲解的基本要领与方法

任务描述

本任务主要对导游词讲解的基本要领与方法进行了详细介绍，包括导游词讲解的概念、导游词讲解的语言技巧、导游词讲解应遵循的原则、导游词讲解的基本要求、导游词讲解的常用方法等内容。

任务目标

了解导游词讲解的概念，熟悉导游词讲解应遵循的原则，掌握导游词讲解的方法和语言技巧，能够熟练进行现场导游词讲解。

一、导游词讲解的概念

导游词讲解就是导游以丰富多彩的景观景物、历史文化、风土人情为题材，以兴趣爱好不同、审美情趣各异的游客为对象，对自己掌握的各类知识进行整理、加工和提炼，用简洁明了的语言进行的一种意境的再创造。导游词讲解的目的是让游客充分了解旅游目的地景区景点的基本信息，欣赏景区内的自然景观和人文景观，了解旅游目的地的文化历史和风土人情，使旅游景区在游客心目中的形象得到美的提炼，使景区的美景和游客美的感受以及知识的积累完美契合，从而在游客心目中树立良好的旅游目的地形象。

导游词讲解不仅能让游客对旅游景区有全面的认识，还对旅游景区的形象宣传具有影响。优秀的导游词讲解，可以使祖国的大好河山生动形象起来，使各地的民俗风情更加绚丽多姿，使沉睡千百年的文物古迹焕发生机，使令人费解的自然奇观有了科学答案，使造型精巧的工艺品栩栩如生，使风味独特的名点佳肴内涵丰富，从而使游客感到旅游妙趣横生,留下经久难忘的印象。优秀的导游词讲解能向游客提供最新的信息、最好的服务,以满足游客求新、求美、求乐的旅游需求。在导游提供的各种服务中,导游词讲解可以说是导游服务的灵魂。

导游词讲解是导游的一种创造性的劳动,在实践中,讲解的方式、方法可谓千差万别。然而,这并不意味着导游在讲解过程中可以随心所欲、异想天开。为确保讲解的服务质量,无论采用何种讲解方式、方法,都必须遵循讲解的基本规律,恪守一些基本原则,符合一定的讲解要求。

二、导游词讲解的语言技巧

导游语言是导游在服务过程中必须熟练掌握和运用的,含有一定意义并能引起互动的一种符号。导游语言不仅包括口头语言,还包括态势语言、书面语言和副语言。具体而言,导游词属于书面语言范畴;讲解语言属于非书面语言;导游副语言是一种有声而无固定语义的语言,如重音、笑声、叹息、掌声等。本书将重点介绍口头语言和态势语言。无论是哪种形式的导游语言,都应准确、生动。

导游词讲解的艺术魅力主要体现在平时带团的过程之中和导游技能大赛的赛场之上,它是一门语言艺术,核心在于"讲",运用有声语言并追求言辞的表现力和声音的感染力;同时还辅之以"演",调动一切能调动的表情、动作、姿态等来表达和传递信息,从而产生一种特殊的艺术魅力。尤其在赛场之上,面对精心打磨过的导游词,导游更需要展现自己的讲解技巧和舞台表现力。

俗话说,"台上一分钟,台下十年功"。想要成为一名出色的导游,一方面要注重平日里的学习和积淀,另一方面要掌握一定的导游词讲解技巧。

(一)口头语言表达要领

在导游词讲解中,口头语言是使用频率最高的一种语言形式,是导游做好服务工作最重要的手段和工具。口头语通常可分为独白式和对话式两种,独白式是导游讲述、游客聆听的信息传递方式,如导游致欢迎词、欢送词或进行独白式的讲解等。对话式是导游与游客之间所进行的交谈,如问答、商讨等。面对旅游团时,导游常采用独白的形式进行讲解;面对散客时,导游常采用对话的形式进行讲解。无论是独白式讲解还是对话式讲解,都应注意以下表达要领。

1.音量大小适度

音量是指一个人讲话时声音的大小。导游在进行讲解时要注意控制自己的音量,力求做到音量大小适度,让游客听起来舒心、悦耳。一般说来,导游音量的大小应以每位游客都能听清为宜,但在游览过程中,音量大小往往受到游客人数、讲解内容和所处环境的影响,导游应根据具体情况进行适当调节。首先,要根据游客数量及导游地点、场合来调节音量。游客多时,音量要以离你最远的游客能听清为度,游客少时音量则要小一些。在室外讲解,音量要适当大一些,在室内则要小一些。因此,导游平时要注意练声,从低声到高声分级练习,以便在不同的情况下,准确掌握音量的大小。导游还要根据讲解内容调节音量,讲到主要信息、关键词语时可加大音量。另外,需注意的是,音量要按需调节,该大时大,该小时小,绝对不能无缘无故采用高声、尖声或低声讲解。

·实训练习

请学生在室内或室外进行导游词讲解练习,重点练习对讲解音量的把控,要求把最终练习的视频发给老师进行点评总结,并选择讲解得比较好的五位同学进行现场展示。

2. 语调抑扬顿挫

语调是指人说话的腔调,即一句话里语音高低、轻重、快慢的配置和变化。在现代汉语中,语调以声调为基础。声调有四种,即阴平、阳平、上声、去声,此外还有轻声。单纯的音调交错就足以形成语言的抑扬之美。语调一般分为升调、降调和直调三种,高低不同的语调往往伴随着人们不同的感情状态。升调多用于表示兴奋、激动、惊叹、疑问等感情状态。降调多用于表示肯定、赞许、期待、同情等感情状态。直调多用于表示庄严、稳重、平静等感情状态。导游在讲解过程中要注意语调的变化,不可过于夸张,要避免让游客听起来不舒服。

·实训练习

请针对下面这段导游词进行讲解训练,注意把握讲解时的语调。

刚刚就有朋友问道,为什么奉先寺内几乎所有佛像都有不同程度的毁损呢? 一个原因是这些佛像历经千年风雨沧桑,还有一个很重要的原因是在清末和民国初期,大量石刻、浮雕、造像被盗,石窟内文物被严重破坏。习近平总书记曾说:“要像爱惜自己的生命一样保护好城市历史文化遗产。”龙门石窟是祖先留给我们的宝藏,也是留给世界的巨大艺术宝库,只有做到像爱惜生命一样保护它,才能让我们的优秀文化遗产代代相传。

3. 语速快慢相宜

语速是指一个人讲话速度的快慢程度。导游在讲解或同游客交谈时,要做到徐疾有致、快慢得当。如果语速过快,游客听起来就会很吃力,难以跟上导游的节奏,对讲解内容印象不深甚至会很快遗忘。如果语速过慢,游客则会感到厌烦,注意力容易分散,同时影响讲解的流畅度。当然,导游如果一直用相同的语速机械地进行讲解,像背书一样,不仅缺乏感情色彩,还会使人乏味,令人昏昏欲睡。

讲解时,较为理想的语速应控制在每分钟200字左右。当然,具体的语速应根据实际情况进行适当调整。譬如,对于中青年游客,语速可稍快一些,而对于老年游客,则要适当放慢语速；对于讲解中涉及的重要内容或需要特别强调的信息，语速可适当放慢一些，以加深游客的印象，而对于那些不太重要的或众所周知的事情，可适当加快语速，以免浪费时间，令游客不快。

4. 停顿长短合理

停顿是一个人讲话时语音的间歇或语流的暂时中断。导游在讲解时，并不是讲累了需要休息一下，才停顿片刻，而是为了使讲解能够引起游客的反应，主动中止话头，短暂沉默下来。假如导游一直滔滔不绝，不但无法集中游客的注意力，而且会使讲解变成催眠曲；反之，如果导游说话吞吞吐吐，半天才说出一句话，或在不该停顿的地方停顿了，不仅会分散游客的注意力，还容易在表达上产生歧义。因此，这里所说的停顿，是指语句之间、层次之间、段落之间的合理间歇。

据统计，在谈话过程中，停顿时间占全部谈话时间的35%—40%时，听者往往更容易理解谈话内容。停顿的类型很多，常用的有语义停顿、暗示省略停顿、等待反应停顿、强调语气停顿等。语义停顿是指导游根据语句的含义所做的停顿。一般来说，一句话说完要有较短的停顿，一层意思表达完则要有较长的停顿。暗示省略停顿是指导游不直接表示肯定或否定，而是用停顿来暗示，让游客自己去判断。等待反应停顿是指导游先说出令人感兴趣的话，然后故意停顿下来以激起游客的反应。强调语气停顿是指讲解到重要内容时，导游为了加深游客的印象所做的停顿。

· 实训练习

请为以下导游词标注停顿斜线，并进行讲解练习。

朋友们请看，位于中央的就是大家最期待的卢舍那大佛了。大佛通高17.14米，头高4米，耳长1.9米。它以神秘微笑著称，被国外游客誉为"东方蒙娜丽莎"。仔细看，其面部圆润，眉若新月，双目宁静含蓄，神态庄严又不失慈祥，令人敬而不惧。无论你从哪个角度来看，大佛的目光都会与你有所交流，仿佛智者的询问、长者的关切、母亲的慈爱。

（二）态势语言运用要领

态势语言亦称体态语言、人体语言或动作语言，它是通过人的表情、动作、姿态等来表达语义和传递信息的一种无声语言。同口头语言一样，它也是导游服务中重要的语言艺术形式之一，常常在导游词讲解时对口头语言起辅助作用，有时甚至还能产生口头语言难以达到的效果。态势语言种类很多，下面介绍几种导游词讲解中常用的态势语言及其运用要领。

1. 首语

首语是指通过人的头部活动来表达语义和传递信息的一种态势语言，主要表现形式为点头和摇头。一般来说，世界上大多数国家和地区都以点头表示肯定，以摇头表示否定。然而,实际上,首语的含义远不止于此,如点头除了可以表示肯定,还可以表示同意、承认、认可、满意、理解、顺从、感谢、应允、赞同、致意等。另外,首语在有些国家和地区还有不同的含义,如印度、泰国等地的部分少数民族遵循"点头不算摇头算"的原则,即同意对方意见用摇头表示,不同意则用点头表示。

2. 表情语

表情语是指通过人的眉、眼、耳、鼻、口及面部肌肉运动来表达情感和传递信息的一种态势语言。导游的面部表情要给游客一种平和、松弛、自然的感觉,目光要真诚,额头舒展、无皱纹,面部两侧笑肌略有收缩,下唇方肌和口轮匝肌处于自然放松的状态,嘴唇微闭。这种自然的表情能使游客产生亲切感。为了更好地运用表情语与游客交流,导游在控制自己的面部表情时要注意以下四点:一是表情要能契合当下情境;二是表情传递的信息要清晰明确;三是面部表情要真诚;四是要把握分寸,避免出现不当表情。

·实训练习

微笑是一种富有特殊魅力的面部表情,被人们称之为"世界上最美丽的语言",请查找微笑训练方法,并进行微笑训练。相信经过一段时间的练习,你一定会拥有自信且魅力十足的微笑。

3. 目光语

目光语是指通过人与人之间的视线接触来传递信息的一种态势语言。俗话说,眼睛是心灵的窗户,即透过人的眼睛,可以看到人的心理情感。目光主要由瞳孔变化、目光接触的长度及向度三方面组成。瞳孔变化,是指瞳孔的放大或缩小,一般来说,当一个人处在愉悦状态时,瞳孔会自然放大,目光有神;反之,当一个人处在沮丧状态时,瞳孔则会自然缩小,目光暗淡。目光接触的长度是指目光接触时间的长短。一般情况下,导游连续注视游客的时间应保持在1—2秒,以免引起游客的厌恶和误解。目光接触的向度是指视线接触的方向。一般来说,人的视线向上接触,也就是仰视,表示期待、盼望或傲慢等含义;视线向下接触,即俯视,则表示爱护、宽容或轻视等含义;视线平行接触,即正视,表示理性、平等、坦率等含义。导游常用的目光语应是"正视",这种目光语可以让游客感受到对方的坦诚、亲切和友好。

导游词讲解是导游与游客之间的一种面对面的交流。游客往往可以通过视觉交流,从导游的微笑、眼神、动作中加深对讲解内容的理解。导游在讲解时,运用目光的方法很多,常用的主要有以下几种。

(1)目光的联结。

导游在讲解时,应用热情而又诚挚的目光看着游客。旅游专家指出,导游的目光应当开诚布公、充满关切,能够传递出谅解和诚意。那些只顾低头或望向不相干处的导游,往往难以与游客建立有效沟通。因此,导游需要重视与游客的目光联结,在讲解时运用积极的目光语,避免出现目光呆滞(缺乏表情)、眼帘低垂(心不在焉)、目光上挑(显得傲慢)或视而不见(透出轻视)等不恰当的目光联结方式。

(2)目光的移动。

导游在讲解某一景物时,首先要通过目光引导游客的视线,将他们的注意力吸引到目标景物上;随后适时收回目光,同时继续保持与游客的眼神交流。这种方法不仅能帮助游客集中注意力,还能使讲解内容与景物本身自然融合,从而给游客留下深刻印象。

(3)目光的分配。

导游在讲解过程中,应当注意用目光覆盖所有游客。具体可采用两种方式:一是将视线落点放在后排两侧游客的头部位置,二是适时环顾四周的游客。要避免仅注视前方部分游客而忽视后排及两侧游客的情况,否则容易让未被关注的游客产生被冷落甚至遗忘的感觉。

(4)目光与讲解的统一。

在导游讲解传说故事和逸闻趣事时,讲解内容中常常会出现甲、乙两人对话的场景,为了清晰区分不同人物,导游在模仿甲说话时,应把视线略微移向一方,在模仿乙说话时,把视线略微移向另一方,这样目光与讲解相统一的做法可以增强游客的代入感。

·教学互动

将班级学生分成若干小组,模拟广东万绿湖风景区的导游现实场景,让学生分组训练目光语的四个部分,即训练目光的联结、目光的移动、目光的分配、目光与讲解的统一,最后由老师进行总结和点评。

4. 姿态语

姿态语是通过端坐、站立、行走的姿态来传递信息的一种态势语言。姿态可分为坐姿、立姿和走姿三种。导游在讲解过程中通常是站立状态。

站姿的基本要领:头正、颈直、双眼目视前方、下颌略收、微笑、双肩放松并打开;挺胸、双臂自然下垂;收腹、立腰、提臀;双腿并拢、两膝间无缝隙。

手位:站立时的手位有多种选择。一是双手置于身体两侧,自然下垂;二是右手搭左手并叠放于腰腹以上;三是双手叠放于身体后;四是一只手放在身体前,另一只手放在身体后;五是一只手举麦克风(或导游旗),另一只手在体侧自然下垂;六是要配合讲解做适当手势。

脚位:站立时的脚位姿势主要有三种。一是V形,双脚脚跟贴紧,脚尖自然分开呈60°左右,男士、女士皆适用;二是小丁字形,双脚呈小丁字形摆放,重心放在脚跟上,给人以自信、优雅之感,女士适用;三是双脚平行分开,宽度不超过双肩,男士适用。

知识活页
Zhishi Huoye

姿态训练方法

第一种：五点靠墙。背墙站立，脚跟、小腿、臀部、双肩和头部靠着墙壁，以训练整个身体的控制力。

第二种：双腿夹纸。站立者在大腿间夹一张纸，全程保持纸不掉落，以训练腿部的控制力。

第三种：头上顶书。站立者按要领站好后，在头上顶一本书，努力保持书的稳定性，从而训练头部的控制力。

姿势与效果检测：轻松地摆动身体后，要能够马上回到标准站立姿态，若姿态不够标准，则应加强练习，直至能够迅速、准确摆出标准姿态。

5. 手势语

手势语是通过手的挥动及手指动作来传递信息的一种态势语言，包括握手、招手等多种形式。在导游词讲解中，手势不仅能强调或解释讲解的内容，还能生动地表达出口头语言所无法表达的内容，使讲解更加生动形象。导游词讲解中的手势有以下三种。

(1)情意手势。

情意手势是用来表达导游词讲解情感的一种手势。譬如，在讲到习近平总书记的嘱托"广大青年要牢记'空谈误国、实干兴邦'，立足本职、埋头苦干，从自身做起，从点滴做起，用勤劳的双手、一流的业绩成就属于自己的人生精彩"时，导游可以用握拳的手有力地挥动一下，既可渲染气氛，也有助于情感的表达。

(2)指示手势。

指示手势是用来指示具体对象的一种手势。譬如，导游讲到岳阳楼一楼楹联"落霞与孤鹜齐飞，秋水共长天一色"时，可用指示手势来一字一字地加以说明。

(3)象形手势。

象形手势是用来模拟物体或景物形状的一种手势。譬如，当讲到"成年鱼体长可达60厘米"时，可用两手食指比一比；当讲到"5公斤重的哈密瓜"时，可用手比画成一个球形状。当讲到童谣故事时，里面的"杭州有个雷峰塔，离天只有一尺八""四川有座峨眉山，离天还有三尺三""武昌有个黄鹤楼，半截插在云里头"，都可以手做出动作来形容和表示。

导游词讲解时，在什么情况下用何手势，都应视讲解的内容而定。在手势的运用上必须注意：要做到简洁易懂、协调合拍、富有变化、恰当使用。此外还要避免使用游客忌讳的手势。

Note

·实训练习

请同学们对下文导游词进行讲解训练,注意讲解时手势的运用。

伴随着潺潺的伊河水,跨越层层台阶,抬头仰望,现在展现在我们面前的就是龙门石窟中规模最大的露天佛寺——奉先寺。奉先寺内部雕刻有一佛、二弟子、二菩萨、二天王、二力士,以及两个供养人。十一尊造像以扇形布局排列在长40米、宽36米的开阔空间内。唐朝的艺术家们还按照佛教的仪规精心雕刻,使每尊造像都呈现出不同性格和气质,并将这组群像间的内在联系表现得水乳交融、淋漓尽致。

三、导游词讲解应遵循的原则

导游词讲解是一种创造性劳动,因此在实践中,导游词讲解的方式、方法可谓千差万别。然而,这并不意味着导游在讲解时可以异想天开、随心所欲地进行"创造";相反,导游词讲解必须遵循以下基本原则。

(一)以客观事实为基础

所谓以客观事实为基础,是指导游词讲解要以客观现实为依据,在客观事实的基础上进行意境的再创造。客观现实是指独立于人的意识之外,又能为人的意识所反映的客观存在。包括各种自然、人文景观和社会存在,既有有形的,也有无形的。有形的客观事实如历史建筑、名山大川、名胜古迹、工艺美术等,无形的客观事实如社会制度、人文风情、方针政策、民风民俗、旅游目的地居民对游客的态度等。导游必须从实际出发,这样的导游词讲解才具有生命力,才能在视觉、听觉等方面与游客产生良好的互动。

总体来说,导游词讲解要立足于客观实际,一是要真实地反映实际情况,要将事物的本来面目、来龙去脉交代清楚,不能讲错,更不能故意歪曲。尤其在涉及政治、政策、宗教、人物评价、科学技术等方面的问题时,导游词讲解更不能信口开河,胡乱解释。二是不得脱离实际。艺术的表现形式多种多样,导游在讲解时应结合具体事物,采用或创新与其相适应的方式、方法,通过渲染情节、活跃气氛,使讲解更加丰富多彩、生动鲜活。

(二)针对性原则

所谓针对性是指导游从游客的实际情况出发,因人而异、有的放矢地进行导游词讲解。游客来自四面八方,审美品位各不相同,因此,导游要根据不同游客的具体情况,在讲解内容、语言运用、讲解方法上有所区别。导游讲的应该正是游客希望听到的并感兴趣的内容。

（三）灵活性原则

灵活性是指导游词讲解要根据讲解时的具体情况随机应变，即因人而异、因时制宜、因地制宜。导游词讲解贵在灵活，妙在变化。这是因为导游词讲解的对象——游客的个性特征差别很大，景点景观千姿百态，自然环境千变万化，游览时的氛围和游客的情绪也有所变化。这些差异和变化要求导游词讲解不能以不变应万变，而应根据讲解的对象、景物、时间、地点、游客的期望和情绪等灵活地调整讲解的内容、方式和方法。实际上，世界上既没有两次完全相同的旅游，也不应有两次完全相同的导游词讲解。

例如，当某导游在上海豫园九曲桥旁向带领一个外国旅游团介绍湖心亭的建筑特点和中国民间风俗时，忽然传来清脆的唢呐声，随后4名穿着民族服装的人抬着一顶花轿伴随着唢呐声走来，该团游客纷纷转头观看，这位导游发现游客被这一场景吸引了，于是顺水推舟，干脆领着他们来到花轿旁，说："各位来宾，这就是中国古代的'的士'，世界上第一辆汽车诞生时远不如它那么漂亮。"随后介绍了中国古代男女结婚时男方会用这样的花轿将女方接回家的风俗。一位游客拍着该导游的肩膀说："你真了不起，简单的一席话使我们了解了中国的这个民间风俗。"

（四）计划性原则

所谓计划性，就是要求导游在特定的工作对象和时空条件下发挥主观能动性，科学地安排游客的活动日程，有计划地进行导游词讲解。

旅游团在目的地的活动日程和时间安排是计划性原则的中心。导游按计划带团进行每一天的旅游活动时，要特别注意科学地分配时间。如酒店至各参观游览点的距离及行车所需时间、出发时间、各条参观游览线所需时间、途中购物时间、午间就餐时间等。如果在时间安排上缺乏计划性，就会出现"前松后紧"或"前紧后松"的被动局面，甚至有的活动被挤掉，影响计划的实施而导致游客产生不满甚至投诉。

计划性还表现在每个参观游览点的导游方案上。导游应根据游客的具体情况合理安排在景点内的活动时间，选择最佳游览线路，导游词的讲解内容也要做适当取舍。什么时间讲什么内容、什么地点讲什么内容以及重点介绍什么内容都应该有所计划，这样才能达到最佳效果。

四、导游词讲解的基本要求

导游词讲解是为了有效地传播知识、自然地建立感情联结。一方面，讲解内容要为游客所了解；另一方面，要让讲解内容对游客产生深刻影响，导游需结合心理学知识、叙事技巧和互动策略，实现与游客的心理共鸣并激发其行为认同。因此，导游在进行实地讲解时要满足以下要求。

Note

（一）准确性

准确性是导游词讲解的基本要求。它要求导游要脚踏实地、一丝不苟，让自己的讲解真实地反映事物的本来面貌，无论叙事还是论述都要言之有据、言之有理，有实事求是的科学精神，既不能空洞无物，又不能胡编乱造，对事物既不能过分地夸大或缩小，也不能张冠李戴、模棱两可。否则，不仅会给游客造成错觉和误导，而且也会给自己的形象带来损害，使游客对导游产生不信任之感。导游词讲解的准确性主要表现在如下几个方面。

1. 以客观事实为基础

导游无论是叙事还是描景，都应尊重事实、反映事实，以事实为依据。对于事物发生的时间、地点、背景，事物的变化过程、主要特征，历史典故、名人轶事和对事物的评价等都应以事实为依据，不可凭空臆造。特别是人文历史类的景观，更要以客观事实为基础。而且导游要对所讲的内容非常了解。如果导游对景区景点不了解，那么其语言表达也很难清晰、准确，更不用说流畅、优美了。

2. 道理要讲透

要把道理讲透，导游就必须透过事物的现象对其进行深入的分析，从而把握事物的本质以及引起事物发生变化的根本原因。例如，在"红旗渠导游词"中是这样讲述青年洞的建设和由来的：

> 说起青年洞的建设，可谓是艰辛无比。1960年11月，受自然灾害的影响，红旗渠被迫暂停施工，但是林县人知道这么辛苦的工程，一旦停了就泄气了，再想要修就难了。于是当时一支由300多名青壮年组成的突击队悄悄来到山崖前，吃野菜吃粗粮，用最原始的方法，将一根绳子缠腰上悬在崖壁上，拿着铁钎一点一点地凿，干了整整8个月，在垂直的绝壁之上生生凿出了600米的隧洞。后来这个洞就被命名为"青年洞"。大家可以在青年洞下面合张影，以此来勉励自己为祖国的建设而奋斗。①

3. 遣词造句准确得当

遣词造句准确是导游语言运用的关键。一个句子的意思要表达准确、清晰，首先要用词准确，否则就会谬以千里。

同时，导游词讲解所用词语搭配要恰当。导游在选择贴切的词语基础上，还要将它们按照语法规则和语言习惯进行有机组合，使之符合规范，搭配相宜，这样才能准确地表达意思。

---

① 资料来源：中国旅游协会旅游教育分会《优秀导游词集锦Ⅲ——"云驴通杯"第十二届全国旅游院校服务技能（导游服务）大赛成果展示》，旅游教育出版社。

（二）鲜明性

鲜明性是指导游在讲解过程中对人、对事、对物的态度要分明,观点要明确,毫不含糊。导游词讲解的鲜明性主要表现在以下两个方面。

第一,讲解内容涉及人、物、事时,要有明确的是非观念和爱憎分明的情感。例如:

> 马军武把最美好的青春年华奉献给了这里,把自己的甜蜜爱情定格在了这里,把对祖国的大爱书写在了这里。
>
> 各位游客,请看,这新旧两座塔,夫妻两个人,很少有人知道,在无数闪光灯与鲜花荣誉的背后是两个朴实无华的灵魂,他们在烈日下劳作,在夕阳下守望。直到他们自己也成了有生命的哨塔,成了会说话的风景。军垦几代人在这片比西北更北,比遥远更远的区域内,半个世纪挥洒青春、汗水、热血,用常人无法想象的顽强毅力,挑战着人类的生存极限,维护着国土的尊严。
>
> 他们用行动诠释了"割不断的国土情,难不倒的兵团人,攻不破的边防线,摧不垮的军垦魂"! ①

这段导游词用精确的语言概括了马军武夫妻的光荣事迹和辉煌的一生,然后对马军武夫妻做出了观点鲜明的评价,凸显出对马军武夫妻的敬佩之情,更是对兵团人的精神的赞扬。

第二,导游词讲解要突出重点。重点的内容要多讲、详讲,给游客以深刻的印象,也使主题显得更加鲜明。突出重点的方法要求导游要善于抓住事物本质或主要特征,对能反映事物主要特征的景观要多讲,对于能反映问题核心的内容要细讲。例如,讲解黄山,就要将黄山的奇松、怪石、云海和温泉"四绝"及其成因讲清楚、讲透彻。

（三）生动性

生动性是指导游词讲解要充满活力,能对游客产生感染作用。要使导游词讲解具有生动性,除了语言上的活泼、风趣、幽默,导游还应该:①熟悉讲解的内容,善于将掌握的素材和自己的体验、感受结合起来,巧妙地进行组织安排,使之既层次分明、有轻有重、层层递进、高潮迭起,又不乏新奇之处。②善于利用中外名言名句、成语典故、名人轶事、民间传说等。当然,这种旁征博引不宜过多,恰到好处地引用才能产生事半功倍的效果。

（四）逻辑性

逻辑性是指导游的思维要符合逻辑规律,语言表达要连贯流畅、条理清晰、有层次感。要使语言具有逻辑性,导游必须做到以下几点。

---

① 资料来源:徐慧慧、杨志超《比赛就要拿金牌:教育部2013年全国职业院校技能大赛导游服务赛项参赛导游词点评汇编》,中国旅游出版社。

1. 思维要符合逻辑规律

逻辑分为形式逻辑和辩证逻辑。前者是孤立地、静止地研究思维的形式结构及其规律;后者是从事物本身矛盾的发展、运动、变化来观察、把握,研究事物的内在联系及其相互转化的规律性。

形式逻辑的思维规律主要有同一律、矛盾律和排中律。同一律即"甲是甲",它要求在同一思维过程中,思想要保持自身统一。矛盾律即"甲非甲",它要求在同一思维过程中,对同一对象不能做出两个矛盾的判断,不能同时既肯定又否定。排中律即"或者是甲,或者不是甲",它要求对两个互相矛盾的判断,承认其中之一是真的,做出非此即彼的明确选择。

导游若能掌握并正确地运用这些思维规律,就会使自己的思维具有确定的、前后一致的、有条理的状态,从而在语言表达上保持前后一,具有较强的逻辑性。

2. 语言表达要有层次感

导游应根据思维逻辑将要讲的内容进行排序,以确保语言表达具有层次感。导游在介绍景点或事物时,应当遵循一定的逻辑顺序,将内容分成前后次序,即先讲什么、后讲什么,使讲解层层递进、条理清楚、脉络清晰。这种表达方式不仅有助于游客更好地理解和吸收信息,还能提升讲解的效果和游客的体验。具体来说,导游在语言表达上应注意以下几点。

(1)思维要符合逻辑规律。导游的讲解应当遵循思维逻辑,确保内容的组织和表达符合逻辑规律,避免信息混乱或逻辑断裂。

(2)语言表达要有层次感。导游应合理安排讲解内容的先后顺序,使讲解内容层次分明,易于游客理解。

(3)掌握必要的逻辑方法。导游应掌握一些基本的逻辑方法,如分类、比较、归纳等,从而更好地组织讲解内容。

(4)词语组合要得当。导游应在选择恰当词汇的基础上,按照语法规律和语言习惯进行有机组合和搭配,确保信息准确传达。

通过上述方法,导游可以有效地提高讲解效率和提升讲解效果,使游客在轻松愉快的旅游氛围中获得知识、文化和美的享受。

3. 掌握必要的逻辑方法

导游的语言要有逻辑性,导游必须要掌握一些必要的逻辑方法。例如,比较法、分析法、综合法、抽象法、归纳法和演绎法。具体来说,比较法是指按照对象或形式的不同,对事物进行求同或求异的思维方法;分析法是指将事物分解为各个部分,分别加以研究的方法;综合法是指将事物各个部分按内在联系有机地统一为整体,以掌握事物的本质和规律的方法;抽象法是指透过现象、深入里层,抽取事物本质的方法;归纳法是指通过寻找事物之间的共同属性来发现共通点的方法;演绎法是指从一般原理推导出特定结论的方法。通过使用这些逻辑方法,导游可以让所创作出的导游词更具条理性。

五、导游词讲解的常用方法

（一）概述法

概述法是导游在进行讲解时，针对旅游目的地或旅游景区的地理、人文、历史、社会、经济等情况向游客进行概括性的介绍，使游客对于即将参观游览的目的地有大致了解的一种导游方法。这种方法多用于导游接到旅游团后乘车前往下榻酒店的首次沿途讲解，也适用于游览大型景区之前，在景区入口处的导览图前进行的讲解。概述法讲解可以让游客初步了解目的地，并引导游客提前进入旅游意境。例如：

> 尊敬的各位嘉宾，欢迎您来到美丽的绩溪。我是大家此行的导游小王，今天小王将带领大家走进咱们绩溪极具代表性的古村落——龙川村。大家知道龙川村是因何而得名的吗？大家请看，"小溪穿村过，龙在水中游"，这就是龙川村名字的由来。整个村庄山环水绕，气势恢宏，犹如龙船靠岸，堪称风水宝地。面前这座三进七开间的重檐歇山顶建筑——胡氏宗祠，见证了胡氏族人数百年人文与生态的和谐统一。说了这么多，现在就让我们开启今天的旅程吧！

（二）分段讲解法

所谓分段讲解法，就是针对那些规模较大、内容较丰富的景区，导游将其分为前后衔接的若干部分来逐段进行讲解的方法。一般来说，分段讲解法可以分为前往景区的途中或在景区入口处的讲解、景点顺次游览讲解、行程结束返回酒店或出发地的讲解。

具体来说，导游首先可在前往景区的途中或在景区入口处的导览图前介绍景区的概况，包括景区的历史沿革、占地面积、社会经济价值、文化背景、主要景观名称、观赏价值等，使游客对即将游览的景区有一个初步印象，达到"见树先见林"的效果。其次，导游在带领旅游团进入景区以后开始顺次游览各景点，并根据游览景点进行讲解。此阶段是讲解的重点，在进行景点顺次讲解时，导游要注意在讲解前面的景点时不要过多涉及后面的景点，但在前面景点的游览快结束时，可适当提及后面的景点，目的是激起游客对后面景点的兴趣，并使讲解完整通畅、内容环环相扣。最后是行程结束返回酒店或出发地的导游词讲解，这部分可以对今天的游览内容进行总结，使游客在导游的带领下更好地回忆今天的游览内容，提高游客对旅游目的地的满意度。

(他) (山) (之) (石)

好客山东美名扬，黄金海岸逍遥游

亲爱的游客朋友们，大家好！欢迎您乘坐"齐鲁之星"豪华游轮开始本次胶东半岛海洋文化之旅！我是导游赵凌风翔，很荣幸能由我陪同大家一起游览,共同享受本次旅行的快乐过程!

　　我们"齐鲁之星"起航的第一站是享有"海上仙山、候鸟天堂"美誉的——长岛。长岛位置独特,地处辽东半岛和山东半岛之间,位于黄海、渤海交汇处,由32座岛屿构成。长岛历史悠久文化灿烂,渔俗文化、妈祖文化特色突出,有中国北方建造最早的妈祖庙——庙岛显应宫。岛上树木葱茏,鸟类云集,是人们休闲度假的优选之地。游客朋友们,请您睁大眼睛,接下来就是见证奇迹的时刻。快看! 那里就是著名的黄海、渤海交汇处,黄海与渤海之间有一条非常明显的分界线,由于两海海水的盐度、颜色不一,交界处形成了美丽的S形曲线,从此"泾渭分明"。真可谓"一脚跨两海,两耳听双涛""此景只有人间有,壮美独在长山尾"。

　　"齐鲁之星"经过48分钟的航行,已经到达本次旅程的第二站,被称为"仙境之都"的蓬莱。蓬莱是一座历史文化名城,这里的水城是国内保存最完整的古代水军基地。蓬莱是我国乃至世界上发生海市蜃楼最频繁的地方,因为古代对海市蜃楼的发生原因无法解释,所以蓬莱也就被称为"仙境之都"。位于丹崖山上的蓬莱阁与南方的滕王阁、黄鹤楼、岳阳楼并称为中国古代四大名楼,有"北方第一楼"的称号。

　　不远处山上的白色灯塔提示我们到达了本次旅程的第三站——烟台。明朝的时候为了防止海上倭寇的侵扰,在烟台北面的山上设置了狼烟墩台,一旦发现敌情,白天用烟,晚上用火,作为报警的信号,时间久了人们就把这座山称为烟台山,前面发展起来的那座城也就称为烟台市了。朋友们知道烟台有"四不缺"吗? 一不缺黄金,二不缺海鲜,三不缺水果,四不缺美酒。烟台是世界七大葡萄海岸之一,中国葡萄酒工业的发祥地,也是我们亚洲唯一的国际葡萄酒城,亚洲最大的葡萄酒生产厂家张裕就在这里。亲爱的游客朋友们,我们在船上为大家准备了张裕的美酒和美味的海鲜,如果朋友们感兴趣的话,欢迎随时品尝。

　　有道是,一路赏景恨时短,不知不觉我们已经到了本次航行的最后一站——威海。看,前方那座小岛虽然其貌不扬、面积不大,却因其重要的战略位置和厚重的历史文化而名震海内外。您猜到是哪里了吗? 对,就是刘公岛。这里是中国第一支海军,号称"亚洲第一舰队"的清朝北洋水师的诞生地和灭亡地,也是甲午海战的发生地。晚清名臣李鸿章在晚年彻悟后曾说过一句话:"英法俱不足患。日本,方为永远之大患。"前事不忘后事之师,我们无法去改变历史,但我们却可以创造未来! 让我们为中华民族伟大复兴努力奋斗!

　　亲爱的朋友们,我们今天的旅程就要结束了,感谢您对我的支持和帮助。俗话说:"百年修得同船渡,今生相识即缘。"希望您今天上岸后与朋友们分享本次旅游的美好记忆和快乐时光,千万不要忘记为您导游的小伙子、您忠实的朋友,他的名字叫赵凌风翔!

最后,预祝朋友们在人生的旅途中幸福,快乐! 谢谢大家!

点评:

本篇导游词属于常规的游程导游词,在结构、内容、导游语言和技巧各方面都基本体现导游词的特征。三段式结构完整,主体部分重点讲述了船行途中的三个主要讲解点:长岛、蓬莱和威海。内容翔实、层次分明,且运用了一定的讲解技巧,如分段讲解法、引用法、问答法等。语言自然,现场性和交流感较强。但作为5分钟的竞赛导游词,本篇导游词因内容大且全,而略显平淡,缺乏亮点,很难给人以触动,因而也难留下深刻印象。这也是游程性导游词的共性,值得指导教师思考研究,予以提升。

(资料来源:徐慧慧、杨志超《比赛就要拿金牌:教育部2013年全国职业院校技能大赛导游服务赛项参赛导游词点评汇编》,中国旅游出版社。)

(三)突出重点法

突出重点法就是导游在讲解过程中不面面俱到,而是突出某一方面的方法。一处景点,要讲解的内容很多,导游必须根据不同的时空条件和对象区别对待,有的放矢地做到轻重搭配、重点突出、详略得当、疏密有致。

导游在讲解时采取突出重点法主要有以下几种形式:一是突出景点的独特之处;二是突出具有代表性的景观;三是突出游客感兴趣的内容;四是突出"……之最"。

1. 突出景点的独特之处

游客来到目的地旅游,要参观游览的景点很多,其中会遇见跟国内其他地方类似的景点。那么,导游在讲解时必须讲清这些景点的特征及与众不同之处,尤其在同一次旅游活动中参观多处类似景观时,更要突出介绍其特征。

譬如,西岳华山虽不是五岳之首,但在五岳中却独具特色。其一,华山是五岳中海拔最高的山峰,其主峰南峰落雁峰海拔2154.9米。其二,华山以险而闻名于天下,其陡峭险峻位居五岳之首。常言道"自古华山一条路",一路行过,必经千尺幢、百尺峡、老君犁沟、上天梯、苍龙岭、擦耳崖等绝险要道,不少地方真可谓是"一夫当关,万夫莫开"。导游在讲解时可突出华山在五岳中的这些独特之处。

2. 突出具有代表性的景观

游览大型景区时,导游必须事先确定好重点景观。这些景观既要有各自的特征,又要能概括全貌,实地参观游览时,导游应主要向游客讲解这些有代表性的景观。

譬如,洛阳龙门石窟的主要景观包括北魏时的古阳洞、宾阳洞,唐朝时的潜溪寺、万佛洞,以及龙门石窟的精华——奉先寺,等等。导游在讲解时把奉先寺的特色讲解出来,就可以使游客对龙门石窟的整体艺术特色和历史文化有基本的了解。

3. 突出游客感兴趣的内容

游客的兴趣爱好各不相同,但从事同一职业的人、文化层次相同的人往往有共同的爱好。导游在研究旅游团的资料时要注意游客的职业和文化层次,以便在游览时重点讲解旅游团内大多数成员感兴趣的内容。

譬如,在游览故宫时,如游客对中国古代建筑感兴趣,导游应重点介绍故宫的建筑物及其特征、建筑布局和建筑艺术,并将中国古代宫殿建筑与民间建筑乃至西方国家的宫殿建筑进行比较;如果游客对中国历史尤其是明清历史感兴趣,导游应重点讲解故宫的历史沿革和在故宫发生的重大事件,加深游客对明清历史的了解。

4. 突出"……之最"

面对某一景点,导游可根据实际情况,介绍其在世界或中国范围内的独特之处,比如强调最大、最长、最古老、最高、最小等。突出"……之最"可以有效激发游客的兴趣。例如,在介绍不同的景点时可以突出其"世界之最":万里长城是世界最长的城墙;故宫是世界上最大的宫殿;布达拉宫是世界海拔最高的宫殿;雅鲁藏布大峡谷是世界上最大的峡谷;达古冰川是世界上海拔最低、面积最大、年纪最轻的冰川。

具体到一个景点进行讲解时,也可以多用"……之最"。例如,在游览长江三峡时,可以这样介绍三峡工程:三峡工程是世界上施工期最长、建筑规模最大的水利工程;三峡水电站是世界上规模最大的水电站;三峡工程泄洪闸是世界上泄洪能力最强的泄洪闸;三峡工程对外专用公路是国内工程项目最齐全的公路。

这样的导游词突出了三峡工程的价值,使国内游客产生自豪感、外国游客产生敬佩感,从而给他们留下深刻的印象。不过,在讲解过程中使用"……之最"时,必须要实事求是、言之有据,绝对不能杜撰,也不能张冠李戴。

(四)问答法

问答法就是导游在讲解时,向游客提问或启发游客提出问题的一种讲解方法。在讲解过程中,导游应根据不同的情况,有意识地创造一些情境、提出一些问题,从而引起游客的注意,激发游客的求知欲,使游客由被动地听变成主动地问,使被讲解的景物在游客脑海中留下清晰而深刻的印象,同时也可使讲解过程生动有趣,拉近导游和游客之间的距离。

使用问答法的目的是活跃游览气氛,激发游客的想象力,促进游客和导游之间的交流,使游客具有参与感与成就感。同时,这一方法还可避免导游唱"独角戏"的灌输式讲解。运用问答进行讲解可以加深游客对所游览景点的印象。问答法主要包括自问自答法、我问客答法、客问我答法和客问客法四种形式。

1. 自问自答法

导游自己提出问题,并做适当停顿,让游客猜想,但并不期待游客回答,只是为了吸引游客的注意力,促使游客思考,激发游客的兴趣,然后进行简洁明了的回答或生动形象的介绍,还可以借题发挥,给游客留下深刻的印象。

这种方法通常适用于很难的、客人回答不出来的问题。提出问题时大多采用一种疑问式的停顿来制造悬念。导游使用这种方法往往是为了吸引游客的注意,以及强调接下来要讲解的内容的重要性。以游览西湖时的提问为例:

刚才有朋友问,西湖的水为什么这样清澈纯净?

这就要从西湖的成因讲起:在秦朝时,西湖还是一个与钱塘江相通的浅海湾,耸峙在西湖南北的吴山和宝石山,是环抱这个海湾的两个岬角。后来由于潮水的冲击,泥沙淤塞,把海湾和钱塘江分隔开来。到了西汉,西湖的形状已基本固定,西湖真正固定下来是在隋朝,地质学上把这种由浅海湾演变而成的湖泊叫潟湖。此后,西湖不断受到山泉活水的冲刷,又历经白居易、苏东坡、杨孟瑛、阮元等人主持的五次大规模的人工疏浚治理,最终从一个自然湖泊成为风光秀丽的半封闭的浅水风景湖泊。

2. 我问客答法

导游在带团的过程中要善于提问,提问不仅可以增加与游客的互动,还可以提高游客的注意力。导游所提问题要恰当,还应循循善诱地引导游客回答,切忌强迫游客作答,以免让游客尴尬。

同时,导游提出的问题不应太难,要确保游客稍加思考就可以回答出来。游客的回答不论对错,导游都不应打断,更不能嘲笑,而应给予鼓励。之后,由导游进行总结讲解,并引出更多、更广的话题。

此外,导游提问的时机也要把握好。导游的提问不能太随意,不能没有目的,要把握好时机,才能产生较好的效果。一般来说,游客在思考问题、欣赏美景或观看节目的时候,导游不宜打扰。

3. 客问我答法

导游要善于调动游客的积极性、激发他们的想象思维,欢迎他们提出问题,避免讲解过程中出现唱"独角戏"的情况。游客提出问题,说明他们对某一景物产生了兴趣,进入了审美角色。对于游客提出的问题,即使是幼稚可笑的,导游也绝不能置若罔闻,不能嘲笑他们,更不能表现出不耐烦,而是要巧妙地将问题回答和景点讲解有机地结合起来。不过,导游不必对游客的所有提问都有问必答,一般情况可以只回答那些与景点有关的问题,注意不要让游客的提问影响你的讲解节奏,打乱你的安排。

在实际的导游工作中,导游要学会认真倾听游客的提问,善于思考,掌握游客提问的一般规律,并总结出一套适合自己的"客问我答"讲解技巧,从而更好地满足游客的好奇心和求知欲。

4. 客问客答法

导游对游客提出的问题并不直截了当地回答,而是有意识地请其他游客来回答问题,亦称"借花献佛"。导游在为专业游客讲解专业性较强的内容时可运用此法,但前提是必须对其专业情况和声望有较深入的了解,并事先打好招呼,切忌安排不当而引起不满。如果发现游客回答问题时所讲的内容有偏差,导游也应见机行事,适当指出,但要委婉表达,不要伤害其自尊心。需要注意的是,客问客答法不宜过多使用,以免游客对导游的能力产生怀疑,最终产生不信任感。

譬如,游无锡蠡园时,导游让游客先看春、夏、秋、冬四个亭子中的春亭,指着匾说:"春亭挂的匾额是'滴翠',较好地体现了春天的特征。那么,夏、秋、冬三个亭子会用什么题匾呢?游客朋友们可以试着猜一下。"顿时,一石激起千层浪,游客边猜边看,猜中的笑逐颜开,未猜中的纷纷对题匾者的文笔之妙表示敬佩。

(五)虚实结合法

虚实结合法就是导游在讲解过程中将典故、传说与景物介绍有机结合,即编织故事情节的一种方法。所谓"实"是指与景观有关的实体、实物、史实等,而"虚"则指与景观有关的民间传说等。

导游在讲解时要注意"虚"与"实"的有机结合,以"实"为主,以"虚"为辅,"虚"为"实"服务,以"虚"烘托情节,以"虚"加深"实"的存在,努力将无情的景物变成有情的讲解内容。

譬如,在介绍杭州西湖成因的同时,讲解"西湖明珠从天降,龙飞凤舞到钱塘"的传说;在介绍雷峰塔时,讲述白素贞与许仙的爱情故事,通过这些传说故事来增加杭州西湖的神秘色彩,赞美西湖的圣洁,进而达到虚实结合、相得益彰的效果。

又如,提起阿诗玛,人们就会不由自主地想起云南石林景区内那块仿佛头戴彩帽、身背篓筐的美丽少女的岩石。这里就可以采取虚实结合的方法向游客讲解一下阿诗玛的故事。故事内容参考如下:

相传在撒尼人居住的一个名叫阿着底的地方,贫苦的格路日明家生下了一个美丽的女儿,夫妻二人希望女儿像金子一样发光,因此给她起名阿诗玛。阿诗玛渐渐地长大了,不仅能歌善舞,还精通绣花、织麻。在这年的火把节,阿诗玛向阿黑吐露了真情,愿以身相许,立誓不嫁他人。

阿黑是阿诗玛的父母收养的义子,他不但善良勇敢,而且种庄稼、喂马、砍柴样样在行,是撒尼小伙子们学习的榜样。阿黑尤其擅长射箭,他的义父格路日明便把神箭传给了他,使他如虎添翼。

这天,阿诗玛去赶集,被阿着底的财主热布巴拉的儿子阿支看中了,他想要娶阿诗玛为妻。阿支回家央求父亲热布巴拉,要父亲请媒人为他提亲。热布巴拉早就听说过阿诗玛的美名,于是马上答应了儿子的请求,请了媒人海热到阿诗玛家提亲。但不管海热怎样巧舌如簧,阿诗玛就是不同意。

热布巴拉趁着阿黑到远方放羊,派人抢走了阿诗玛并强迫她与阿支成亲。无论热布巴拉夫妇如何威逼利诱,阿诗玛始终不从,拒绝与阿支成亲。热布巴拉见阿诗玛软硬不吃,恼羞成怒,于是命令家丁用皮鞭狠狠地抽打阿诗玛,把她打得遍体鳞伤后,关进了黑牢。

阿黑闻讯后,立刻策马扬鞭,日夜兼程,跨山涧,过险崖,从远方赶回来搭救阿诗玛。他和阿支比赛对歌、砍树、撒种,全都赢了阿支。热布巴拉恼羞成怒,指使家丁放出三只猛虎扑向阿黑,但都被阿黑一一射死了。热布拉父子见老虎已死,十分惊异,却又无计可施,理屈词穷,于是只好答应放回阿诗玛。然而当阿黑等待阿诗玛放出来时,热布拉又立即关闭了大门,食言抵赖,不放阿诗玛。

阿黑忍无可忍,立刻张弓搭箭,连射三箭。第一箭射在大门上,大门立即被射开;第二箭射在堂屋柱子上,房屋震得嗡嗡响;第三箭射在供桌上,震得供桌摇摇晃晃。热布拉父子害怕了,只好眼睁睁地看着阿黑领走了阿诗玛,他们虽然心中很不服气,但又不敢去阻拦。心肠歹毒的热布拉父子不肯罢休,又想出丧尽天良的毒计。他们知道,阿黑和阿诗玛回家要经过十二崖子,便勾结崖神,把崖子脚下的小河变大河,想淹死阿黑和阿诗玛。当阿黑和阿诗玛过河时,洪水滚滚而来,阿诗玛被卷进漩涡,阿黑只听到阿诗玛喊了声"阿黑哥,快来救我",就再也听不见她的声音、看不见她的踪影了。

阿诗玛不见了,阿黑挣扎着上了岸,到处寻找阿诗玛。他大声地呼喊:"阿诗玛!阿诗玛!阿诗玛!"可是,只听到十二崖子上空回答同样的声音:"阿诗玛!阿诗玛!阿诗玛!"原来,十二崖子上的应山歌仙女,见阿诗玛被洪水卷走,便跳入漩涡,救出了阿诗玛。她把阿诗玛变成了石峰,成了回声神。你怎样喊,她就怎样回答。

从此,阿诗玛的声音永远地回荡在石林里,她化成石头,永远地留在了人间,她成了撒尼人吟唱的一首美丽歌谣,永远与乡亲们相伴。

"美丽的阿诗玛,叮当响的耳环,粘在崖壁上,金竹般的身子,贴在崖壁上,阿黑再无法,把她带回家。"

· 实训练习

请根据故事《阿诗玛》,创作出导游词的故事讲解部分。

在实地讲解中,导游一定要注意不能"为了讲故事而讲故事",任何"虚"的内容都必须落实到"实"处。导游在讲解时还应注意选择"虚"的内容要"精"、要"活"。所谓"精",就是所选传说故事是精华,与讲解的景观密切相关;所谓"活",就是使用时要灵活,见景而用,即兴而发。

(六)触景生情法

触景生情法就是导游在讲解过程中见物生情、借题发挥的一种方法。导游在讲解时,不能仅就事论事地介绍景物,还要借题发挥,利用所见景物营造意境,使游客产生联想,从而领略其中的妙趣之处。触景生情法的第二层含义是导游所讲的内容要与游客所见的景物协调统一,实现情景交融,让游客感到景中有情、情中有景。例如:

这个广场是太和殿广场,面积达3万平方米。整个广场无一草一木,空

Note

旷宁静,给人以庄严肃穆的感觉……举行大典时,全场鸦雀无声。皇帝登上宝座时,鼓乐齐鸣,文武大臣按品级跪伏在广场,仰望着云中楼阁山呼万岁,以显示皇帝的无上权威和尊严。

清朝末代皇帝溥仪1908年年底登基时,年仅3岁,由他父亲摄政王载沣把他抱扶到宝座上。大典开始,鼓乐齐鸣,小皇帝吓得哭闹不止,嚷着要回家去。载沣急得满头大汗,只好哄着小皇帝说:"别哭,别哭,快完了,快完了,快完了!"大臣们听了,认为此话不吉祥。说来也巧,3年后清朝果真就灭亡了,自此我国结束了2000多年的封建统治。[①]

触景生情的关键是自然、准确、贴合主题地发挥。导游要通过生动形象的讲解、有趣而感人的语言赋予景物以生命,注入情感,引导游客进入审美对象的特定意境,从而使他们获得更多的知识和美的享受。

(七)制造悬念法

制造悬念法,俗称"吊胃口""卖关子",通常是导游先提起话题或提出问题,激起游客的兴趣,但不告知下文或暂不回答,让游客去思考、去琢磨、去判断,最后再告知结果或答案。这种"先藏后露、欲扬先抑、引而不发"的手法,一旦谜底揭晓,会给游客留下特别深刻的印象。制造悬念是导游词讲解的重要方法,在活跃气氛、制造意境、激发游客游览兴趣等方面往往能起到重要作用,因此,很多导游都喜欢使用这种方法。不过,再好的方法都不能滥用,悬念不能乱造,否则会起反作用。

例如,苏州网师园的月到风来亭,临水修建,面东而立,亭后有一面大镜子,将对面的树木、山石、屋檐、墙壁尽数映照其中。下面有两位导游对这个亭子的不同介绍,虽然都能讲清楚月到风来亭的妙处。但是讲解效果却完全不同。

一位导游介绍说:"如果在晚上,当月亮从东墙上方徐徐升起,水波中也会倒映着一轮摇曳的月亮,而这面镜子放置得十分巧妙,从里面还可以看到一个月亮。"然后游客们只是看了看镜子,并未产生多大的兴趣。

另一位导游将游客带到亭中,这样介绍说:"当月亮升起的时候,在这里可以看到三个月亮。"他微笑着,望着游客,并没有立即往下讲。游客们十分好奇,都以为自己听错了或是导游讲错了,最多只有两个月亮,天上一个,水池里一个,怎么可能会有第三个呢?大家的脸上都露出了迷惑不解的表情。这时,导游才揭晓答案:"天上的月亮和池中的倒影,再加上镜中的月亮,不正是三个月亮吗?"游客们恍然大悟,领悟到了镜子所放位置的巧妙之处,纷纷鼓掌叫好,这种讲解使得游客对景物的印象特别深刻。

面对同一景观,这两位导游都讲解得很清楚,但第一位导游平铺直叙,听者不以为然;后者虽用词简朴,却能出其不意,吸引游客,并引导他们去思考、怀疑和猜测,兴趣顿起。后者的成功之处在于掌握了游客的心理,不一下子把话讲完,而是留有余地,让

---

① 资料来源:《走遍中国:中国优秀导游词精选(综合篇)》,中国旅游出版社。

游客去思索、回味,然后导游适当进行补充,因此讲解效果尤佳。

(八)类比法

类比法就是导游在讲解过程中通过风物对比、以熟喻生,最终实现类比旁通的一种方法。导游用游客熟悉的事物与眼前景物进行比较,既便于游客理解,又能使游客感到亲切,从而达到事半功倍的导游效果。

类比法可分为以下三种。

1.同类相似类比

同类相似类比是将相似的两个事物进行比较,便于游客理解并产生亲切感。

譬如,给外国游客讲解时,可以将北京的王府井比作东京的银座、纽约的第五大街;讲洛阳龙门石窟的卢舍那大佛的微笑时,可以将其称作"东方的蒙娜丽莎";介绍苏州时,可以将其称为"东方威尼斯";讲到梁山伯和祝英台的故事时,可以将其称为"中国的罗密欧和朱丽叶"。

2.同类相异类比

同类相异类比是将两种同类却有明显差异的事物进行比较,比如规模、质量、风格、水平、价值等方面的不同,以加深游客的印象。

譬如,给外国游客讲解时,在规模上将唐朝国都长安与东罗马帝国的首都君士坦丁堡相比;在价值上将秦始皇陵地宫宝藏同古埃及第十八王朝法老图坦卡蒙陵墓的宝藏相比;在宫殿建筑和皇家园林风格与艺术上,将故宫和凡尔赛宫相比。这样不仅能使外国游客对中国悠久的历史文化有较深的了解,还能使其对东西方文化传统的差异有进一步的认识。

要想正确、熟练地使用类比法,导游需掌握丰富的知识,掌握客源地的基本信息,对要做比较的事物要有较深刻的了解。面对来自不同国家和地区的游客,要将有可比性的、游客熟悉的景物与眼前的景物相比较,切忌胡乱比较。正确运用类比法,可提升讲解的层次性,增强讲解效果;反之,则会贻笑大方。

3.换算法

换算法就是将抽象的数字转换成详细的事物,以便游客理解。例如,导游在介绍故宫的时候假如直接说故宫的房间有8707间(1973年实测数据),这个数字太过于抽象,不利于游客理解故宫房间的数量。那么,我们可以来做一个换算:假如让一个婴儿从出生的第一天开始每天晚上住一间,等他将全部房间都住完的话,他已经20多岁了。这样的讲解会让游客有更加直观的理解,同时感受到故宫的恢宏气势。

(九)妙用数字法

妙用数字法就是导游在讲解过程中巧妙地运用数字来更加清晰明了地介绍景观内容,通过数字换算和比较来增强讲解的效果,从而使游客更好地理解景观的一种方法。导游词的内容离不开数字,数字可以帮助导游精确地说明景物的历史、年代、大小、角度等内容,但数字的使用必须得当。妙用数字法的关键在于将复杂的或不熟悉的数字转换为游客容易理解的形式,或者通过比较来突出数字的重要性。

例如,当导游介绍河北承德避暑山庄的建筑历史时,如果仅说"始建于康熙四十二年",对于国内游客来说,"康熙"比较容易理解,但"康熙四十二年"可能感到困惑。导游可以通过将其换算成更熟悉的数字,如具体的世纪或年代,使游客更容易理解和记忆。此外,妙用数字法还包括利用数字排列进行比较,透过数字讲述时代特征、介绍中国传统文化等。这些方法能够使讲解更加生动和有趣。以洛阳龙门石窟的妙用数字讲解为例:

> 千年帝都,魅力龙门。尊敬的各位游客朋友们大家好,欢迎大家来到世界文化遗产、国家5A级旅游景区——洛阳龙门石窟。龙门石窟位于洛阳市南郊13千米处。现存2345座佛龛,10万余尊造像,2800余块碑刻题记。它开凿于北魏孝文帝年间,盛于唐,终于清末,前后历经10余个朝代,陆续营造达1400余年,是世界上营造时间最长的石窟。

以上导游词中,多次运用数字,讲清楚了龙门石窟的地理位置、主要佛龛、文化积淀、历史背景、营造时间等内容。如果数字运用得当,就会使普通的数字散发奇妙的光彩;反之,即便数字用得再多,也会使游客产生索然无味、心烦意乱的感觉。导游词讲解不同于教师上课,运用数字忌讳平铺直叙,若一味地讲述大小、宽窄等,则会使游客厌烦。因此,使用数字要讲究"妙用"。

(十)画龙点睛法

画龙点睛法就是导游用凝练的词句概括所游览景点的独特之处,给游客留下突出印象的导游方法。游客听了讲解、观赏了景观后,一般都会有一番议论。导游可趁机进行适当的总结,以简练的语言点出景物精华之所在,帮助游客进一步领略其奥妙,获得更多的精神享受。

例如,旅游团游览云南后,导游可用"美丽、富饶、古老、神奇"来赞美云南风光;参观南京后,可用"古、大、重、绿"四个字来描绘南京风光特色;总结青岛风光特色可用"蓝天、绿树、红瓦、金沙、碧海"来概括。又如,游览颐和园后,游客可能会对中国古代园林大加赞赏。这时导游可指出,中国古代园林的造园艺术可用"抑、透、添、夹、对、借、障、框、漏"九个字概括,并帮助游客回忆在颐和园中所见到的相应景观。

除上述十种导游方法外,讲解常用的方法还有很多,如点面结合法、引人入胜法、简述法、详述法、联想法、专题讲解法、展示联想法、谜语竞猜法、知识渗透法等,这些讲解方法都是一线导游在工作实践中提炼、总结出来的,这里不再一一介绍。导游词讲解方法虽多,但在具体工作中,各种方法都不是孤立的,而是相互透、相互依存、互相联系的。导游在学习众多方法时,要结合自己的特点融会贯通,在实践中形成自己的导游风格和方法,并视具体的时空条件和服务对象,灵活且熟练地运用,这样才能产生良好的导游效果。

他山之石

海南呀诺达雨林文化旅游区

各位朋友,呀诺达!一个简单的手势,一声热情的招呼,朋友们,这是来自海南岛的别样问候!呀诺达是海南话"1,2,3"的意思。这里赋予了它全新的含义:创新、承诺和践行。在旅游区内用它来打招呼更能表达出浓浓的原生态的友好情谊。呀诺达雨林文化旅游区位于海南省保亭县境内,距离三亚市仅35千米。景区核心面积45平方千米,这里集山奇、林茂、水秀、谷深于一体,可以称得上是海南岛的"香格里拉"、人间仙境的"世外桃源"。

您请往前方看,莽莽苍苍的绿野一直延伸到远方,似乎看不到什么景物,这就叫作源于自然又回归自然。"呀诺达"是集自然风光、休闲度假、黎峒民俗文化于一体的景区,倡导在开发中保护,在保护中开发。好了,朋友们景区已经到了,带上您的随身物品跟我出发。

现在我们来到的是景区的核心部分——雨林谷,在游览这个天然的热带大氧吧之前,请大家随我一起闭目凝神。您听!潺潺流水,鸟叫蝉鸣,婉转悠扬的黎族八音仿如天籁!吸气,呼气,闻到了吗?植物的清香,泥土的芬芳,这里每立方厘米的空气中负氧离子含量达到2万个以上,朋友们,一次纯天然、全身心的生态SPA让您青春永驻!在我们行进的栈道边,生长着1400多种乔木、140多种南药、80多种观赏花卉,还有数不清的热带瓜果,更有着参天的巨榕、百年的古藤、"见血封喉"的箭毒木、根抱石、植物绞杀等典型的热带雨林奇观,极尽奢侈地彰显造化的智慧、生命的力量。看!这就是与恐龙同时代的植物活化石——黑桫椤,电影《侏罗纪公园》里,大家应该都见过,恐龙已经成为考古的对象了,而它还顽强地活着。接下来您再看看这棵树,如果说黑桫椤很珍贵,那么这棵树真的很贵,这就是传说中的海南黄花梨,一把明式的海南黄花梨木椅,市场上可以卖到50万元以上哦!移步换景,渐入佳境,现在我们已经到梦幻谷了,古话说得好,"天下之山,得水而悦""天下之水,得山而止"。这里不仅有热带雨林遮天蔽日,更有流泉叠瀑倾泻而下,真可谓林茂水更秀,9个瀑布水位不同,落差各异,它们在沟谷中穿越奔腾、吟唱,与巨树怪石相映成趣,不过光是这么看看真不够,建议您穿上防滑鞋,戴上头盔,攀岩走壁,溯溪而上,感受一下回归自然、征服自然的乐趣。衣服会湿,身体会累,但是您绝对会大呼"过瘾"!因为久居都市的我们,远离大自然实在太久,太久!

朋友们,古人云,"知者乐水,仁者乐山"。何谓知?何谓仁?"知",就是用低碳的生活方式为子孙后代留下碧海蓝天;"仁",就是用保护生态的手段呵护、敬畏青山绿水。清风徐徐,笑语朗朗,好了,朋友们饱览了雨林的精华,现在咱们乘电瓶车下山吧!请您坐好扶稳,注意安全!告别时别忘了跟一路的朋友打声招呼,呀诺达,呀诺达!

（资料来源:中国旅游协会旅游教育分会《优秀导游词集锦Ⅲ——"云驴通杯"第十二届全国旅游院校服务技能(导游服务)大赛成果展示》,旅游教育出版社。）

项目训练

在线答题
▼
项目二

一、知识训练

请扫描二维码进行在线答题。

二、能力训练

根据散文《鸟的天堂》,写一篇与此主题相关的导游词。根据所学方法及技巧,将资料中的语言,转化为导游词中的实用性语言,500字左右。

鸟 的 天 堂

鸟的天堂我们在陈的小学校里吃了晚饭。热气已经退了。太阳落下了山坡,只留下一段灿烂的红霞在天边,在山头,在树梢。

"我们划船去!"陈提议说。我们正站在学校门前池子旁边看山景。

"好。"别的朋友高兴地接口说。

我们走过一段石子路,很快地就到了河边。那里有一个茅草搭的水阁。穿过水阁,在河边两棵大树下我们找到了几只小船。

我们陆续跳上一只船。一个朋友解开绳子,拿起竹竿一拨,船缓缓地动了,向河中间流去。

三个朋友划着船,我和叶坐在船中望四周的景致。

远远地一座塔耸立在山坡上,许多绿树拥抱着它。在这附近很少有那样的塔,那里就是朋友叶的家乡。

河面很宽,白茫茫的水上没有波浪。船平静地在水面流动。三只桨有规律地在水里拨动。

在一个地方河面变窄了。一簇簇的绿叶伸到水面来。树叶绿得可爱。这是许多棵茂盛的榕树,但是我看不出树干在什么地方。

我说许多棵榕树的时候,我的错误马上就给朋友们纠正了,一个朋友说那里只有一棵榕树,另一个朋友说那里的榕树是两棵。我见过不少的大榕树,但是像这样大的榕树我却是第一次看见。

我们的船渐渐地逼近榕树了。我有了机会看见它的真面目:是一棵大树,有着数不清的桃枝,枝上又生根,有许多根一直垂到地上,进了泥土里。一部分的树枝垂到水面,从远处看,就像一棵大树躺在水上一样。

现在正是枝叶繁茂的时节(树上已经结了小小的果子,而且有许多落下来了)。这棵榕树好像在把它的全部生命力展览给我们看。那么多的绿叶,一簇堆在另一簇上面,不留一点缝隙。翠绿的颜色明亮地在我们的眼前闪耀,似乎每一片树叶上都有一个新的生命在颤动,这美丽的南国的树!

船在树下泊了片刻,岸上很湿,我们没有上去。朋友说这里是"鸟的天堂",有许多只鸟在这棵树上做窝,农民不许人捉它们。我仿佛听见几只鸟扑翅的声音,但是等到我的眼睛注意地看那里时,我却看不见一只鸟的影子。只有无数的树根立在地上,像许多根木桩。地是湿的,大概涨潮时河水常常冲上岸去。"鸟的天堂"里没有一只鸟,我这样想。船开了。一个朋友拨着船,缓缓地流到河中间去。

在河边田畔的小径里有几棵荔枝树。绿叶丛中垂着累累的红色果子。我们的船就往那里流去。一个朋友拿起桨把船拨进一条小沟。在小径旁边,船停住了,我们都跳上了岸。

两个朋友很快地爬到树上去,从树上抛下几枝带叶的荔枝,我同陈和叶三个人站在树下接。等到他们下地以后,我们大家一面吃荔枝,一面走回船上去。

第二天我们划着船到叶的家乡去,就是那个有山有塔的地方。从陈的小学校出发,我们又经过那个"鸟的天堂"。

这一次是在早晨,阳光照在水面上,也照在树梢。一切都显得非常明亮。我们的船也在树下泊了片刻。

起初四周非常清静。后来忽然起了一声鸟叫。朋友陈把手一拍,我们便看见一只大鸟飞起来,接着又看见第二只,第三只。我们继续拍掌。很快地这个树林变得很热闹了。到处都是鸟声,到处都是鸟影。大的,小的,花的,黑的,有的站在枝上叫,有的飞起来,有的在扑翅膀。

我注意地看。我的眼睛真是应接不暇,看清楚这只,又看漏了那只,看见了那只,第三只又飞走了。一只画眉飞了出来,给我们的拍掌声一惊,又飞进树林,站在一根小枝上兴奋地唱着,它的歌声真好听。

"走罢。"叶催我道。

小船向着高塔下面的乡村流去的时候,我还回过头去看留在后面的茂盛的榕树。我有一点的留恋的心情。昨天我的眼睛骗了我。"鸟的天堂"的确是鸟的天堂啊!

(资料来源:巴金《鸟的天堂》,长江文艺出版社。)

Note

项目三
途中导游词创作与讲解

项目描述

　　本项目主要围绕途中导游词的创作与讲解技巧展开。本项目将途中导游词分为赴旅游目的地途中导游词的创作与讲解技巧、赴景区(点)途中导游词的创作与讲解技巧、返程途中导游词的创作与讲解技巧三大部分,然后针对每一部分进行详细的介绍。

项目目标

知识目标

(1)了解并掌握赴旅游目的地途中导游词创作的基本内容。

(2)了解并掌握赴景区(点)途中导游词创作的基本内容。

(3)了解并掌握返程途中导游词创作的基本内容。

能力目标

(1)能够进行途中导游词创作。

(2)能够进行途中导游词讲解,并实现途中导游词讲解趣味化、知识化。

(3)培养学生的随机应变能力和团队合作能力。

(4)培养学生的语言表达能力和创作能力。

素养目标

(1)倡导学生向优秀导游学习,提升学生的传统文化素养,增强学生的文化自信。

(2)通过教学过程中的价值引导,让学生能够明辨是非,树立正向的价值观念。

(3)培养学生爱岗敬业、尊重他人、敬业奉献、以礼相待、热情好客、优秀服务、诚信服务的职业素养和职业道德。

(4)培养学生自主学习和终身学习的能力。

知识导图

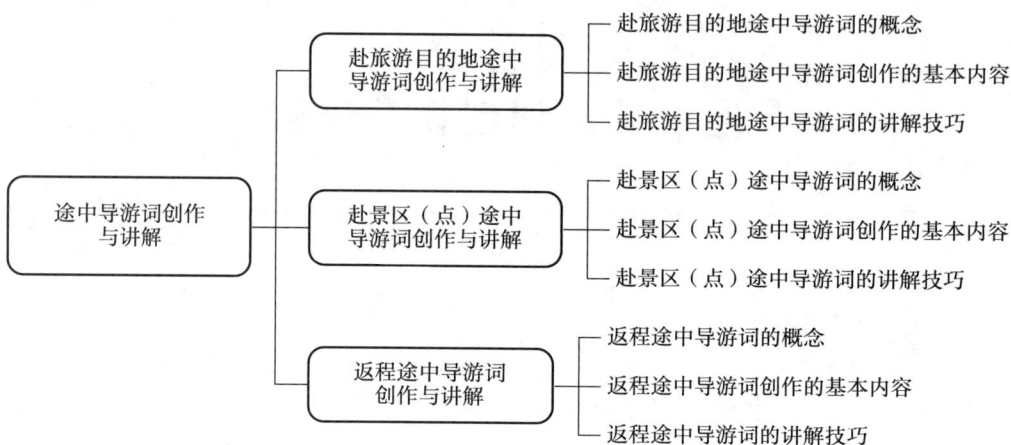

项目引入

济南长清74岁导游爷爷，自编解说词介绍家乡

在济南长清区万德街道马套村，孙兆玉一手举着扩音器，一手指着墙上的老物件为游客们介绍着。他夹杂着乡音的普通话，带着淳朴的乡土气息，讲到动情处还会唱上几句，惹得游客们笑声不断。

随处可见的茶园，错落有致的村居，一步一景的齐鲁8号风情路，精致唯美的墙绘……地处泰山西北麓的马套村是乡村振兴齐鲁样板村，经过近十年的奋斗和发展，已经成为远近闻名的乡村旅游标杆和全国乡村旅游重点村，每年都会吸引大量游客前来。

孙兆玉是土生土长的马套村人，1950年，他父亲成为中华人民共和国成立后马套村的第一任党支部书记，也是在这一年，孙兆玉出生了。受父亲的影响，孙兆玉从小就对自己的村子充满了感情。孙兆玉没上完高中就回家务农了，他上山搬过石头，拉过板车，在村里当过会计和信贷员。

2023年，孙兆玉被请到村里的旅游合作社值班，为游客们讲讲村里的故事。隔行如隔山，为了更好地胜任这份工作，从来没接触过导游这一行当的孙兆玉跟着村里的年轻人学习，每天都跟在游客后面一遍遍地听年轻导游讲解。为了讲解时能突出村里的特色，孙兆玉自编了很多解说词，他的桌子上有一本《新华字典》，已经被他翻得破旧不堪。2023年暑假里，前来研学的孩子特别多，忙的时候孙兆玉一天要接待五六个研学团，有小学生也有大学生。孙兆玉很喜欢和孩子们在一起，他耐心地给孩子们讲过去的故事，讲村里的变化和时代的变迁。他自编的解说词加上并不标准的普通话，幽默诙谐又耐人寻味，很受孩子们的喜爱。

孙兆玉不但讲得好，还会和游客们互动，帮忙拍照，忙前忙后，一点也不像古稀老

Note

人。从2023年以来,孙兆玉没有休息过一天,每天都准时来"上班"。没有游客的时候他也闲不住,经常会拿着笤帚在景区打扫卫生。"只要我身体还能动,我就一直干下去,为俺们村出点力!"孙兆玉笑着说。

（资料来源:王媛《拾光 | 济南长清74岁导游爷爷,自编解说词介绍家乡》,齐鲁壹点,2024年1月22日。)

思考:

(1)如何进行导游词创作?

(2)导游词创作需要注意哪些方面?

(3)导游词讲解的方法和技巧有哪些?

任务一　赴旅游目的地途中导游词创作与讲解

任务描述

本任务主要对赴旅游目的地途中导游词的创作和讲解技巧进行了较为全面的介绍,包括赴旅游目的地途中导游词的概念、赴旅游目的地途中导游词创作的基本内容、赴旅游目的地途中导游词的讲解技巧等内容。

任务目标

本任务的主要的目标是让学生了解赴旅游目的地途中导游词的概念,熟悉赴旅游目的地途中导游词创作的基本内容,掌握赴旅游目的地途中导游词的讲解技巧,能够创作并讲解赴旅游目的地途中导游词。

一、赴旅游目的地途中导游词的概念

赴旅游目的地途中导游词,是指导游在到达旅游目的地的行进途中所讲解的内容。游客在到达旅游目的地的途中,对旅游目的地充满了好奇和兴趣,这个时候进行导游词讲解是导游展现工作能力、对游客进行知识讲解的最好时机。一段精彩的行前讲解,可以给游客留下深刻的印象。

二、赴旅游目的地途中导游词创作的基本内容

在赴旅游目的地途中,导游讲解时需传递的信息量比较大,因此,针对不同的旅游目的地,讲解内容要有所侧重。导游应重点讲解游客感兴趣的一些内容,也可以在行进过程中进行补充。一般来说,赴旅游目的地途中导游词包含以下几个方面的内容。

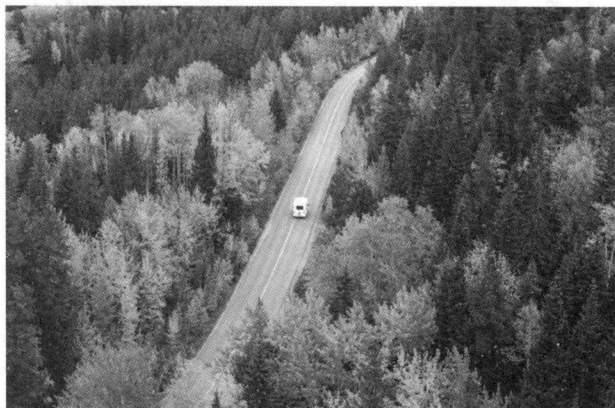

前往旅游目的地途中

（图片来源：Pexels网站）

（一）见面欢迎词

1.欢迎词创的基本内容

欢迎词是导游初次见到游客所做的"开场白"。欢迎词内容应视旅游团的性质及其成员的文化水平、职业、年龄及居住地区等情况而有所不同。一般来说，导游应在游客整好物品、就座完毕并安静下来后，再开始讲解。这是因为游客初到一地，会对周围环境充满好奇而左顾右盼，注意力难以集中，所以讲解效果不好。因此，导游要掌握时机，等大家情绪平稳后再进行讲解。欢迎词要求有激情、有特点、有新意，能很快吸引游客，给其留下深刻印象。欢迎词通常应包括如下内容。

（1）问候语。

问候语是导游向初次见面的游客表示问候，用于表达自己对别人的尊重，如"各位朋友，大家早上好"。

（2）欢迎语。

欢迎语通常是导游代表所在旅行社、本人及司机欢迎游客光临本地，如"我代表××国际旅行社欢迎大家来此游览观光"或"亲爱的游客朋友们大家好，欢迎来到这个美丽的地方！作为您的导游，我会尽我所能让您的旅程变得有趣和难忘"。

（3）介绍语。

介绍语即介绍工作团队，通常包括导游、司机等，目的是让游客对随团工作人员有初步了解。

（4）希望语。

希望语主要用于表达导游以期为游客提供优质服务的诚挚愿望，如在介绍完随团工作人员之后，可以说"接下来就由我（导游）和司机李师傅为大家服务，如果大家有什么问题和要求，请及时向我们提出，我们将竭诚为您服务"。

（5）祝愿语。

祝愿语是导游在旅游正式开始之前给游客送去的祝福，预祝旅游愉快顺利，如"预祝大家旅途愉快,玩得开心,吃得放心,住得舒心"等。

2. 欢迎词创作基本要领

欢迎词作为导游词的重要组成部分,属于导游职业语言,其创作不仅在要素上有其基本规范,在其他方面也有一定的基本要求。

(1)规范化。

欢迎词可以根据导游自身及游客的情况进行个性化的创作,但是万变不离其宗,在致欢迎词时一定要结构完整,表达出完整的意思,注重规范化。

他 山 之 石

各位朋友,大家好! 欢迎大家到广东河源游览参观,我是您此行的导游小王,坐在驾驶座专心开车的是司机刘师傅,接下来就由我和刘师傅一起为大家服务,一路上大家有什么问题或要求,请尽管向我们提出,我们将竭诚为大家服务,在此也预祝大家旅途愉快、欢乐开怀。

(2)个性化。

欢迎词是导游与游客初次接触的致辞,为了便于开展后期工作,导游要让游客尽快记住自己,同时要在游客心目中留下美好的第一印象。导游可以结合自身特点创作个性化的欢迎词。例如,有的导游名字较为特殊,为了让游客更好地记住自己,在自我介绍时便重点介绍姓名由来;有的导游工作经验丰富,就在这方面进行重点介绍,让游客安心;有的导游言辞幽默,可以创作幽默型的欢迎词;有的导游擅长唱歌,可以通过唱歌的方式开场……诸如此类的方式都能给游客留下较深的印象。

·**实训练习**

请根据自己的姓名、性格、爱好、经历等创作一篇个性化的欢迎词。

(3)针对性。

导游在设计欢迎词时应根据游客的客源地、年龄、职业、文化层次等因素进行有针对性的创作,以拉近游客与导游之间的距离。例如,导游在接待小学生研学团时,欢迎词的设计就要贴近小学生的年龄和认知特点;在接待商务型团队时,欢迎词的创作又要符合商务人员的职业特点,切不可千篇一律。

3. 欢迎词的主要类型

从语言艺术的角度,欢迎词主要可以分为三种类型:幽默式、闲谈式和感慨式。

(1)幽默式。

幽默式欢迎词的形式比较轻松,旨在通过欢迎词来增进导游与游客的交流,营造一种活泼、愉快的氛围,缓解游客旅途的疲劳。幽默式欢迎词的特点是语言幽默、妙趣横生、轻松欢快。游客在这种轻松愉快的氛围之中能够很好地理解导游讲解内容。

他 山 之 石

以下是一位导游的欢迎词：

亲爱的朋友们，大家好！

我是您的导游小李，首先让我用最灿烂的笑容和最热情的问候来欢迎大家加入我们的快乐旅程！在这里，我们不仅仅是游客和导游的关系，更是即将共同度过一段美好时光的朋友。我们即将开启的，不仅仅是一段探索未知的旅程，更是一次心灵的放松和愉悦的体验。在这里，您可以尽情地呼吸新鲜的空气、欣赏美丽的风景、体验当地的风土人情，最重要的是，享受与家人朋友相聚的欢乐时光。在这次旅行中，我将尽我所能，为大家提供最贴心的服务和最详尽的介绍。不过，我更希望大家能够放松心情，享受旅行的每一刻。所以，大家如果有任何问题，不要犹豫，随时向我提出，我在这里就是为了让大家的旅程更加完美。现在，请大家调整到最佳状态，带上您的好奇心和好心情，我们马上就要出发去探索那些令人心动的美景了。记住，微笑是最好的通行证，让我们用微笑去迎接每一个新的发现吧！

好了，不多说了，让我们带着轻松愉悦的心情，一起向快乐出发！

祝大家旅途愉快！希望能够为大家带来一个轻松愉快的开始！

在致欢迎词时，轻松的开场往往是导游与游客建立友好关系的有效的手段之一。它不仅能够缩短导游与游客之间的感情距离，还能够调节游客的心理、营造活泼的氛围、激发游客的兴趣，而导游自身也能在游客心目中建立起良好的第一印象。

（2）闲谈式。

闲谈式欢迎词是一种轻松、自然的表达方式，旨在营造一种亲切、随和的氛围，使游客感到舒适和欢迎。这种欢迎词通常以"聊天"的形式进行，通过分享个人感受、活动目的和期望，以及对游客的感谢和欢迎，来拉近与游客的距离。这种方式看似平淡，但字里行间都透着随和、亲切，即便是第一次相逢，却似老朋友一样没有拘束感。这种模式的欢迎词有利于游客与导游之间的情感交流。这种类型的欢迎词用于中老年归国探亲访友旅游团，往往会产生很好的效果。闲谈式欢迎词主要包括以下四个部分内容：一是表达感谢和荣幸；二是介绍活动目的和期望；三是强调游客的互动和参与；四是温馨提示和鼓励。通过这样的闲谈式欢迎词，不仅能够让游客感到被尊重和欢迎，还能够引导他们积极参与活动，共同营造一个愉快的氛围。

他 山 之 石

尊敬的各位来宾，各位游客朋友们：

大家好！大家辛苦了！首先让我代表广东旅行社欢迎各位来河源观光游览，我叫张阳，大家可以叫我小张，也可以叫我张导。我希望这三天能够为大家提供周到的服务。这位是我们的司机王师傅，这三天将由王师傅和我为大家提供服务,我们感到非常荣幸!

在这里,大家可以把两颗心交给我们:一颗心是"放心",大家可以放心地乘坐王师傅的车,也可以放心我的服务——绝对不会有强制购物及其他隐性消费;另一颗心是"开心",我们将竭尽全力为大家提供优质的服务。大家有什么要求尽管提出,我们将尽力满足。希望大家在这三天的行程中玩好、吃好、喝好,谢谢大家!

(3)感慨式。

感慨式导游欢迎词是一种富有情感和文学色彩的欢迎方式,旨在通过表达对游客到来的喜悦和对旅行的美好期待,营造温馨和谐的旅行氛围。感慨式欢迎词大都传递着较为浓郁的情感,通过善解人意的语言引发游客的共鸣,从而有效调动游客的情绪。欢迎词应该充满真实的情感,能够表达导游对游客的欢迎以及对共同旅行时光的期待和珍惜。感慨式欢迎词的主要内容可以包括向游客表达友情和珍惜、强调缘分和共同体验,以及对旅行意义和共同体验的感慨和对未来旅程的期待与祝福几个部分。

感慨式欢迎词可以通过不同的方式表达导游对游客的热情欢迎,以及对旅行意义的深刻理解,还有对未来共同度过美好时光的期待和祝福,以下是一些感慨式欢迎词的示例。

①"有朋自远方来,不亦乐乎。"这句话引用了孔子的名言,表达了对于游客到来的喜悦和对友谊的珍视,让游客能感受到深厚的文化底蕴和热情好客的氛围。

②"世界犹如一本书,如果您没出外旅行,便只能窥见其中一页的风景。如今,您来到我们这里旅行,就让我们一同细细品读中国这精彩绝伦的篇章。"这段话通过比喻,将世界比作一本书,把旅行比作阅读这本书的过程,表达了导游希望通过这次旅行,让游客能更深入地了解中国的文化和历史。

③"在这个充满历史文化底蕴的地方,我将带领大家领略不一样的风景。"这句话强调了目的地的历史文化价值,同时也表达了导游希望带领游客探索和体验不同的文化和风景的愿望。

④"欢迎来到这片神奇的土地,我将会为您展示这里的独特风情。"通过神奇的土地和独特风情的描述,激发游客对目的地的好奇心和探索欲,同时也传达了对当地文化的自豪感和热爱。

沿途风光
(图片来源:Pexels网站)

这些欢迎词不仅表达了导游对游客到来的喜悦,还通过文学艺术表现手法,赋予了旅行更多的文化价值和情感内涵。通过这样的欢迎词,导游能够更好地与游客建立情感联系,使游客从一开始就对此次旅行充满美好的期待。

（二）沿途风光介绍

沿途风光介绍是赴旅游目的地途中导游词讲解的重要组成部分,旨在加深游客对沿途风景和文化的印象,提升游览体验。赴旅游目的地途中导游词,除了要介绍旅游车所路过的风景,还要介绍途经城市的市容特色、历史沿革以及经济文化等内容,让游客对所到城市有一个基本的了解,激发游客的旅游兴趣。

（三）风土人情介绍

在游客前往旅游目的地途中,大部分游客都是第一次到该地旅游,因此,游客会对旅游目的地的风土人情和风俗习惯感兴趣,他们会好奇当地人的饮食、风俗、文化,好奇他们的生活跟自己的生活有什么不一样。因此,进行赴旅游目的地途中讲解时,导游应不失时机地对旅游目的地的文化习惯、地理位置、历史沿革、经济发展、社会结构、民俗风情、风物特产等进行介绍。讲解的内容要简明扼要,对路过的风景的讲解不需要面面俱到,而应做到重点突出、有所取舍。

（四）注意事项和安全须知

安全是旅游活动中的重中之重。任何旅游工作的顺利开展,都应以安全为首要前提。因此,进行赴旅游目的地途中讲解时,注意事项和安全须知是赴旅游目的地途中讲解中的重要内容。游客乘坐旅游车时,导游应反复提醒游客以下内容:车辆出发时间和到达时间、司机和导游的联系方式、自由活动时间、集合时间、购物时间、用餐时间、住宿安全、人身与财产安全、出行安全等。

（五）下榻酒店介绍

快抵达下榻酒店时,导游应向游客介绍该酒店的基本情况,主要包括酒店的名称、星级、规模、地理位置、周边环境、入住注意事项、贵重物品存放事宜等相关内容。

酒店休息区
（图片来源:Pexels网站）

他山之石

　　各位游客朋友们,还有15分钟我们就将抵达游览期间的住所——河源汇景希尔顿逸林酒店。该酒店位于美丽的绿色生态城市——河源,毗邻河源市人民政府,距离市中心约5千米,与CBD城市地标汇景国际中心仅一步之遥,10分钟车程即可到达河源火车站,距离河源东站(高铁站)约10千米,1小时直达东莞深圳,距离广州白云国际机场2.5小时车程,距离本地著名景区万绿湖风景区仅有9.7千米,处于坚基购物中心商圈,是商务及休闲的理想之选。

　　该酒店共有427间宽敞舒适的客房,均提供设备齐全的配套设施,包括无线网络、液晶电视以及希尔顿逸林酒店独有的"好梦常在"睡眠体验。客房设计周到并独具清新风格,让您沉浸于舒适放松的环境,保持充沛的精力。酒店提供丰富的餐饮选择,您可以在开放式的全日制餐厅内享用丰盛的自助早餐,在典雅的中餐厅内尽情品尝特色客家风味,或是在酒吧享受悠闲自在的下午茶。

三、赴旅游目的地途中导游词的讲解技巧

(一)赴旅游目的地途中导游词讲解原则

　　导游在进行赴旅游目的地途中讲解时,需要掌握合适的讲解方法和技巧,并在讲解中遵循以下三个原则。

　　1.简明扼要,积极向上

　　导游在进行赴旅游目的地途中讲解时,语言要简明扼要,富有节奏感,同时要积极向上、朗朗上口,给游客营造积极明快的旅游氛围。

　　2.把握时机,灵活讲解

　　导游在进行赴旅游目的地途中讲解时,应根据沿途风光,做到讲解内容和游客所见保持同步,保证所讲的内容都是游客能够见到或者感觉到的。在驱车前往旅游目的地的过程中,虽然游客会看到各种各样的景观,但是导游不能看到什么就讲什么,讲解时要有重点,应介绍能够代表当地特色的景观,并且在介绍景观时要把握好观赏时机,原则上沿途景观的观赏以旅游车前方客人视线所及的景观为主,要先让游客看到景观,然后导游再进行讲解。此外,赴旅游目的地途中讲解还要注重灵活性,根据所见到的景观,灵活变换讲解内容。

　　3.先讲景物,再讲风情

　　游客在赴旅游目的地的途中,一般是先对当地的景物感兴趣,然后才想深入了解当地的风俗民情。导游在进行赴旅游目的地途中讲解时,要抓住游客的这个心理特

征,先为游客讲解景物,等到游客对当地的景物有了一定了解以后,再来介绍当地的风土人情和文化背景。这样不但能满足游客求知、求新的需要,而且讲解内容也更加容易被游客理解和接受。

导游在进行赴旅游目的地途中讲解时,对于途中所见具有代表性和特色、能体现当地文化氛围、引起游客兴趣的景点,要重点进行详细介绍;对于普通的景点,可以简单介绍或者不介绍。总而言之,在进行赴旅游目的地途中讲解时,导游要学会灵活掌握游客的需求,详略得当地进行针对性介绍,充分满足游客的求知欲、好奇心和旅游兴趣。

(二)赴旅游目的地途中导游词讲解技巧

赴旅游目的地途中导游词讲解一般是在接到游客后的行进途中进行的。游客在抵达旅游目的地的途中,比较想知道的信息主要有以下几个方面:一是下榻酒店的名称、地理位置、星级、环境,以及到达所需时间、车窗外出现的沿途风光、未来几天的大致行程等。因此,在进行赴旅游目的地途中导游词讲解时,要掌握以下几个技巧。

1.选择合适讲解时机

游客乘坐旅游车前往旅游目的地的途中,旅游兴致高昂,求知欲旺盛,对许多新鲜事物表现出浓厚的兴趣。这个时候导游可以选择合适的时机进行沿途讲解,抓住车窗外的特色景物进行重点讲解,同时,还要抓住游客的关注点和兴趣点,满足游客的好奇心和求知欲。

2.选择重点内容讲解

在去往旅游目的地的途中,游客不仅可以欣赏到沿途有特色的风光,还希望能够了解到目的地的气候、旅游资源、风土人情等概况,以及下榻酒店的基本情况。因此,导游在进行赴旅游目的地途中导游词讲解时,要做到清晰明了、详略得当,让游客对于后面的行程能够心中有数。如果时间和环境允许,导游还可以组织游客进行互动。

3.选择合适讲解方法

在前往旅游目的地的途中,导游可使用的讲解方法很多,较常用的有以下四种。

(1)察言观色法。

观察客人的表情、神态,用简洁的语言、轻松的语气、适当的玩笑可拉近与客人的距离。

(2)语言谐音法。

利用语言中的谐音,向客人介绍景物,然后再通过"由此及彼,由表及里"的方法,为客人介绍与该景物有关的某些内容。

(3)自问自答法。

导游自己提出问题,并进行适当停顿,让游客猜想,但并不期待他们回答,只是为了吸引他们的注意力,促使他们思考,激起他们的兴趣,然后进行简洁明了的回答或生动形象的介绍,还可借题发挥,给游客留下深刻的印象。

(4)主动反馈法。

主动告知大致行程,可使客人心中有数。

任务二　赴景区(点)途中导游词创作与讲解

任务描述

本任务主要对赴景区(点)途中导游词的创作和讲解技巧进行了较为全面的介绍,包括赴景区(点)途中导游词的概念、赴景区(点)途中导游词创作的基本内容、赴景区(点)途中导游词创作的讲解技巧等内容。

任务目标

本任务的主要目标是让学生了解赴景区(点)途中导游词的概念,熟悉赴景区(点)途中导游词创作的基本内容,掌握赴景区(点)途中导游词创作的讲解技巧,能够学会创作并讲解赴景区(点)途中导游词。

一、赴景区(点)途中导游词的概念

赴景区(点)途中导游词,是指游客离开酒店或者出发地,在到达景区(点)的途中时所进行的导游词讲解。一般来说,旅游车出发后,导游首先要向游客打招呼、问好,然后简要介绍当天的活动安排。这个环节的导游词介绍应该简单明了、通俗易懂,不需要把每个景点具体时间和活动安排介绍得很详细。在到达景区(点)的途中,导游的主要任务是介绍沿途景观,针对沿途的风景、建筑、人文进行介绍,简单讲解其历史文化背景信息,同时解答游客的疑问。

二、赴景区(点)途中导游词创作的基本内容

一般来说,赴景区(点)途中导游词讲解的内容一般由以下几部分组成。

(一)沿途景观介绍

在去往景区(点)的途中,窗外的景物景观是在不断变化的,导游在介绍的过程中,一定要针对有特色的景区(点)、建筑、街道等相关的内容进行介绍,引导游客去欣赏。如果与赴旅游目的地途中导游词的讲解内容重复,可对重点景物景观进行二次强调,并补充介绍一下文化故事和当地风俗,也可以与司机商量,走不同的路线,让游客欣赏不一样的风景。

沿途景观

（图片来源：Pexels网站）

他 山 之 石

现在，请大家看向窗外，我们现在经过的是广州塔，又叫"小蛮腰"。它位于广州市海珠区（艺洲岛）赤岗塔附近，距离珠江南岸125米，与珠江新城、花城广场、海心沙岛隔江相望。广州塔塔身主体高450米，天线桅杆高150米，总高度600米，被誉为"中国第一高塔"，是国家4A级旅游景区。广州塔是广州市的地标工程，电视塔可抵御8级地震、12级台风，设计使用年限超过100年。广州塔塔身168米至334.4米处设有"蜘蛛侠栈道"，422.8米处设有旋转餐厅。塔身顶部设有摩天轮，天线桅杆处设有"极速云霄"速降游乐项目。

（二）景区（点）介绍

在到达景区（点）之前，导游应向游客简单介绍该景区（点）的概况，包括景区（点）的地理位置、方位布局、发展历史、特色传说、所获荣誉、特色景观等内容，让游客对景区（点）有一个基本的了解。这样的安排能够起到良好的铺垫作用，对提升景区（点）的讲解效果具有显著的促进作用。

他 山 之 石

白马寺位于洛阳城东约12千米处，乘车前往大约需要20分钟，我想利用这个时间，给诸位介绍一下白马寺的概况。

白马寺享有"中国第一古刹"之称，距今已有1900多年的历史了。它始建于东汉永平十一年，即公元68年，是佛教传入中国后，由官府创办的第一座寺院，被佛教界尊称为"祖庭"和"释源"。"祖庭"即祖师之庭院，"释源"即佛教的发源地。它对佛教在中国的传播和发展，对促进中外思想文化交流都起到了积极的作用。白马寺建寺以来,其间几度兴废、几度重修。现存的遗址古迹为元明清时期所留。寺内主要建筑都分布在由南向北的中轴线上,前后有五座大殿,依次为天王殿、大佛殿、大雄殿、接引殿、毗卢阁,东西两侧为配殿,左右对称,布局规整。一会儿到了以后,诸位一定会觉得不虚此行。

(三)本地概况介绍

在赴景区(点)的途中,对于一些路程较远的景点,行车用时较长,这时候导游就可以在车上针对当地的基本情况进行专题性讲解。例如,当地的文化背景、风物特产、饮食习惯、珠宝玉器、建筑风格等。也可以深入介绍一下这座城市。例如,导游可以站在本地人的角度介绍城市的概况,如经济情况、生活水平、平均收入、业余活动、房价情况、交通环境、文化概况等内容,这些内容都会加深游客对这座城市的了解。

例如,如果要针对当地的文化概况进行导游词讲解,讲解内容一般包括该地的教育情况、民俗风情、传统文化、现代文明、饮食特色、娱乐休闲等。这些内容都能从某些侧面反映出当地的文化特色和居民的精神风貌,达到传播文化的旅游目的。特别是对当地美食的介绍,会在很大程度上激发游客的兴趣。导游可以通过细致地讲解这个城市的著名美食的味道、特点、历史由来等,快速引起游客的注意。

他 山 之 石

舌尖上的杭州

各位游客,大家好!

欢迎来到最真实的天堂、最具幸福感的城市——杭州!人们常说,一千个读者眼中有一千个哈姆雷特。我也经常在想,在一年中,近亿的游客心目中,究竟有多少个杭州呢?

白居易说:"未能抛得杭州去,一半勾留是此湖。"这话让我大概有了些眉目。这位来过杭州,还当过几年地方官的审美大师认为,杭州的美妙西湖占了一半。这恐怕是很多人的心声。所谓"天下西湖三十六,就中最好是杭州"。但是,大家可能又发现了一个问题:西湖虽好,也只占了白居易的"一半勾留",那么杭州的另一半魅力又是什么呢?

著名的人类学家张光直说:"到达一个文化的核心的方法之一就是通过它的肠胃。"其实,一个城市的魅力,也常常根植在人的肠胃里,那就是它的饮食。杭州的饮食充满了江南独特的文化色彩,它和其他地方饮食最大的不同不是口味,而是每个菜点都有一个充满传奇色彩的传说或故事。于是您分不清自己吃的究竟是食物还是文化。

比如有这么一道菜,据说是受了苏东坡《望江南》词中的一句"休对故人思故国,且将新火试新茶,诗酒趁年华"的启发。古代称寒食之后重新开火做饭为"新火",时间就在清明前后,人们由此联想到这个季节中的时鲜河虾,于是将它与龙井新茶一起烹制,这就是著名的"龙井虾仁",它结合了虾仁的鲜美、绿茶的清香,尊重原味,就地取材,体现出杭州崇尚清淡、自然的个性。

朋友们,在杭州就连一个最普通的点心也有一个有趣的故事。1142年,民族英雄岳飞因"莫须有"的罪名被害于临安大理寺,杭州百姓十分痛恨秦桧夫妇。相传有一天,杭州有一家卖油炸食品的店主,捏了两个人形的面块比作秦桧夫妇,将他们揿到一块,用棒一压,投入油锅里炸嘴里还念道,"油炸桧"。这就是油条的来历。后来又在此基础上发展为杭州风味小吃——葱包桧。这个点心体现的是杭州人最质朴的民族感情和善恶观念,也为杭州这个柔美的城市添上了阳刚的一笔。

杭州还有一杯好茶——西湖龙井茶。乾隆皇帝六下江南,四次都到老龙井来喝茶,据说全是因为龙井茶的养生功效,乾隆在世八十八载,是中国古代最高寿的皇帝,85岁那年,他萌生退位之意,御医着急地说:"国不可一日无君。"乾隆听后哈哈大笑,脱口而出:"君不可一日无茶。"可见以茶养生能使人淡然自持、知足常乐,这也是杭州的特色。

各位游客,杭州的饮食文化源远流长,有关它的故事更是不胜枚举。今天,既然您来到了杭州,就请您一定"闻香下马,知味停车",好好用您的味蕾感受这个天堂城市里最具人间烟火味的饮食。毕竟,当城市不断被复制,越来越雷同,或许只有活跃在我们舌尖和记忆中的味道,那些从每一扇窗户散发出来的香气,才真正显示出一个城市独有的魅力,令我们终生难忘。谢谢!

点评:

这是一篇有关杭州饮食文化的原创导游词,更是近年来在各类导游大赛中所呈现出来的难得佳作。一般以景点讲解为主的导游词显得比较常规,写作难度不大,但略显深度、文化的不足;而以文化为主题的讲解则易流于历史资料,人云亦云。中国的饮食文化博大精深,央视纪录片《舌尖上的中国》首季一共7集都没法讲述完,所以又加拍,而作为一篇助力选手获得一等奖的导游词,在短短的1000多字里要把一种地方饮食文化讲得既深入浅出、雅俗共赏,又精彩绝伦、耐人寻味,是相当困难的,但是这篇导游词可以说是当之无愧地做到了。它有以下几个特点:

其一,结构完整,层次分明,篇幅虽短但完全符合通常所说的好的文章要具备"虎头—猪肚—豹尾"的特点,即开头如虎头般夺目,内容像猪肚那样饱满丰富,结尾则像豹子的尾巴一样漂亮有力。这篇导游词的第一段和第二段以出其不意的角度为杭州饮食主题的引出做了巧妙的铺垫,是通篇文字的"虎头"。第三至第六段则是"猪肚",首先是点出主题,接着总结出了杭州饮食的特点,然后介绍了三种杭州的典型饮食品——龙井虾仁、油炸桧和西湖龙井茶,这三种饮食品看似简单,却是作者巧妙构思选择的结果。杭州地方饮食品种众多,之所以选择这三种,一是考虑到品种的多样性,虾仁是炒菜,油炸桧是小吃,茶则是饮品;二是考虑到内容的雅俗共赏,喝茶是雅事,品尝小吃则能体验到民俗;三是这三种食品背后所折射出的不同文化精神,龙井虾仁背后透出的是一种纯粹的人文气质,油炸桧体现的是普通民众最质朴的民族情感,龙井茶则展现出了皇室的贵气;四是充分考虑到了选手的实际状况,难易结合,有层次、有变化,便于选手发挥演绎。第七段是"豹尾",对整篇导游词的立意进行了提升:饮食不只是满足人的食欲,它更是代表了一个城市独特的文化和魅力,在当今城市趋同、地方特色被吞噬的大环境下,它更为宝贵!

其二,文字功底扎实,语言优美、简练、到位,通篇没有多余的词句,既有文化的高度,又有生动通俗的典故;既抛开了饮食主题易流于纯感官享受、层次不高的弊端,又避免了文化主题过于深刻、曲高和寡的尴尬,可谓是比赛型导游词的典范。

其三,充分结合了导游工作的实际,格局大、重思考。导游词虽字数不多,但有价值的信息量很大。在开头即有对整个杭州每年游客接待量的介绍。之后放弃了讲解中老生常谈的西湖,让人从一个全新的角度来了解杭州。对三种饮食的介绍十分符合导游口语讲解的要求,最后的总结也颇具画龙点睛的功效,让人按捺不住,几乎要离开现场去好好品味杭州这个天堂城市里最具人间烟火味的饮食了!如果要找出这篇导游词的不足之处,那就是因为它的经典,所以对选手本身的素质要求很高,并非一般人所能驾驭,在讲解时应注重诉说的朴实和灵动,任何华丽的技巧施加于它都会显得格格不入。

（资料来源:徐慧慧、杨志超《比赛就要拿金牌:教育部2013年全国职业院校技能大赛导游服务赛项参赛导游词点评汇编》,中国旅游出版社。）

（四）车上互动

驱车前往景区(点)途中,长时间的坐车可能导致游客身体疲惫、游览兴致降低。这时候就需要导游来调动大家的积极性。导游可以通过唱歌、讲笑话、做游戏、说绕口令等形式活跃气氛。一般来说,首先是由导游进行表演,热一下场,然后请游客中的积极分子参加,还可以组织游客集体大合唱,以带动所有的游客的情绪。娱乐互动可以提高游客的旅游兴趣,让游客带着热情、饱满的情绪,投入到接下来的参观游览活动中去。

另外,在前往景区(点)途中,导游讲故事也是一个不错的选择。讲故事不需要花费太多的精力,故事跨度时间较长。一般来说,一个短短的故事,加上互动可以灵活生

Note

动地讲半个小时,还会引得游客想起各种稀奇古怪的故事并进行交流分享。例如,有的游客很喜欢"讲古",即讲述小故事,特别是那些涉及历史发展、文化背景、神话传说等方面的故事,更能吸引游客的注意力。

三、赴景区(点)途中导游词的讲解技巧

赴景区(点)途中导游词讲解服务不仅考验着导游的随机应变能力,也对导游的知识储备和文化水平具有较高的要求。在赴景区(点)途中,导游需要根据实际情况的变化不断调整讲解内容,适当取舍,做到车停嘴不停。

行车过程中的讲解不同于定点讲解,讲解的内容除了随着车窗外的景色不断变化,还涉及这个城市方方面面的内容,信息量大,时间紧,既要满足游客的好奇心,又要精简语句让游客觉得不无趣,这些都挑战着导游的沿途讲解能力。因此,在赴景区(点)途中,导游可以运用以下讲解技巧。

(一)讲解规范,条理清晰

在赴景区(点)的途中进行讲解,导游不仅要语言流畅,更要思维敏捷、条理清晰。旅游车在行进过程中,会不定时地经过一些重要的地方,如具有标志性的建筑、蕴涵文化气息的寺庙、富有特色的街道,以及发生过一些重大事件的地点。这就要求导游要合理安排自己的讲解内容,对当时出现的地标做简要介绍。导游不仅要对当地的风物特产足够熟悉,还要有跳跃式思维。在介绍完一处地标后,导游要凭借良好的连续性思维能力和记忆力,将后面的讲解内容与之前的讲解断点处重新续接起来。同时,赴景区(点)途中的讲解内容要明确,要善于把握游客的心理需求,对于不同的行驶时段和游览路线进行讲解,要有重点、有差异。

(二)讲解内容"点线面"结合

旅游车行驶的路线是线状的,而景物的分布为点状的,讲解的风土人情为面上的。因此,导游在赴景区(点)途中讲解的过程中,可以将三者有机结合,还要根据游客、路面行驶情况的变化来调整自己的导游词。赴景区(点)途中讲解内容没有标准的框架,需要导游自己对当地的文化、历史、发展、故事等内容进行归纳总结,在讲解的过程中做到"点线面"结合。

(三)讲解时间不宜过短

一般在景区(点)内,为了让游客能有更多的时间自由参观和摄影,导游的讲解以点题为主,对讲解时长不做硬性要求。国内的多数城市情况相似,景区(点)之间的行车距离超过一小时较为常见,因此,游客在赴景区(点)途中有一定的空闲时间,且此时游客容易感到乏味,这就要求导游的车上讲解时长不宜过短。

任务三　返程途中导游词创作与讲解

任务描述

本任务主要对返程途中导游词的创作与讲解技巧进行了较为全面的介绍,包括返程途中导游词的概念、返程途中导游词创作的基本内容、返程途中导游词的讲解技巧等。

任务目标

本任务的主要的目标是让学生了解返程途中导游词的概念,熟悉返程途中导游词创作的基本内容,掌握返程途中导游词的讲解技巧,让学生学会创作并讲解返程途中导游词。

一、返程途中导游词的概念

返程途中导游词是指在游览即将结束返程的途中,导游对本次游览活动进行的总结性讲解。导游在游览即将结束的时候,应该对此次游览活动进行一次小结,进一步加深游客对旅游景点的印象。返程途中的导游词讲解,应尽量引导游客回忆游览活动中有趣的地方,帮助游客梳理思路,让游览能够从感性认识上升到理性认识,并要善于总结旅途中的愉快回忆,这是因为游客关于旅游景点的美好回忆越多,游客满意度就越高,那么他们成为回头客和宣传员的可能性就越大。

二、返程途中导游词创作的基本内容

在游览结束后返回的途中,导游可以回顾当天参观游览的内容,必要时可适当地进行补充讲解。在返程途中,导游可以根据当天的游览活动创作讲解内容,具体来说主要包括以下几个方面。

(一)总结当天游览活动

这部分一般包括回顾当天参观游览的内容,回答游客的提问,对重点景区和讲解中遗漏的内容进行补充讲解。

他 山 之 石

游客朋友们,今天我们游览的景点是华清池,它不仅是历代帝王游幸之地,同时也在中国现代革命史上占有重要的地位,1936年12月12日,震惊中外的西安事变就发生在此。华清池内至今仍完整地保留着当年蒋介石行辕

旧址五间厅。中华人民共和国成立以后,经过几次大规模的修葺、扩建,古老的华清池再次焕发光彩。如今的华清池虽不及唐朝时规模宏大,但也不失昔日的富丽典雅。大家如果还有什么感兴趣的问题,也可以随时问我,我会为大家详细解答。

·实训练习

　　请根据返程途中导游词的写作要求,创作一段从黄埔军校旧址纪念馆返程的总结性导游词。

(二)返程沿途所见

在返程的途中,司机会根据时间段选择不同的道路,如果返程途中所走的路线和去时路线不一样,这个时候导游就可以对所经过的新景观进行讲解,让游客可以更充分地了解旅游目的地。

(三)预告下一行程安排

导游应在返程途中宣布晚上或者次日的活动日程、出发时间、用餐时间、集合时间和集合地点等。此外,在返程途中,导游还需要针对安全注意事项和游览注意事项进行强调。例如,需提醒游客在返回酒店后的自由活动时注意安全,不要单独出游。同时,还要解答游客的疑问,为游客提供周到、全方位的旅游服务。

三、返程途中导游词的讲解技巧

经过一天的景点游览,游客肯定会略感疲惫,所以返程途中的讲解,一定要注意到游客情绪上的变化,不要自顾自地不断讲解,这样会使游客感到更加疲惫。因此,在返程途中进行讲解时,导游应当运用一些技巧。

(一)问答法

在返程途中,游客对旅游景点都有了一定的了解,但可能也存在一些疑问。问答法就是导游向游客提问或启发游客提问的讲解方法。此法可以帮助游客回忆起在景点中的点点滴滴,加深他们的印象。问答法有多种形式,主要有自问自答法(为了吸引游客的注意力)、我问客法(诱导游客回答)、客问我法(满足游客的好奇心)。例如:

　　刚才我们游览了秦始皇兵马俑,秦始皇作为我国封建社会的第一位皇帝,除了修筑长城,他还有哪些丰功伟绩呢?有没有朋友能够告诉我?

(二)画龙点睛法

用凝练的词句概括所游览景点的独特之处,并给游客留下突出印象的讲解方法称为画龙点睛法。例如：

> 游客朋友们，用一首小诗将大理的"风花雪月"四大名景串联在一起，亦颇有情趣，请记好了："下关风，上关花，下关风吹上关花；苍山雪，洱海月，洱海月照苍山雪。"

（三）突出重点法

我们一天参观的景点很多，在返程途中，回顾景点不宜面面俱到，而应突出某一方面的讲解方法。一处景点，要讲解的内容很多，导游必须根据不同的时空条件和服务对象区别对待，有的放矢地做到轻重搭配、重点突出、详略得当、疏密有致。一般情况下我们会突出大景点中具有代表性的景观，突出景点特征及与众不同之处，突出游客感兴趣的内容，突出"……之最"。

项目训练

在线答题 ▼

项目三

一、知识训练

请扫描二维码进行在线答题。

二、能力训练

选择当地旅行社的一条旅游线路，模拟导游讲解过程。具体任务如下：

(1)全班分成若干个小组。

(2)每组安排一名导游、一名司机、若干名游客，分别进行途中的导游服务的模拟训练。组内学生依次模拟导游角色，针对赴旅游目的地途中、赴景区(点)途中、返程途中进行专题讲解训练。

(3)将组内模拟过程拍成视频并提交给教师，进行打分和现场点评。

赴旅游目的地途中导游词讲解评分表

评价项目	评价内容	自评	组评	教师评价
仪容仪表	服装整洁，妆容淡雅，发型规范，符合导游从业规范要求	☆☆☆☆☆	☆☆☆☆☆	☆☆☆☆☆
言谈举止	礼貌用语恰当，态度真诚友好，表情生动丰富	☆☆☆☆☆	☆☆☆☆☆	☆☆☆☆☆
	手位、脚位、手势、目光、微笑及其他身体语言应用得当且适度	☆☆☆☆☆	☆☆☆☆☆	☆☆☆☆☆
职业理解	自我介绍有特色，令人印象深刻；有较强的职业认同感，能够体现自我的职业理想	☆☆☆☆☆	☆☆☆☆☆	☆☆☆☆☆

Note

续表

评价项目	评价内容	自评	组评	教师评价
讲解内容	讲解内容:赴旅游目的地途中讲解内容健康、完整、准确;重点突出,紧扣主题,与时俱进;引用规范,用词严谨,内容无误;导游词编写规范且有特色	☆☆☆☆☆	☆☆☆☆☆	☆☆☆☆☆
	条理结构:讲解内容条理清晰,层次分明,详略得当,主题突出,逻辑性强	☆☆☆☆☆	☆☆☆☆☆	☆☆☆☆☆
	文化内涵:整体具有一定的知识价值和文化内涵,能体现物境、情境和意境的统一	☆☆☆☆☆	☆☆☆☆☆	☆☆☆☆☆
讲解技巧	讲解技巧:角度新颖,通俗易懂,生动幽默,讲解技巧丰富;有感染力和亲和力;善于使用恰当的讲解技巧和方法,能调动游客的积极性	☆☆☆☆☆	☆☆☆☆☆	☆☆☆☆☆
	语音语调:发音清晰标准,语速适中,语调自然,节奏合理,音量适中	☆☆☆☆☆	☆☆☆☆☆	☆☆☆☆☆
	表达能力:语言规范,组织合理,表达流畅、生动、准确	☆☆☆☆☆	☆☆☆☆☆	☆☆☆☆☆

赴景区(点)途中导游词讲解评分表

评价项目	评价内容	自评	组评	教师评价
仪容仪表	服装整洁,妆容淡雅,发型规范,符合导游从业规范要求	☆☆☆☆☆	☆☆☆☆☆	☆☆☆☆☆
言谈举止	礼貌用语恰当,态度真诚友好,表情生动丰富	☆☆☆☆☆	☆☆☆☆☆	☆☆☆☆☆
	手位、脚位、手势、目光、微笑及其他身体语言应用得当且适度	☆☆☆☆☆	☆☆☆☆☆	☆☆☆☆☆
职业理解	自我介绍有特色,令人印象深刻;有较强的职业认同感,能够体现自我的职业理想	☆☆☆☆☆	☆☆☆☆☆	☆☆☆☆☆
讲解内容	讲解内容:赴景区(点)途中讲解内容健康、完整、准确;重点突出,紧扣主题,与时俱进;引用规范,用词严谨,内容无误;导游词编写规范且有特色	☆☆☆☆☆	☆☆☆☆☆	☆☆☆☆☆

续表

评价项目	评价内容	自评	组评	教师评价
讲解内容	条理结构:讲解内容条理清晰,层次分明,详略得当,主题突出,逻辑性强	☆☆☆☆☆	☆☆☆☆☆	☆☆☆☆☆
	文化内涵:整体具有一定的知识价值和文化内涵,能体现物境、情境和意境的统一	☆☆☆☆☆	☆☆☆☆☆	☆☆☆☆☆
讲解技巧	讲解技巧:角度新颖,通俗易懂,生动幽默,讲解技巧丰富;有感染力和亲和力;善于使用恰当的讲解技巧和方法,能调动游客的积极性	☆☆☆☆☆	☆☆☆☆☆	☆☆☆☆☆
	语音语调:发音清晰标准,语速适中,语调自然,节奏合理,音量适中	☆☆☆☆☆	☆☆☆☆☆	☆☆☆☆☆
	表达能力:语言规范,组织合理,表达流畅、生动、准确	☆☆☆☆☆	☆☆☆☆☆	☆☆☆☆☆

返程途中导游词讲解评分表

评价项目	评价内容	自评	组评	教师评价
仪容仪表	服装整洁,妆容淡雅,发型规范,符合导游从业规范要求	☆☆☆☆☆	☆☆☆☆☆	☆☆☆☆☆
言谈举止	礼貌用语恰当,态度真诚友好,表情生动丰富	☆☆☆☆☆	☆☆☆☆☆	☆☆☆☆☆
	手位、脚位、手势、目光、微笑及其他身体语言应用得当且适度	☆☆☆☆☆	☆☆☆☆☆	☆☆☆☆☆
职业理解	自我介绍有特色,令人印象深刻;有较强的职业认同感,能够体现自我的职业理想	☆☆☆☆☆	☆☆☆☆☆	☆☆☆☆☆
讲解内容	讲解内容:返程途中讲解内容健康、完整、准确;重点突出,紧扣主题,与时俱进;引用规范,用词严谨,内容无误;导游词编写规范且有特色	☆☆☆☆☆	☆☆☆☆☆	☆☆☆☆☆
	条理结构:讲解内容条理清晰,层次分明,详略得当,主题突出,逻辑性强	☆☆☆☆☆	☆☆☆☆☆	☆☆☆☆☆
	文化内涵:整体具有一定的知识价值和文化内涵,能体现物境、情境和意境的统一	☆☆☆☆☆	☆☆☆☆☆	☆☆☆☆☆

Note

续表

评价项目	评价内容	自评	组评	教师评价
讲解技巧	讲解技巧:角度新颖,通俗易懂,生动幽默,讲解技巧丰富;有感染力和亲和力;善于使用恰当的讲解技巧和方法,能调动游客的积极性	☆☆☆☆☆	☆☆☆☆☆	☆☆☆☆☆
	语音语调:发音清晰标准,语速适中,语调自然,节奏合理,音量适中	☆☆☆☆☆	☆☆☆☆☆	☆☆☆☆☆
	表达能力:语言规范,组织合理,表达流畅、生动、准确	☆☆☆☆☆	☆☆☆☆☆	☆☆☆☆☆

项目四
自然风景类景区导游词创作与讲解

项目描述

本项目详细介绍了自然风景类景区的特色以及具体不同类型景区的导游词创作方法及讲解技巧。

项目目标

知识目标

(1)了解自然风景类资源的类型。
(2)理解不同自然风景类景区的特色。
(3)掌握不同的自然风景类景区导游词创作方法和讲解技巧。

能力目标

(1)能够对我国自然风景类景区有清晰的认知。
(2)能够对具体的自然风景类景区进行导游词创作和讲解。

素养目标

(1)使学生欣赏和感受祖国的自然景观之美,培养学生对美丽中国的热爱之情,激发学生的爱国情感。
(2)使学生深入了解和传承中国文化,增强文化认同感,坚定文化自信。
(3)使学生学会欣赏美、感悟美,培养学生的审美素养。

知识导图

自然风景类景区导游词创作与讲解 —— 地文景观类导游词创作 ┬ 地文景观的认知
└ 地文景观类导游词的创作

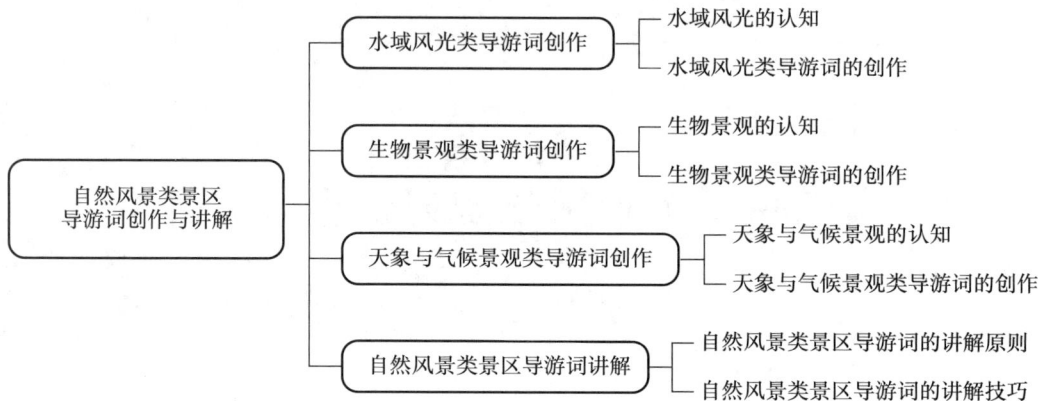

```
                                              ┌─ 水域风光的认知
                        ┌─ 水域风光类导游词创作 ─┤
                        │                     └─ 水域风光类导游词的创作
                        │
                        │                     ┌─ 生物景观的认知
                        ├─ 生物景观类导游词创作 ─┤
自然风景类景区            │                     └─ 生物景观类导游词的创作
导游词创作与讲解 ────────┤
                        │                           ┌─ 天象与气候景观的认知
                        ├─ 天象与气候景观类导游词创作 ─┤
                        │                           └─ 天象与气候景观类导游词的创作
                        │
                        │                        ┌─ 自然风景类景区导游词的讲解原则
                        └─ 自然风景类景区导游词讲解 ─┤
                                                 └─ 自然风景类景区导游词的讲解技巧
```

项目引入

落实科普合作协议，打造精品研学资源

——成都地调中心携手天府中学开展鹿溪河生态区地质科学考察

为落实成都地调中心与天府中学签订的科普合作协议，巩固长期、稳定、良好的合作关系，7月11日，中心古生物研究团队与天府中学地理组一行开展了鹿溪河生态区地质科学考察和地质研学路线设计。

鹿溪河生态区距离天府中学北门西侧约200米，公园范围内主要出露地层为上侏罗统蓬莱镇组和下白垩统夹关组、灌口组，主要岩石类型为紫红色、砖红色泥岩、砂岩，地质现象丰富，是开展地质研学的理想区域。调研过程中，研究团队和校方老师提炼了适合不同学龄的4个科学问题，并对研学路线和野外露头进行了可操作性评估，初步达成了研学合作意向。作为家门口的科普资源，鹿溪河生态区地理优势突出，学生可以通过学习理论知识、野外实践采样、室内实验和印证，形成科研实践闭环，培养其地理核心素养。

成都地调中心古生物研究团队依托丰富的化石资源，创建了自然资源部创新平台罗平生物群野外科学观测研究站，打造了"科研＋科普"一体化发展模式，拥有"全国科普教育基地""国家自然资源科普基地"两个"国字号"科普平台，本次活动是与天府中学开展实质性合作迈出的关键一步。成都地调中心将依托科普平台，以及丰富的地调和科研资源积累，打造适用于中小学地球科学教育的优质研学路线和精品科普产品，为提升天府青少年的科学素质服务，为国家的创新发展贡献力量。

（资料来源：中国地质调查局成都地质调查中心基础地质室《落实科普合作协议，打造精品研学资源——成都地调中心携手天府中学开展鹿溪河生态区地质科学考察》，2024年7月22日。）

分析：

地质资源是旅游资源的重要组成部分,为开展研学旅行提供了的优势条件和坚实基础,因此受到研学旅行市场的欢迎。

任务一 地文景观类导游词创作

任务描述

本任务对地文景观类资源的特点进行了较为全面的介绍,梳理了地文景观类景点的特色,进而说明了如何创作该类型的导游词。

任务目标

了解地文景观的含义和范围,理解地文景观的类型和代表性地文景观的特征,掌握地文景观类导游词的创作方法,能够针对具体地文景观类景区景点进行导游词创作。

一、地文景观的认知

（一）地文景观的含义

地球在漫长的地质历史演变过程中,由于内力和外力地质作用,形成了千姿百态的山地、高原、丘陵、平原、盆地、冰川、沙漠、海岸等,构成了丰富多彩的自然景观。地文景观是自然景观的重要组成部分,它是地球内力和外力综合作用于岩石圈而形成的各种现象与事物的总称。地文景观受到地理位置、气候等多种因素的影响,形成了不同形态、规模和结构等多种类型,具有鲜明的地域性、多样性。作为重要的旅游资源,地文景观具有丰富的美学价值、观赏价值、科考价值、教育价值和历史价值。

知识活页
Zhishi Huoye

喜马拉雅山脉

喜马拉雅山脉,是板块运动的结果。亿万年前喜马拉雅山脉一带还是汪洋大海,由于印度洋板块与欧亚大陆板块的激烈碰撞,地壳在这一区域发生剧烈变形并开始抬升,最终形成了地球上最高的山脉。这一过程十分缓慢,不为人的感官所能察觉,而是在漫长的地质历史演变中产生的巨大变化。

（二）地文景观的类型

1. 旅游资源分类标准

根据国家标准《旅游资源分类、调查与评价》（GB/T 18972—2017），地文景观包括4个亚类和17个基本类型。

（1）自然景观综合体，包括山丘型景观、台地型景观、沟谷型景观、滩地型景观。

（2）地质与构造形迹，包括断裂景观、褶曲景观、地层剖面、生物化石点。

（3）地表形态，包括台丘状地景、峰柱状地景、垄岗状地景、沟壑与洞穴、奇特与象形山石、岩土圈灾变遗迹。

（4）自然标记与自然现象，包括奇异自然现象、自然标志地、垂直自然带。

山地

（图片来源：编者拍摄）

2. 地文景观形态特征分类

根据地文景观形成原因和呈现形态，可以把地文景观分成地质景观和地貌景观两大类。

地质景观是指由地球的物质组成、构造、岩性、地层、矿床等形成的，具有观赏和科研价值的景观，包括断层、节理和褶曲等典型地质构造遗迹，以及生物化石与典型地层剖面、岩石与矿物、地震遗迹、火山景观等。

地貌景观是指在成因上彼此相关的各种地表形态组合形成的景观，如花岗岩地貌、丹霞地貌、雅丹地貌、冰川地貌、岩溶地貌等。

（三）典型地文景观的成因和特征

1. 断层景观

地壳运动会产生强大的压力和张力，当受力超过岩层本身的强度，就会对岩石产生破坏，在岩石的薄弱地带造成岩层破裂，产生破裂面，两侧岩石沿破裂面发生明显位移，这就是断层。不同规模的断层可形成不同的地表形态。大的断层常常形成裂谷和陡崖,如著名的东非大裂谷和华山北坡的大断崖。断块山地也是断层景观中具有代表性的形态,如泰山、恒山等。

断层景观通过陡峭的崖壁、深邃的峡谷、奇特的岩石等展现出自然景观的壮丽。它也是天然的"地质教科书",为地质爱好者、学生提供实地学习和考察的机会。断层景观还为登山、攀岩等活动提供了绝佳的场所,游客在挑战自我的同时,也能享受到探险活动带来的刺激和乐趣,感受大自然的力量和神秘。

2. 花岗岩地貌

花岗岩属于岩浆岩中的侵入岩,由地下深处炽热的岩浆在上升过程中冷却凝结而成,因此,岩性坚硬、体积庞大。花岗岩在露出地表持续上升的过程中,在外力作用(如风化作用)下,形成形态特殊的花岗岩地貌。

花岗岩地貌的特点是主峰突出、群峰簇拥,山峰险峻、峭拔,峰林雄伟,山峰顶部轮廓圆滑,山石形态多样、独特。

我国的花岗岩地貌分布广泛,名山众多,如黄山、天柱山、三清山等。

黄山

(图片来源:编者拍摄)

3. 喀斯特地貌

喀斯特地貌也叫作岩溶地貌,是地下水与地表水对可溶性岩石溶蚀与沉淀、侵蚀与沉积,以及重力崩塌、塌陷、堆积等作用形成的地貌。其典型景观如下。

峰丛、峰林和孤峰景观:峰丛即联座的峰林,山峰底部完整、顶部分割,峰与峰之间形成"U"字形的马鞍地。流水溶蚀峰林的马鞍地,最终将山体分割成独立的山峰,形成峰林。孤峰是峰林发育晚期残存的孤立山峰。桂林山水就是这些景观组合的典型代表。

溶洞景观:溶洞是发育在地下的岩溶地貌,地表水向下侵蚀,形成洞穴的同时,在洞内形成石笋、石柱等。

钙华景观:钙华是在地表发育,多为白色或淡黄色,呈阶梯状顺着山坡层层下降的地貌。我国黄龙景区具有世界罕见的钙华景观,类型齐全、规模庞大、保存完整。

喀斯特地貌在我国分布十分广泛,主要集中在长江以南的云贵高原及其边缘地区。

安徽丫山岩溶景观

(图片来源:编者拍摄)

4.丹霞地貌

丹霞地貌是在红色砂砾岩岩层上由内外力作用发育而成的奇峰、赤壁等。红色陡崖坡是丹霞地貌最重要的识别要素,不同形态和体量的陡崖坡组合成堡状、墙状、柱状,兼具形态美和色彩美。

广东的丹霞山是我国面积最大、类型最齐全、造型最丰富的丹霞地貌区。

5.火山景观

火山景观是地壳深处的岩浆从地下喷发或漫溢出来,就地堆积形成的。

火山分为死火山、活火山和休眠火山。

五大连池火山群分布有14座火山和5个熔岩堰塞湖,它们形态各异,这里火山地貌完整、景观壮丽、风光独特。云南腾冲火山群分布有97座休眠火山,是我国规模最大的休眠火山景观代表。

二、地文景观类导游词的创作

(一)地文景观类导游词的创作方法

地文景观,以其雄、奇、险、幽等形态美和多样的色彩美成为旅游体验中重要的审美对象。我们在对地文景观进行导游词创作时,既要准确描述地文景观的特征和价值,还要体现出地文景观给游客带来的审美体验。

·思政启发

地文景观不仅具有重要的科考价值,还具有极高的审美价值。学会欣赏地文景观之美,能够更好地了解祖国的美好山河,激发热爱祖国、热爱家乡之情。

Note

1. 把握景观内容的精准性和完整性

精准性是导游词创作的基础。在描述地文景观时,必须确保所传达的信息是基于可靠的地质学知识和科学研究。这就需要导游在进行导游词创作前充分了解地文景观的资源类型、形成原因、地质特征以及相关的自然现象。比如描述火山景观时,要了解火山的喷发历史、岩浆的类型以及火山活动对周围环境的影响,准确掌握地文景观形成的地质过程、气候影响等。又比如喀斯特地貌的形成与水的溶蚀作用密不可分,丹霞地貌则是红色砂砾岩在长期风化剥离和流水侵蚀下形成的。创作前可以通过查阅专业书籍、官方网站等权威资料,获取地文景观的准确信息,还可以进行实地考察,通过亲自观察、测量等更加直观地了解地文景观的特征。

地文景观类型多样,每种类型又具有各自不同的地质特征和美学价值,因此,导游需要在导游词中对它们进行清晰的分类和详细的介绍。要使用准确的地质学、地理学术语来描述景观特征,避免使用模糊或不确定的词汇,如使用"断层""节理"等术语准确描述地壳运动形成的景观。使用具体的数据来描述景观特征,如说明山脉的高度、坡度等具体数值,增加描述的精准性。可以着重描述景观的细节特征,如形状、颜色、纹理等,丰富导游词内容,还可以注重独特性、壮观程度及直观感受的描述,提高地文景观内容的精准度。

在描述地文景观的形成过程时,还要注意按照一定的逻辑顺序,如时间顺序、空间顺序等来组织描述内容,确保表达条理清晰、内容完整,让游客能够清晰地了解地文景观的各个方面。

地文景观是在地质的长期作用下形成的独特的地理空间环境,并受到所在区域文化、经济等多方面的影响,从而形成独特的文化内涵。完整描述地文景观的自然特性和人文内涵,既可以展现地文景观的价值,也能为游客带来更好的观赏体验。

知行合一
Zhixing Heyi

第五届全国导游大赛导游词:上海师文《甘肃张掖七彩丹霞》

我们现在就位于张掖祁连山万国博览会会址,有没有同学知道它是在什么时候召开的?哎呀,真的都是"学霸"!没错,就是在公元609年,隋炀帝当年远征吐谷浑,最终在我们的胭脂山下召见27国使臣,促进民族大团结,这便是我们最早的万国博览会。所以说,我们的丝绸之路不仅是"一带一路"最重要的经济带,也是我们最重要的文化带。所有的文化、所有的自然,都是留给我们中华民族最宝贵的财富。

(资料来源:整理自微信公众号"我们的文化旅游院"。)

分析:

习近平总书记指出:"中华民族向来尊重自然、热爱自然,绵延5000多年的中华文明孕育着丰富的生态文化。"秀美的自然风光、深厚的文化底蕴是中

华文明的重要组成部分,促进自然之美与文化之美的和谐统一,推动自然与
文化协同演化,是文旅深度融合的重要途径。

2.注意导游词结构的逻辑性和条理性

地文景观类导游词结构包括开场白、景观概述、详细介绍、安全提醒和总结五个
部分。

(1)开场白。

设计一个引人入胜的开场白,能够激发游客对地文景观的兴趣。比如介绍风蚀地
貌时,可以设计这样的开场白:"各位游客,您听说过魔鬼城吗? 魔鬼城里不见人迹、毫
无生气,却有凄厉的呼啸。这是我国内陆干旱区特有的风蚀地貌景观。"

(2)景观概述。

景观概述主要是简要介绍它的地理位置、总体特征等,凸显地文景观的价值,引起
游客对地文景观的游览热情。比如介绍位于重庆奉节的小寨天坑是目前已知世界上
容积最大的天坑。

(3)详细介绍。

引起游客好奇和兴趣后,就可以针对具体的地文景观开展详细介绍,描述地文景
观的地质形成过程、独特形态、结构特征等,并对地文景观的美学价值进行深度挖掘,
提升游客对地文景观的审美。

(4)安全提醒。

根据地文景观所述的地理空间环境和特点,提醒游客注意安全,推荐一些适合游
客参与的活动或体验项目,让游客在人地互动中增强对地文景观的旅游体验感。例
如:"在这里,您不仅可以欣赏到壮丽的自然风光,还可以参加徒步探险、攀岩挑战等户
外活动,感受大自然的魅力。"

(5)总结。

导游词的结尾可对地文景观进行简短总结和升华,强调它的独特之处和游览价
值,帮助游客加深记忆,使游客形成独特的游览经历。

3.展现语言表达的艺术性

艺术性的语言表达能够描绘出更加生动、立体的地文景观,帮助游客在认识地文
景观、理解地文景观特征的同时,激发想象力和提升感官体验,更加直观地感受到地文
景观的独特魅力。这样的导游词不仅能够传递地文景观的重要信息,把复杂深奥的地
质特征用形象生动的语言表达出来,还能激发游客的情感,使他们对景点产生更加深
刻的印象。

使用比喻、拟人、排比等修辞手法,运用形象化的语言,将地文景观的特征以生动
的方式呈现给游客。通过比喻,将地文景观中抽象或复杂的特点具体化;通过拟人,赋
予地文景观人的情感和动作;通过排比和对仗,增强语言的气势和节奏感;通过适度夸
张,使地文景观的某些特征更加鲜明突出;通过象征,赋予地文景观深刻的文化内涵;

等等。

除了运用修辞手法，还可以用丰富的词汇详细描绘地文景观的细节特征，如颜色、形状等。在描述地文景观的演变过程时，可以融入相关的民间故事或神话传说，增强地文景观的趣味性和吸引力，与游客建立情感上的联系，还可以在导游词中开展一些问答、讨论等互动，如请游客描述自己看到的地文景观特征，激发游客的热情和兴趣。

在用词上，应尽量使用通俗易懂的语言，避免使用过于复杂的专业术语。然而，当介绍地文景观类型、形成过程必须使用专业术语时，应给予简单的解释；当介绍地文景观的地质作用或演变历史时，要将复杂的学术表达短句化、口语化，或者通过比喻、对比等手法帮助游客更好理解。

（二）代表性地文景观类导游词的创作

1. 花岗岩地貌——黄山

"五岳归来不看山，黄山归来不看岳"，黄山被誉为"天下第一奇山"，其独特之处很大程度上得益于其广泛分布的花岗岩地貌。花岗岩，是一种由地下岩浆冷却凝固后形成的坚硬岩石，它的主要成分包括石英、长石和云母等矿物，质地坚硬，色泽多样，这为黄山奇峰怪石的形成提供了基础。

黄山胜景以峰为体，主峰突兀，群峰簇拥，兼具雄、险、奇、幽之姿，构成峰壑纵横、灵幻神奇的壮美画卷。经过亿万年的风化作用和冰川作用，花岗岩表层逐渐剥落，形成了如今我们所见的千姿百态的奇峰异石。比如，著名的"猴子观海""梦笔生花""仙人指路"等景点，无一不是花岗岩地貌的杰作，让人叹为观止。

不仅如此，黄山的花岗岩地貌还孕育了丰富的水文景观。由于花岗岩的节理发育，雨水容易渗透并沿裂隙流动，形成了众多飞瀑流泉，如"人字瀑""百丈泉"。壮观的瀑布从峭壁间奔腾而下，声如雷鸣，为黄山增添了无限生机与活力。

2. 喀斯特地貌——石林风景区

石林风景区位于云南省昆明市石林彝族自治县境内，作为"中国南方喀斯特"的重要组成部分，成功入选世界自然遗产名录，是世界地质公园、国家级风景名胜区、国家5A级旅游景区。它宛如一颗璀璨的明珠，镶嵌在这片广袤的土地上。当我们踏入这片神奇的土地，仿佛置身于一个由石头构成的梦幻世界。

约2.7亿年前，这里还是一片汪洋大海，沉积了厚厚的石灰岩。随着地壳不断运动，海水退去，陆地崛起。在漫长的岁月里，地下水和地表水对石灰岩进行了持续的溶蚀和侵蚀。岩石中的裂隙逐渐扩大，形成了溶洞、地下河等奇特景观。同时，地表的岩石在风化、重力等作用下，逐渐崩塌、分离，最终形成了我们今天所看到的千姿百态、雄伟壮观的石林。

说到这里的历史，那可谓源远流长。这里是彝族撒尼人的聚居地，他们的传统文化和生活方式与这片石林紧密相连。在彝族撒尼人的传说中，石林是神灵的杰作，每一块石头都有着独特的灵魂和故事。而著名的叙事长诗《阿诗玛》，更是让石林充满了浪漫和神秘的色彩。阿诗玛是一个美丽、善良、勇敢的姑娘,她不屈从于恶势力的压迫,最终化为一座石像,永远屹立在石林之中,成为人们对美好爱情和正义的向往与追求的象征。

现在,让我们把目光投向眼前的这些奇妙的石头景观。看那一根根高耸入云的石柱,有的像锋利的宝剑,直刺苍穹;有的像巍峨的宝塔,庄严肃穆;有的像憨态可掬的大象,悠然自得地漫步;还有的像娇羞的少女,亭亭玉立在湖边。

这片石林中还有独特的溶洞奇观。溶洞内部怪石嶙峋,钟乳石、石笋、石柱等琳琅满目。有的钟乳石如瀑布般倾泻而下,有的石笋像春笋般破土而出,还有的石柱如同定海神针一般顶天立地。这些奇特的景观都是地下水长期溶蚀作用的结果。

在游览的过程中,大家可以尽情地发挥自己的想象力,感受大自然的神奇魅力。在欣赏美景的同时,也请大家注意保护环境,不要攀爬石头、破坏景观,保护这片珍贵的自然遗产。

3. 丹霞地貌——甘肃张掖

张掖丹霞地貌位于甘肃省张掖市境内,它是大自然馈赠给人类的一份珍贵礼物。这片神奇的土地,以其独特的色彩和壮观的形态,吸引着无数游客的目光。

当您踏入这片区域,首先映入眼帘的是那五彩斑斓的山峦。红色、黄色、橙色、绿色、白色等色彩相互交织,仿佛是一幅绚丽的画卷在您眼前徐徐展开。这些色彩的形成,源于岩石中所含的矿物质,不同的矿物质对应不同的色彩,经过漫长的地质演变和风化作用,才造就了这般如梦如幻的美景。

张掖丹霞地貌的形态也是千奇百怪,有的像城堡,雄伟壮观;有的像屏风,错落有致;有的像石柱,挺拔屹立;还有的像巨龙,蜿蜒盘旋。每一处景观都仿佛在向我们诉说着大自然的鬼斧神工。

张掖丹霞地貌的形成,经历了漫长的岁月。数亿年前,这里曾是一片汪洋大海,随着地壳运动,海底逐渐上升成为陆地。在风力和流水的侵蚀下,岩石逐渐被雕琢成了如今的模样。

这里不仅是自然景观的瑰宝,还蕴含着深厚的历史文化。在古代,张掖是丝绸之路上的重要节点,无数的商队和旅行者曾途经此地,留下了丰富的文化遗产。

(三)地文景观类导游词赏析

地文景观类导游词范例如下。

花山谜窟导游词

花山谜窟坐落在屯溪与歙县交界处,整体面积为81平方千米。景区以新安江为纽带,连接花山、雄村两大景区,整个形状呈哑铃状。景区内旅游资源十分丰富,集青山、绿水、田园景致、千年谜窟、奇峰怪石、摩崖石刻、庙宇等自然景观和人文景观之大成。

景区以石窟为特色品牌,现已探明的石窟有36处,初步开发的有5个,

2000年花山谜窟对外开放。石窟分布之密集、规模之宏大、气势之壮观、特色之鲜明,令人叹为观止,堪称中华一绝。

花山谜窟地理位置处在北纬29°39'34"和29°47'7"之间,是北纬30°神秘线上唯一一处石窟群奇观。石窟群呈线性分布在新安江畔连绵的花山山麓中,全长约5000米。洞窟格局怪异,内部空间巨大,其中有的洞中套洞,有的石柱林立,有的空谷幽潭,而且石壁上没有任何人工绘制的壁画和人造佛像,也没有文字,特别是有两个洞口开在新安江水中,更为其增添了神秘感。

各位游客,这里就是2号石窟。2号石窟原称环溪石窟,面积约4800平方米,洞深146米,窟内的温度宜人,温度常年保持在15℃左右,较之外面气温,明显感觉到和暖。2号石窟呈狭长走势,又有"地下走廊"之称。洞中陈列有一些文物,都是当时石窟清淤时发现的:有中生代恐龙足迹化石、1.5亿年前的树木化石,还有晋代的彩陶和铁钎、铁钻、铁凿、陶钵、陶罐、瓷器等采石工具和器皿。2号石窟中有两个看点,即石壁上天然形成的秋色图和窟顶的大斜面。秋色图中整个画面布满黄棕色的秋叶,山林、高峰、民居为黑色。其中,民居还可明显看出徽派建筑的风格,前面有一条白色的小溪流过,毫无疑问,这便是山脚下的新安江了。大斜面是在清淤完毕后被发现的。当初,工人们挖到此处时认为已经到了石窟的尽头,但随着淤泥的清除,却发现石壁呈斜面状向前延伸,又可看到另一个洞口。斜面坡度约45°,宽15米,长30米,与外面的山坡坡度一致。斜面的石壁上可以看到一行行细密的直线型凿痕,线条笔直且连贯。这个大斜面的出现产生了一个新的谜团:在科学技术相对落后的古代,匠人们是如何准确判断出斜面的坡度并使之与山体走势吻合的呢?

现在我们来到的是35号石窟,这是中国现存的最大的古代人工石窟,有地下宫殿、清凉宫之称。石窟进深近170米,落差有25米,面积约1.26万平方米。石窟内结构复杂、蜿蜒曲折,有36间石房环绕大殿,巧夺天工。内部有26根石柱呈品字形排列,起到支撑作用,可见古代的工匠们已深谙"三点固定一平面"的几何原理。窟内有许多石房、石床、石桥、石楼、石槽、石塘点缀其间。特别值得一提的是洞口处的通海桥,桥下是一汪清澈见底的泉水,水声哗哗作响,很可能在此存在活的水源。

我们顺流而下,就到了洞内地势最低的地方,其顶上的石壁清晰可见精雕细刻的花纹。虽然这里已经位于新安江水面以下2米,上下落差有25米,但是洞内的通风状况良好,所以人在洞底并没有任何不适的感觉。另外,洞窟的怪异构造使得声波被石壁吸收,因而一般大声地喧哗,在洞内可能听不到回音。

石窟的魅力正体现在了一连串的"谜"上。石窟是如何建成的?为什么要建造这些石窟?挖出的数以百万方石料去了何处?当年是如何开采和运输的?石窟内有少量开采好的石块,为什么没有被运出去?洞内有多处厚10

厘米的石壁,为什么不凿开,而任其挡在石厅中间? 洞内石柱上的方形和圆形盲孔是做什么用的? 如此庞大规模的石窟群,为什么至今没有见到史籍上的记载?

　　花山谜窟留给后世的是无尽的遐思,激起了人们猎奇的心理,使慕名而来的游客络绎不绝。

赏析:

　　本篇导游词内容丰富准确,详细介绍了花山谜窟的地理位置、面积、形状等基本信息,对石窟的特点等进行了准确的描述,使游客能够清晰地感受到花山谜窟的独特之处;还详细描述了2号石窟和35号石窟的具体情况,包括面积、温度、内部结构、文物等,让游客对石窟有更深入的了解。

　　导游词语言表达简洁流畅,易于游客理解和接受。使用了一些常用术语,如"北纬30°神秘线""品字形排列"等,同时进行了简单解释,使游客能够明白其含义。导游词依次介绍了景区的整体情况、2号石窟和35号石窟的具体特点,最后总结了石窟的魅力所在,整篇导游词逻辑清晰、层次分明。

任务二　水域风光类导游词创作

任务描述

　　本任务对水域风光类自然资源的特点进行了较为全面的介绍,梳理了水域风光类景点的特色,进而说明了如何创作此类导游词。

任务目标

　　了解水域风光的含义和类型,理解不同类型水域风光的价值与特色,掌握水域风光类导游词的创作方法,能够针对具体水域风光类景区景点进行导游词创作。

一、水域风光的认知

(一)水域风光的含义

　　水域风光是水体及所依存的地表环境构成的景观或现象,以水体为中心,在地质地貌、气候、生物及人类活动等因素的配合下,形成不同类型的水体景观。水域风光以其独特的自然美、动态美等美学特征,为游客提供了视觉上的享受和心灵的愉悦,使得水域风光成为各类旅游景区中不可或缺的构景要素,增强了旅游景区的吸引力。

（二）水域风光的类型

根据国家标准《旅游资源分类、调查与评价》（GB/T 18972—2017），水域风光包括5个亚类和13个基本类型。

（1）河系，包括游憩河段、瀑布、古河道段落。

（2）湖沼，包括游憩湖区、潭池和湿地。

（3）地下水，包括泉和埋藏水体。

（4）冰雪地，包括冰雪地和现代冰川。

（5）海面，包括游憩海域、涌潮与击浪现象、小型岛礁。

海滨风光

（图片来源：编者拍摄）

（三）水域风光的功能和价值

1.审美功能

水域风光的审美功能是其作为旅游资源的重要价值所在，为游客带来独特的审美体验和精神享受。通过展现形态美、动静态美、色彩美、声音美等方式，让游客的五感得到放松和享受，感受到大自然的神奇和魅力，从而引发对自然的热爱和赞美之情。

在形态美上，水体独特的形状和轮廓给人以视觉上的冲击和享受，如江河的蜿蜒流淌、湖泊的广阔平静、瀑布的飞泻而下、海洋的波澜壮阔等。

在动态美上，水体的流动、变化的姿态充满了活力和魅力，呈现出勃勃生机。例如，长江奔腾千里展现出一种强大而不可阻挡的力量美；钱塘江汹涌的潮水如万马奔腾，形成令人惊叹的壮观景象。水体又是平静的，具有静态美。例如，杭州西湖像一面平滑的镜子，周边的山峦、亭台楼阁倒映其中，构成了一幅优美的画卷，体现出宁静之美。

水体的颜色还会随着光线、季节和周围环境的变化呈现出多样的色彩之美。例如，海水有碧绿或深蓝等多种颜色；湖泊在不同的天气条件下，会呈现出碧绿、浅蓝甚至金色。九寨沟的五花海在阳光的照射下，湖水会呈现出五彩斑斓的颜色，如梦似幻。

水体还能给游客带来独特的听觉享受。潺潺的溪流声、汹涌的海浪声、轰鸣的瀑布声都各具特色。例如,瀑布发出的震耳欲聋的轰鸣声,让人感受到大自然的磅礴力量;小溪发出的清脆悦耳的流水声,给人带来宁静和舒缓的感受。

水域风光的审美功能还体现在能够为游客提供心灵的愉悦和放松。面对美丽的水域风光,游客可以放下烦恼和压力,感受宁静和安详,让身心获得愉悦的享受。

水域风光的动静之美
(图片来源:编者拍摄)

2. 生态价值

水域风光不仅是自然生态系统的重要组成部分,还具有净化水质、维护生物多样性的生态价值。水域风光还可以调节景区生态环境,能够降低噪声、增加空气湿度、调节温度,为游客提供一个更加舒适的游览环境。

水域是众多水生生物和部分湿地生物的栖息地,水域风光有助于维护生物多样性,维持生态系统的稳定和平衡,也为游客提供丰富的观赏内容,增加旅游体验的深度和广度。

3. 文化价值

水域风光蕴含着丰富的文化内涵。水体及其周边环境的形成与演变,往往与人类历史、文化和社会活动紧密相连,成为文化内涵的物质载体。同时,人们也通过民俗风情、文学艺术等多种形式赋予了水域风光独特的人文魅力。例如,青海湖的美不仅在于自然风光,还在于它所蕴含的文化内涵。青海湖边藏族、蒙古族聚族而居,创造出独特的民俗文化。又如,江南地区"小桥流水人家"的景致描绘出独特质朴的水乡风情。

·思政启发

江南水乡不仅风光秀丽、历史悠久,还蕴含独特的人文精神。细腻的情感、深厚的儒家文化和强烈的社会责任感,共同构成了江南的文化风骨和精神追求。

4. 体验功能

水域风光空间大、环境适宜,可以开展丰富多彩的体验性活动,如划船、漂流、垂钓等,增强游客的参与性、互动性和体验性,丰富旅游活动,提升旅游景区的娱乐性和趣味性。

知识活页
Zhishi Huoye

空气负离子

空气负离子是大气中带负电荷的单个气体分子和轻离子团的总称。在自然生态系统中,森林、高山、瀑布周围的空气负离子浓度最高。通常,森林覆盖率越高,空气负离子浓度也就越高。例如,截至2024年,武陵源核心景区森林覆盖率已达98%,每立方厘米空气中负离子数高达10万个。空气负离子已成为生态旅游新热点。

(四)典型水域风光的成因和特征

1. 瀑布

瀑布是从河床纵断面陡坡或悬崖处倾泻而下的水流。不同的成因会形成不同的瀑布类型。

软硬岩石对流水侵蚀的抗蚀力不同,会形成河床纵剖面上的岩坎,从而形成河流瀑布。黄果树瀑布就是这种瀑布的典型代表。

断层的不均衡升降运动,会造成河床纵坡面天然不连续,继而形成瀑布。由于河流所处位置不同,瀑布可分为地上瀑布和地下瀑布。地上瀑布可以在任何岩性的山地,如庐山、黄山上的瀑布;而地下瀑布只形成在石灰岩分布区,如贵州龙宫风景名胜区中的瀑布。

火山的喷发物、地震崩塌或者泥石流等阻塞河道,使得上游水位提高,也会形成瀑布,如黑龙江镜泊湖吊水楼瀑布。

2. 湖泊

湖泊的形成是多种自然和人为因素共同作用的结果,不同成因会形成不同类型的湖泊。

构造湖是由地壳内力作用,包括地质构造运动所产生的地壳断陷、坳陷和沉陷等形成的构造湖盆,经贮水而形成的湖泊。构造湖通常面积较大,形态不规则,湖岸陡峭且沿构造线发育,湖水一般都很深。例如,青海湖是我国面积最大的高原内陆湖,位于青藏高原东北部,是一个典型的构造断陷湖。

火山口湖是火山喷发后,岩浆喷涌至空中或地表,冷却后形成封闭的洼地,积水成湖。火山口湖外形似圆形或马蹄形,面积不大但湖水较深。例如,吉林省的长白山天池,是我国最深的火山口湖。

堰塞湖是由火山熔岩流、冰碛物或地震活动致使山体岩石崩塌等原因引起的山崩滑坡体堵截山谷、河谷或河床后贮水而形成的湖泊。例如,黑龙江的镜泊湖就是由火山熔岩堵塞牡丹江而形成的。

冰川湖是由冰川挖蚀形成的坑洼和冰碛物堵塞冰川槽谷积水而成的湖泊。冰川湖多分布在高海拔地区,湖盆平面形态呈长条状,湖岸平缓。例如,位于四川省甘孜藏族自治州的新路海是著名的冰川湖,其水源由雀儿山冰川和积雪消融供给,湖尾流出的溪流为措曲河源头之一。

河成湖是由于河流摆动和改道而形成的湖泊。河流在迁徙摆动过程中,天然堤堵塞支流或河流本身被外来泥沙堵塞,水流不畅,从而积水成湖。河成湖的形态受河流水量变化影响较大,丰水期扩大,枯水期缩小。例如,洞庭湖都是由于河流改道和泥沙淤积而形成的湖泊。

风蚀湖是风蚀洼地积水而形成的湖泊。风蚀湖多分布在干旱和半干旱地区,湖水较浅,面积、大小、形状不一,多为咸水湖。

溶蚀湖是地表水及地下水溶蚀了可溶性岩石(如石灰岩)而形成的湖泊。其形状多为圆形或椭圆形,湖水一般较浅。

3. 泉

泉是地下水的天然露头。

由于泉水出露地表方向的不同,它可分为下降泉和上升泉。上升泉是指地下水受到自身和地层的压力很大,当遇到空隙、裂隙等通道时便涌出地面的泉。上升泉的特点是泉水从地下向上涌冒,翻水花,冒气泡。上升泉的观赏效果较佳,其中喷泉和涌泉较有代表性。下降泉是指由潜水含水层补给的泉,上部没有隔水层,降雨时水很快下渗补给地下水,泉水从泉口自由流出或慢慢溢出地表。

按水流状况,它可以分为间歇泉和常流泉。间歇泉的泉水喷涌和停歇呈周期性变化,大多数每隔一定时间就会喷出一次热水柱或汽柱,如我国西藏日喀则地区的间歇泉;常流泉的泉水持续不断地流出地表,如济南的趵突泉。

4. 潮汐景观

潮汐景观是海水受引力作用而出现的涨落现象。在狭窄的喇叭形海湾或河口,潮差很大,伴随潮起潮落,出现壮观的涌潮。涨潮时,宽阔的湾口或河口涌进大量海水,湾口或河口的宽度渐渐变窄,潮水涌积,潮面升高,形成高耸的水墙,发出雷鸣般的响声,气势雄伟,景象壮观。例如,钱塘江涌潮。每年农历八月十八是钱塘江口全年最大潮发生的时间,形成后浪推前浪、汹涌澎湃、排山倒海的天下奇观。

·思政启发

潮涨潮落现象不仅展现了自然界中永恒的变化规律,更似一位导师,促使学生在研学过程中认识到生活中的变化是常态,从而培养自己的适应能力和创新精神,以在不断变化的社会环境中找到自身的发展方向。

二、水域风光类导游词的创作

(一)水域风光导游词的创作方法

水域风光的美学特征是自然山水审美的重要方面,我们在对水域风光进行导游词创作时,要详细描绘出水之美、水之韵,引导游客深入体验水域风光的独特魅力。

1.突出水域风光的地位和价值

阐述水域风光的独特地位以及它的各种价值,如生态价值、历史文化价值、经济价值、美学价值等,以激发游客的兴趣和好奇心。

其一,要强调特色,清晰明确地说明该水域风光在同类景观中的独特之处,如罕见的地质构造、独特的水色或是与众不同的周边景观,以突出水域风光的地位。如介绍西湖时,导游可以把西湖与其他湖泊相比,凸显它独特的景观布局和深厚的文化积淀。导游可以将水体与周围的景观进行对比,突出其独特性,如甘肃鸣沙山的月牙泉被周围的沙漠所环绕,形成了一种"沙丘抱泉,泉映沙丘"的独特景观。

其二,要深入挖掘水域风光的生态价值、历史价值、经济价值等,展现水域风光的作用和影响力。例如,鄱阳湖是众多候鸟的栖息地,对维护生物多样性有着至关重要的作用;洱海见证了南诏国的兴衰,承载着丰富的历史记忆和文化传承;京杭大运河在古代是重要的漕运通道,促进了沿线地区的经济交流与发展。

这样的描述能让游客充分认识到水域风光的重要地位和巨大价值,激发他们的兴趣和好奇心。

2.用生动形象的语言展现水域风光之美

在导游词创作中,要善于运用生动形象的语言描述水域风光的各种美。形态美,如湖泊的独特形状、瀑布的壮观形态等;色彩美,如五彩斑斓的湖水;声音美,如瀑布的轰鸣声、溪流的潺潺声;动态美,如海浪的澎湃、江水的奔腾等。

其一,在词句描述上引导游客通过视觉、听觉等感官来直观地感受水体的形态、颜色、动态、声音等。例如,平静无波的湖面、湛蓝的湖水颜色以及溪流的潺潺声等表达,可以让游客在第一时间形成美的印象。

其二,在修辞手法上运用比喻、拟人等方法,赋予游客丰富的想象,让游客产生美的联想。如描绘形态美时,可以这样说:"这条河流宛如一条灵动的巨龙,蜿蜒穿梭于山谷之间。它时而宽阔平缓,如同一面巨大的镜子,映照着蓝天白云;时而狭窄湍急,奔腾呼啸着冲过巨石,溅起朵朵白色的浪花。"这样生动形象的描述能让游客想象出河流多变的形态。如描绘听觉美时,可以这样说:"还未见到瀑布,就先听到了它那震耳欲聋的轰鸣声,如同万马奔腾,又似雷霆万钧。当我们走近,那磅礴的声音更是响彻山谷,让人感受到大自然的雄伟力量。而在宁静的小溪边,溪水潺潺流淌,发出清脆悦耳的声响,宛如一首轻柔的摇篮曲,让人的心灵得到了极大的慰藉。"

此外,可以通过时间和天气,展现出水域风光的多样变化之美。例如,"清晨,阳光洒在湖面上,湖水呈现出如梦如幻的淡蓝色,仿佛与天空融为一体。傍晚时分,夕阳的余晖将湖水染成了橙红色,波光粼粼,美不胜收。在湖边,翠绿的水草和五颜六色的花朵相互映衬,为这片色彩斑斓的画卷增添了更多的生机与活力"。通过细腻、生动的描绘,游客能感受到湖泊的绚丽多彩。

描述与水体景观的距离,也可以展现出水域风光的多样变化之美。远观可以欣赏到水体与周边环境构成的整体画面,近看则能观察到水体的细节之美。例如,"站在高处俯瞰广阔的大海,能感受到大海的浩瀚无垠;站在溪边,能看到水中的游鱼和水草,感受到小溪的勃勃生机"。

意境美也是在创作水域风光类导游词时应该强调的美学特征。借助诗词、传说、故事等,营造出富有诗意和神秘氛围的意境,让游客在欣赏水体景观的同时,引发情感上的共鸣。以杭州西湖为例,"从远处眺望,西湖与周围的青山、古建筑相互映衬,形成一幅优美的画卷。漫步在湖边,微风拂过,湖水泛起涟漪,柳枝随风摇曳。'欲把西湖比西子,淡妆浓抹总相宜',赋予了西湖浪漫而富有诗意的意境"。

3. 体现水域风光的人文内涵

第一,深入挖掘与水域风光相关的历史故事和传说。如在介绍西湖时,讲述许仙和白娘子在断桥相遇的浪漫传说,可为西湖增添神秘而浪漫的色彩。

第二,介绍水域周边的古建筑和文化遗迹。如介绍京杭大运河沿岸的古老码头、桥梁以及它们所承载的漕运历史和商业文化。

第三,讲述当地居民与水体的紧密联系和独特的生活方式。如徽州人认为水是财富的象征,若在水流出入处,修建"水口",将水留住,能够为村子聚财。唐模景区是一个以水口园林和水乡景致为主要特色的皖南古村落旅游景区,水口园林檀干园建于村东,以桥、堰为关锁,以庙、亭、坊为镇物,以古树、花草为背景,融山水、田园、村舍于一体,形成了独特的建筑风格。这种水口的设计不仅具有实用功能,如蓄水、排水、灌溉等,还富有文化和审美价值,体现了徽州人对风水的讲究以及对自然的尊重和欣赏。

知行合一
Zhixing Heyi

宏村南湖、月沼

南湖位于宏村南首,建于明万历丁未年(1607年)。南湖呈大弓形,湖堤分上下层,上层宽4米,石板铺地,下层沿湖栽柳植杨。历史上,南湖历经了3次大修。如今举目望去,只见一湖碧水,半湖绿荷,湖畔柳枝婀娜,湖中画桥,横跨南北,将湖水分隔东西,湖周鳞次栉比的古民居及远处的群山倒映水中,雅致、清新。古往今来,许多诗人、画家游历南湖后创作了不少诗篇、画作,清代诗人汪彤雯曾写道:"无边细雨湿春泥,隔雾时闻水鸟啼,杨柳含颦桃带笑,一鞭吟过画桥西。"

　　月沼建于明永乐年间（1403—1424年），当时宏村76世祖汪思齐发现村中有一处天然泉水，冬夏不竭，汪思齐3次聘请海阳（今休宁）的风水先生何可达及族内高辈能人，"遍阅山川，详审脉络"，绘制出扩大宏村基址及进行村落全面规划的牛形水系蓝图。随后，众人凿引西溪水，通过九曲十弯的水圳，把水引入村中心天然井泉处，建池塘，将水用于防火、饮用、洗涤等日常所需。其后裔汪升平等人投资万余金，继续挖掘修建半月形池塘，完成了前人未完成的"月沼"。月沼为半月形，取"花开则落，月圆则亏"之意。塘水常年碧绿，塘面水平如镜，塘沼四周青石铺展，粉墙青瓦整齐有序分列四旁，蓝天白云跌落水中。你看那些老人在聊天，妇女在浣纱洗帕，顽童在嬉戏。塘中鹅舞红掌，鸭戏清波，空中炊烟氤氲，微风柔波。

　　（资料来源：根据网络资料整理。）

　　分析：

　　宏村引山泉入村，流经家家户户，不仅满足了居民的生活用水需求，还起到调节小气候、消防和美化环境的作用，形成了独特的景观，体现了"天人合一"的理念。今天，我们所践行的"绿水青山就是金山银山"的生态观，与"天人合一"的思想一脉相承，它提醒着我们在追求经济发展的过程中，必须重视生态环境保护，实现人与自然的和谐共生，真正实现可持续发展。

　　第四，介绍水域风光的诗词文化。如介绍洞庭湖时，引用刘禹锡的"遥望洞庭山水翠，白银盘里一青螺"，让游客更深刻地感受到洞庭湖的美丽和文化底蕴。

　　导游进行创作时，要注意对所介绍的水域风光的相关人文内涵进行深入、细致的研究，不仅要了解表面的故事和传说，还要探究其背后的历史背景、社会文化因素等。注重具体细节描述，避免使用笼统、模糊的表述。可适当融入自己的亲身感受和体验，让游客更能感同身受，也可引入当地居民的观点和生活故事，使人文内涵更具生活气息和真实感，还可以将该水域的人文内涵与其他地区进行对比和联系，以展现差异和特色。

　　水域风光的人文内涵不应局限于历史和传统文化，还可以涵盖现代的人文现象，如环保活动、艺术创作等。如介绍太湖时，可以提及近年来围绕太湖开展的生态保护行动。

　　4. 使用恰当的语言表达方式

　　适度抒发对水域风光的赞美和喜爱之情，以感染游客，避免使用平淡、毫无变化的语句，如"这里很美""水很清澈"等简单表达，但也不能夸张，如过度夸大水域风光的特点和价值，会让游客产生过高的期望，在实际游览时感到失望。

　　把握知识讲解的深度。既要提供一定的科学知识和地理背景，让游客有所收获，又不能过于深入和复杂，导致游客难以理解，应避免使用过多的专业术语。如"这条河

Note

流是由高山上的冰雪融水和降雨汇聚而成,在流经山谷和平原的过程中,不断侵蚀和塑造着周边的地形",就能够清晰说明河流的形成原因,清晰易懂,但如"河流在纵向上通过下切侵蚀、溯源侵蚀和侧向侵蚀来改变河道形态和流域地貌",就显得过于深奥,不适合普通游客。在讲解科学知识时,应避免使用冗长复杂的句子、有歧义或模糊不清的表述,以防游客产生错误理解。

可适当引入相关的文化传说和故事来增添趣味性,但不能过度偏离对水域风光本身的介绍;也可适当设置互动环节,如向游客提问或邀请游客分享感受,但不能过于频繁,以免影响讲解的连贯性。

(二)代表性水域风光导游词的创作

1. 湖泊——巢湖

巢湖,宛如一颗璀璨的明珠镶嵌在江淮大地之上。它是我国五大淡水湖之一,辽阔的湖面仿佛与天际相接,浩渺无垠。

站在湖边,放眼望去,那宽广的湖面在阳光的照耀下,波光粼粼,就像无数颗细碎的钻石在闪耀。微风轻轻拂过,湖面荡漾起层层涟漪,一波接着一波,轻柔地拍打着岸边,发出悦耳的声响。湖水清澈湛蓝,纯净得如同一块巨大的蓝宝石,又似一匹光滑柔软的绸缎,随风缓缓摆动。远处的山峦连绵起伏,它们的倩影倒映在湖水中,清晰而又梦幻。那虚幻与真实交织的画面,让人不禁陶醉其中,仿佛置身于一幅天然的水墨画卷之中。

天空湛蓝如洗,洁白的云朵悠然地飘浮着,它们在湖水中投下变幻的影子。随着时间的推移,阳光的角度不断变化,湖水的颜色也随之变幻,时而呈现出深邃的宝蓝色,时而又化作淡雅的浅蓝色,如梦如幻,美不胜收。

傍晚时分,夕阳的余晖将整个湖面染成了橙红色,霞光映照下,巢湖宛如一位娇羞的少女,蒙上了一层神秘而迷人的面纱。

巢湖还是众多候鸟的栖息地,每当季节更替,成群的候鸟在这里嬉戏觅食,为巢湖增添了勃勃生机。

巢湖周边物产丰富,渔业资源更是得天独厚。这里的鱼虾鲜美无比,是餐桌上的美味佳肴。湖畔的渔民们,靠着巢湖的恩赐,过着平静而又富足的生活。

2. 湿地——西溪湿地

西溪湿地,犹如一颗隐匿于繁华都市中的绿色宝石,散发着独特而迷人的魅力。

踏入这片湿地,您仿佛进入了一个宁静的世外桃源。纵横交错的河道,如蛛网般密布,清澈的河水缓缓流淌,奏响着自然的乐章。河面上,小船悠悠,摇曳着前行,带您穿梭于葱郁的绿树之间。

这里植被丰富多样,绿树成荫,绿草如茵。高大的树木伸展着枝丫,为您遮挡炎炎烈日;低矮的灌木丛中,花朵争奇斗艳,散发出阵阵芬芳。漫步其间,清新的空气扑面而来,让您的每一次呼吸都仿佛是在与大自然亲密拥抱。

西溪湿地还是鸟类的天堂。您看,那天空中不时飞过的鸟儿,它们或成群结队,或独自翱翔。有的在枝头欢唱,有的在水面嬉戏,给这片宁静的湿地增添了无限的生机与活力。

湿地中的古建筑,承载着岁月的痕迹,诉说着过去的故事。白墙黑瓦,古朴典雅,与周围的自然景观相得益彰。

在这里,时间仿佛放慢了脚步,让您可以静下心来,聆听自然的声音,感受内心的宁静。无论是与家人一同出游,还是与朋友结伴而行,西溪湿地都能为您带来难忘的美好时光。

3. 河流——漓江

漓江,位于中国广西壮族自治区东北部,是珠江水系的一部分,以独特的山水风光和悠久的历史文化而闻名遐迩。

漓江发源于猫儿山,这座海拔2142米的山峰,被誉为"华南第一峰"。江水由北向南流淌,途经桂林、阳朔等地,最终汇入西江。漓江全长约164千米,沿途风景如画,被誉为"百里漓江,百里画廊"。

随着游船缓缓前行,大家可以看到两岸山峰挺拔,形态各异,有的如大象饮水,有的似狮子咆哮,还有的像笔架矗立。江水清澈见底,碧绿如玉,倒映着两岸的青山,美不胜收。其中,象鼻山以其独特的造型成为桂林的标志性景点,而"黄布倒影"更是漓江的精华景点。清澈的江水与米黄色的河床相映成趣,宛如一幅精美的水墨画。

漓江的形态犹如一条优雅的绸带,轻轻地环绕着座座青山。有的地方,江水宽阔平静,宛如一面巨大的宝镜,倒映着两岸奇峰罗列的美景;有的地方,河道狭窄,水流湍急,形成了一个个漩涡和急流,充满了动态之美。漓江的色彩更是变幻无穷。晴天时,江水清澈碧绿,仿佛一块无瑕的翡翠;雨天时,烟雨朦胧,江水变得更加深邃神秘,呈现出一种朦胧之美。而那漓江的声音,也是一首美妙的交响曲。江水轻轻拍打着岸边的礁石,发出清脆的"啪啪"声;竹筏划过水面,传来"哗哗"的声响;还有那远处传来的船夫悠扬的歌声,交织在一起,让人心醉神迷。

除了自然风光,漓江还承载着丰富的历史文化。早在古代,漓江就是岭南地区的水上交通要道,无数文人墨客在此留下了脍炙人口的诗篇。同时,漓江沿岸还分布着众多古建筑、古村落、古镇、古寨,这些历史遗迹见证了漓江地区的沧桑巨变。

4. 瀑布——庐山瀑布群

庐山瀑布群中最著名的是三叠泉瀑布。三叠泉瀑布由大月山、五老峰的涧水汇合而成,水流经过三级大盘石,形成三叠而下,如丝如缕,美不胜收。上级如飘云拖练,中级如碎石摧冰,下级如玉龙走潭,气势磅礴,雄伟壮美。站在瀑布前,您会感受到水珠如精灵般在周围飞舞,带来一阵阵清凉的惬意。

除了三叠泉,庐山瀑布群还包括石门涧瀑布、黄龙潭和秀峰瀑布等,每一处都各具特色,美不胜收。瀑布群中的水流或湍急或平缓,或如丝如缕,或如龙腾虎跃,共同构成了庐山瀑布的壮丽画卷。

视频

盘锦红海滩国家风景廊道(2021年全国职业院校技能大赛高职组"导游服务"赛项二等奖,安徽工商职业学院)

Note

唐代大诗人李白曾在此留下"日照香炉生紫烟,遥看瀑布挂前川。飞流直下三千尺,疑是银河落九天"的千古绝唱,生动地描绘了庐山瀑布群的壮丽景色。

5. 泉——趵突泉

趵突泉位于山东省济南市历下区,被誉为"天下第一泉"。

趵突泉,三窟并发,声如隐雷,泉水若轮般喷涌而出,您看那三眼泉水,日夜不停地向上喷涌,水花四溅,发出"咕嘟咕嘟"的声音,形成了"趵突腾空"的壮观景象。泉水清澈见底,温度常年保持在18℃左右,即使在寒冷的冬季,水面上也会升起一层薄雾,与周围的亭台楼阁、雕梁画栋相映成趣,构成如诗如画的人间仙境。

趵突泉历史悠久,文化底蕴深厚。历代文人墨客都曾在此留下足迹和诗篇。北宋文学家曾巩曾用"一派遥从玉水分,暗来都洒历山尘"来描绘它的美妙。清朝康熙皇帝南游时,观赏了趵突泉,兴奋之余题下了"激湍"两个大字。

这里的景色四季各异。春天,泉边的垂柳依依,嫩绿的柳丝轻拂水面,仿佛在与泉水共舞;夏天,泉水清凉宜人,周围绿树成荫,是避暑的绝佳之地;秋天,金黄的树叶飘落泉中,为泉水增添了一抹诗意的色彩;冬天,泉水上方热气升腾,仿佛仙境一般。

在趵突泉的周边,还有许多小泉眼,如漱玉泉、金线泉等。漱玉泉的泉水清澈见底,相传著名女词人李清照曾在此梳妆。金线泉澄澈见底,池心浮漾一道水线波纹,映日凝望,宛如一条金线,若隐若现,神奇无比。

(三)水域风光类景区导游词赏析

水域风光类景区导游词范例如下。

荔波漳江风景名胜区

各位团友大家好,欢迎大家做客我们美丽的贵州省黔南布依族苗族自治州。荔波是中共一大代表邓恩铭的故乡。荔波樟江风景名胜区位于贵州省南部荔波樟江县境内,在2007年与茂兰喀斯特森林自然保护区同时作为"中国南方喀斯特"的重要组成部分,被评为世界自然遗产,被誉为"地球腰带上的绿宝石"。景区由小七孔景区、大七孔景区、水春河景区及漳江田园风光带构成。今天我们主要游览的是小七孔和大七孔两个景区。

小七孔景区的招牌景点是这座小巧玲珑的小七孔古桥,该桥位于景区东大门之首,建于清道光年间,从前为荔波通往广西的交通要道。桥畔有一块"万古兴桥"碑,刻有"群山岩浪千千岁,响水河桥万万年"之句。

接下来我们要浏览的是68级跌水瀑布和拉雅瀑布。如果说西藏的高原、天空、藏佛教洗涤着每个人的心灵,那么我们的荔波则以世外桃源般的纯洁和清幽让我们忘却所有的压力。68级跌水瀑布是自然界的清唱,拉雅瀑布是华丽的噪音,它们共同构成了一幅绝妙的立体交叉瀑布群景观。多年来令到此游览的游客流连忘返。

龟背山原始森林,因其漫山野生着无数龟背竹,故得名。此山有"三绝":

一是林中的古藤缠绕,恰似人工搓绞的麻绳,殊为奇特;二是山中树根又粗又长,如游动的巨蟒,使人咋舌;三是林中有一块巨石悬空,使人诧异。

水上森林,亦名瑶池,分为上、中、下三段,河谷里生长着茂密的乔木的灌木,形成一道翡翠屏障。这片森林的奇特就在于这里千百株树木都根植在水中的顽石上,又通过顽石扎根于水底的河床,这些无生命的石与有生命的树紧紧相拥,构成了"水中有石,石上有树,树植水中"的自然奇迹。穿越重重森林,您会惊奇地发现两片湖水静静地躺在森林的怀抱中。没错,这就是闻名遐迩的鸳鸯湖了。湖水面积约20公顷①,水深约40米,湖底呈漏斗状,而湖面呈现出缤纷绚丽的色彩,浓淡变换不已,仿佛是情人流动的眼波,引人入胜。每当阳光透过林荫,树影波光交织,山风拂来,林啸声、水流声、鸟鸣声悦耳旷心,令人陶醉。

卧龙潭,原名翁龙潭。它是喀斯特暗河——卧龙河的出口处。暗河从崖底涌出,潭面不见踪影,唯有坝上的瀑布倾泻而下。那瀑布远观恰似银珠之帘垂挂于谷间,其磅礴气势与十丈洞的美人梳瀑布相比有过之而无不及。而一旁的悬崖峭壁更为其平添了几分雄浑壮阔的意境。

现在我们来到的是大七孔景区。大七孔桥又名双溪桥,位于景区之首,景区之名因桥而得。大七孔景区是以原始森林、峡谷、伏流、地下湖为主体的景区。其主要景点有大七孔桥、梦塘、山神峡、天生桥等。险峻神奇、气势磅礴,是大七孔景区的显著个性。我们沿着方村河继续往前走,可以看见喀斯特地貌奇观之一的天生桥。桥高60米,桥孔宽20米,桥下湍急的水流形成一道道瀑布,桥孔下遍布形态各异的钟乳石,桥侧长满灌木花草,给人一种古朴自然的感觉。

水春河,宁静、清幽、富有诗意,泛舟绿水白云间,宛如在画中游,漂流于湍浪翻卷的急流险滩,您会体验喧嚣、惊险、刺激,充满激情,沿途景色美丽,野趣无穷,人称"小桂林"。

好了。我们今天的荔波之旅也就到此结束了。

赏析:

本篇导游词对荔波樟江风景区的地理位置、组成部分以及大小七孔景区等景点进行了详细准确的介绍,包括小七孔桥的历史背景、68级跌水瀑布和拉雅瀑布的特点、龟背山原始森林的"三绝"、水上森林的奇特景观,以及鸳鸯湖的面积和特点等,为游客提供了丰富的信息。运用了生动的语言来描绘景区的风光,如"它们共同构成了一幅绝妙的立体交叉瀑布群景观"和"这些无生命的石与有生命的树紧紧相拥,构成了'水中有石,石上有树,树植水中'的自然奇迹"等,渲染了景区的宁静和美丽,使游客能够感

---

① 1公顷等于10000平方米。

受到景区的美丽和神奇。

但导游词中缺乏与游客的互动环节,没有引导游客参与或提问,可能会使游客在听讲解的过程中较为被动。对景区的文化内涵挖掘不够,使得导游词在文化层面上略显单薄。部分语句略显冗长,如:"龟背山原始森林,因其漫山野生着无数龟背竹,故得名。此山有'三绝':一是林中的古藤缠绕,恰似人工搓绞的麻绳,殊为奇特;二是山中树根又粗又长,如游动的巨蟒,使人咋舌;三是林中有一块巨石悬空,使人诧异。"可以进行适当精简,使表达更加简洁明了。

任务三 生物景观类导游词创作

任务描述

本任务对生物景观类资源的特点进行了较为全面的介绍,梳理了生物景观的特色,进而说明了如何创作此类导游词。

任务目标

了解生物景观的含义和类型,掌握生物景观类导游词的创作方法,能够针对具体生物景观进行导游词创作。

一、生物景观的认知

(一)生物景观的含义

生物景观是指由生物群体构成的总体景观、个别具有珍稀品种或奇异形态个体的景观。它涵盖了各种各样的植物、动物及微生物等形成的景观,如广袤的森林、繁茂的草原、绚丽多彩的花园、神秘的热带雨林、珍稀野生动物的栖息地、各种鸟类的聚集区、奇妙的海底世界等。

它既可以单独成景,也可以与山地、水体、建筑等组合成各种大型景区景点。我国的生物资源十分丰富,几乎每个城市及周边地区都有野生动物园、植物园、自然保护区等。

生物景观不仅具有观赏价值,还对维持生态平衡、推动科学研究及促进文化传承等方面具有重要意义。它是自然生态系统的重要组成部分,也是人们感受大自然魅力、了解生命多样性的重要窗口。

(二)生物景观的类型

根据国家标准《旅游资源分类、调查与评价》(GB/T 18972—2017),生物景观包括

2个亚类和8个基本类型。

(1)植被景观,包括林地、独树与丛树、草地、花卉地。

(2)野生动物栖息地,包括水生动物栖息地、陆地生物栖息地、鸟类栖息地和蝶类栖息地。

洛阳牡丹

(图片来源:编者拍摄)

二、生物景观类导游词的创作

(一)生物景观类导游词创作方法

1.厘清导游词的结构

生物景观的观赏和游览往往以一个整体性的景区为载体,再重点观赏其中个别珍稀品种或者特色动植物。因此,在创作导游词时,要注意结构清晰、重点突出、详略得当。

此类导游词的结构可以分成两大部分。

第一部分主要介绍生物景观所在区域的概况,包括地理位置、面积、整体特色、生物景观的种类等。

例如:南京红山森林动物园坐落于南京城北,东望紫金山,南临玄武湖,森林掩映其中,这里居住着来自世界各地的260余种3000余只珍稀野生动物。亮点场馆有大熊猫馆、本土物种保育区、中国猫科馆、狼馆、虎馆、考拉馆等。动物园不仅定期开展科普讲解活动,还积极践行现代动物园"科普教育"的重要价值,致力于增强大众保护野生动物及生态环境的意识和行动力。

又如:皇藏峪国家森林公园位于安徽省宿州市萧县东南部,属暖温带季风气候区,植被类型主要为暖温带落叶阔叶林。这里冈峦起伏,林木参天,岭上坡下,繁衍着松柏、黄桑、青檀等各种木本植物,以及数百种草本植物,并有多种鸟类在此栖息,还生存着水獭、黄鼬、狐狸等动物,是淮北地区能反映历史上生物群落面貌的区域,具有重要的科研价值。

　　导游词第二部分则对重要的生物景观进行讲解介绍。这部分内容要具体准确描绘生物景观的名称、种类、特征、习性、颜色、大小、行为等，描述时要突出生物景观的独特之处，如独特的外在形态、罕见的行为或独特的生存技能，激发游客的好奇心。

　　例如：六带犰狳属于犰狳科。它头前部尖而顶扁平，背上有坚硬的背甲，可以抵御袭击者的攻击。身体中段有6个环状条带，连接分开的前后两段身体，以便于身体活动。遇到危险，它便会用爪子抓住地面，将自己保护起来。它还有强壮的四肢和锋利的爪子，每个爪子上有5个脚趾，是挖洞高手。

　　又如：皇藏峪国家森林公园的独特地理环境为青檀的生长提供了优越的条件。青檀是落叶乔木，树皮呈灰色或深灰色，有纵裂。叶子为宽卵形或长卵形，有光泽，边缘有锯齿。青檀的花期为3—5月，果期为8—10月。青檀喜欢阳光充足、温暖湿润的环境，通常生长在海拔100—1500米的山谷、溪边或山坡上。

知识活页
Zhishi Huoye

宣纸的制作材料

　　宣纸是传统手工纸的典型代表，其制作原材料为榆科落叶乔木青檀的树皮和精选的沙田稻草。青檀树皮纤维与沙田稻草纤维互为支撑，造就了宣纸"墨韵万变""纸寿千年"的突出特性。泾县的山地多属喀斯特山地，适合青檀生长。这里生长的青檀具有皮质嫩、纤维均匀丰富、易提炼和成浆率高等特点，其细胞壁内腔大，细胞壁表面有皱褶，吸附性强，是宣纸润墨性能优良的主要原因。

2. 强调生态保护教育

　　生物景观对维持物种多样性和生态平衡，调节气温和湿度，减轻气候变化的影响，减少水土流失，防止土地沙漠化和泥石流等灾害有着至关重要的作用。丰富的生物景观也为物种起源、生物进化、生态适应性研究提供了珍贵资料。因此，保护生物景观意义重大。我们在创作导游词时要强调对生物景观的尊重和保护，让游客了解生物的多样性和生态系统的复杂性，深刻认识到大自然的宝贵和脆弱，从而激发内心对环境保护的责任感和使命感，增强环保意识，加强环保教育，进而提升公众的环保素养。

　　例如：江豚，是长江里的"微笑天使"。它们有着圆滚滚的身躯，头部钝圆，看起来十分憨态可掬，嘴角总是微微上扬，仿佛一直在对着我们微笑。江豚主要栖息在长江及其支流中，鱼类是它最爱的食物。江豚是一种极其聪明和敏感的生物。它们在水中游动时，身姿灵活，时而跃出水面，时而潜入水底，展现出优美的姿态。江豚是长江生态系统的重要指示物种。它们的生存状况反映了长江生态的健康程度。保护江豚，其实就是在保护长江的生态平衡，维护整个生态系统的稳定。然而，受人类活动的影响，比如过度捕捞、水利工程建设、水污染等，江豚的数量急剧减少，已经处于濒危的状态。

我们要保护江豚,帮助它们恢复和壮大种群,推动生态环境持续改善,共同打造我们的美好家园。

3. 增加互动环节

生物景观的导游词创作,不能一味地讲解介绍,可以设计互动环节,提高游客对生物景观的兴趣和理解,让游客更积极地参与到导游词讲解中,增强整个游览过程的趣味性和体验感。

例如,设计问答"大家猜猜这种植物一年能长多高"或者"你们觉得这种动物是靠什么来辨别方向的",以此引发游客的思考和讨论;鼓励游客用视觉、听觉、嗅觉等多种感官去感受生物景观,如"大家闻一闻这朵花的香气,谁能形容一下它的味道";还可以设计拍照打卡、分组探索等活动,提高游客的参与度。

(二) 生物景观类导游词赏析

生物景观类导游词范例如下。

天堂寨风景区

天堂寨风景区位于安徽省六安市金寨县西南部,是"华东地区最后一片原始森林"。天堂寨景观集山水风光之大全,有水景、山景、石景、云景和洞景等,享有"植物王国""动物乐园""云雾的海洋""清凉的仙庄"等美誉。

天堂寨风景区位于大别山北麓,它的南边与湖北省英山县、湖北罗田县接壤。景区总面积约120平方千米,呈南高北低之势,境内海拔千米以上山峰有25座,主峰天堂寨海拔1729.13米,为大别山的第二高峰。大别山不仅是安徽省和湖北省的交界山,也是长江和淮河的分水岭。景区现为国家地质公园、国家森林公园、国家级自然保护区、国家5A级旅游景区。

进入景区,我们还要换乘景区公交车。大家请跟我来,排队上车。我们前方的目的地是虎形地。现在我们走在景区的盘山公路上,大家看你们的左手边的山峰,它叫白马峰,海拔1480米,因山形像一匹骏马而得名,现在呈现在我们面前的是马的臀部。白马峰千米绝壁,万丈深渊;山脊上岩石裸露,雄奇险峻。每当暴雨过后,山谷中云雾升腾,就像一匹骏马奔驰在云海里,引发人们天马行空的想象。晴天时,阳光照射在岩壁上,可以形成"马鞍夕照"等独特景观,十分壮美。看,那是白马峰栈道,游人可以通过栈道直达白马峰峰顶,栈道倚绝壁而建,让人望而生畏。

相信大家已经隐约听到隆隆水声。没错,前方正是天堂寨的第一道瀑布。这一道瀑布叫九影瀑,山泉水从70余米的高空落下,如同一条白练,落入深潭之中,极为幽静秀美。瀑布后岩壁上的岩脉蜿蜒曲折,像一只老鹰,又像一条盘龙。常言道:"山不在高,有仙则名,水不在深,有龙则灵。"这里空气负离子含量非常高,是天然的"氧吧"。

我们从右边木栈道继续前进,大家加油!好,上来以后我们就来到了第二道瀑布,第二道瀑布叫作垂帘瀑。第二道瀑布有一个亮点,请大家抬头,这是一棵巨大的毛栗树,大家来找一找亮点在哪里?没错,在毛栗树树干中间长出了一株小松树。这种独特的现象叫作"飞籽成林",它是山区植物繁衍的通常方法。这就是传说中的"节外生枝"了。

接下来我们看到的就是天堂寨的标志性景点——将军岩,也就是各位门票上印的风景,大家看,站在这个角度,可以看到对面崖壁上,斜靠着一尊人面侧身像,我们可以清楚地看到他的额头、眼睛、鼻子、下巴、胸脯,还有微挺的将军肚。就像一个气度不凡的常胜将军,他眼神坚定,仰望蓝天,多么骄傲,多么英武。大家都知道,咱们金寨县是"红军摇篮""将军故里",全县共有59位开国将军,其数量之多位居全国第二。革命年代,我们的先辈摸爬滚打,在枪林弹雨中打下了江山,建立了中华人民共和国。他们的牺牲与奉献值得永远铭记,我们更应该知道和平来之不易,应该加倍珍惜。

到这里,今天天堂寨之旅就全部结束了。非常感谢大家一路上的配合和理解。最后,祝各位在今后的生活里,万事顺意,安康和美。

赏析:

本篇导游词在介绍天堂寨的山水风光时,自然地融入了对生物景观的描述,使游客在欣赏自然美景的同时,了解到这里有丰富的生物资源。另外,导游词中提到了景区内的一些独特生物现象,突出了生物景观的特色和趣味性。

在介绍将军岩时,与金寨县的历史文化相结合,使生物景观与地方文化相融合,增加了导游词的文化内涵。对景区生态环境的描述,能够提醒游客珍惜和保护这里的自然环境,增强游客的环保意识。

但整篇导游词中,对生物景观的具体介绍较为简略,更多地侧重于山水风光和历史文化的讲解,生物景观的部分不够丰富和详细。没有具体列举一些珍稀的动植物,以及它们的生态特征和分布情况,游客对生物多样性的了解不够深入。因此,导游需要进一步加强对生物景观的详细介绍和互动体验,以更好地满足游客了解和欣赏生物景观的需求。

任务四　天象与气候景观类导游词创作

任务描述

本任务对天象与气候景观的特点进行了较为全面的介绍,梳理了天象与气候景观的特色,进而说明如何创作该类型的导游词。

Note

任务目标

了解天象与气候景观的含义和类型,理解不同类型天象与气候景观的价值与特色,掌握天象与气候景观类导游词的创作方法,能够针对具体天象与气候景观进行导游词创作。

一、天象与气候景观的认知

(一)天象与气候景观的含义

天象与气候景观包括变化不定的气象景观、天气现象及不同区域的气候资源。它们结合岩石圈、水圈、生物圈旅游景观,再加上人文景观旅游资源的点缀,共同构成了丰富多彩的天象气候旅游资源。

(二)天象与气候景观的类型

根据国家标准《旅游资源分类、调查与评价》(GB/T 18972—2017),天象与气候景观具体包括2个亚类和5个基本类型。

(1)天象景观,包括太空景象观赏地、地表光现象。

(2)天气与气候现象,包括云雾多发区、极端与特殊气候显示地、物候景象。

(三)典型天象与气候景观的形成原因和特征

1. 云海

云海是温暖湿润的山区或山区温湿季节所出现的气象奇观。山地地形是形成云海的重要条件。山脉会阻碍空气的流动,使气流被迫沿山坡上升。随着海拔升高,气温逐渐下降,空气中的水汽因冷却达到饱和状态,故而凝结成云。温度差异也是形成云海的关键因素。昼夜温差较大时,夜间地面降温快,冷空气沿山坡下沉,迫使暖湿空气抬升。此外,雨季或湿度较大的季节,更容易形成云海。

我国的名山大多有规模不同的云海现象,其中黄山的云海较为壮观。黄山的云海,云量大,云雾变化快,云日多,每年约250天有云雾形成,瞬息万变的云海构成了黄山绝妙的动态美景。

2. 霞光

霞是一种大气光象,指日出或日落前后,在太阳附近的天空中出现的彩色光象。霞光可分为朝霞、晚霞。霞的色彩美是由于接近地平线的阳光经大气中的灰尘、水汽和气体分子散射后,剩下光波较长的红、橙、黄等色光。通常天边的云量越大,霞光的颜色越浓。骊山晚照、泰山晚霞夕照等都是著名的霞光景观。

3. 佛光

佛光是指太阳相对方向处的云雾上出现的围绕着人或物的影像的彩色光环。它是大气中的光通过折射、衍射而形成的一种奇观。佛光的形成和光照、湿度等因素有关。由于云雾日的多少以及空气湿度和大气稳定程度的不同,佛光出现的次数和

日落

（图片来源：编者拍摄）

美丽程度也就不同。峨眉山的佛光是这一景观的典型代表，峨眉山每年可以出现七八十次佛光，色彩也较鲜艳。

4. 雾凇

雾凇是低温时空气中水汽直接凝华或过冷雾滴直接冻结在物体上的乳白色冰晶沉积物。充足的水汽、足够的低温和稳定的大气环境是形成雾凇的主要条件。雾凇常呈毛茸茸的针状或表面起伏不平的粒状，多附在细长的物体或物体的迎风面上。林松花江畔"遍地玉树、满目银枝"的雾凇景观蔚为壮观。

5. 极光

极光是大气层中产生的复杂的发光现象，在地球南北两极附近地区夜晚的高空出现。大气、地球磁场和太阳风是极光形成的主要条件。极光形态丰富、色彩变化莫测。我国观赏极光的最好地点是黑龙江漠河。

6. 海市蜃楼

海市蜃楼又称蜃景，是地面或水面景物反射的光线，在大气中传播，发生折射和全反射而形成的奇幻景观。通常，水面上方多出现上现蜃景（正像），沙漠地带多出现下现蜃景（倒像）。我国知名的海市蜃楼观赏地是山东蓬莱。

二、天象与气候景观类导游词的创作

（一）天象与气候景观类导游词创作方法

1. 准确描述天象与气候景观

使用专业、准确的语言描述天象与气候现象，让游客能够明确了解所描述的景观类型，同时进行简单解释，确保游客能够理解专业术语。详细介绍天象与气候景观的颜色、形状、大小、亮度、声音、温度、湿度等特征和形成条件，将当前的天象与气候景观同其他类似景观进行对比，突出它的独特之处，为游客提供准确的观赏时间和地点。

2.语言表达要生动形象

运用丰富的语言技巧和表现手法,将天象与气候景观的美学价值生动地传递给游客,激发其想象力,引发其情感共鸣,进而唤起人们对自然的敬畏之心。

运用比喻、拟人等修辞手法将天象与气候景观具象化,更容易让游客产生共鸣。例如,将朝霞比作"天边的金色玫瑰",将云海描述为"如雪的白云像滔滔大海布满群山间",将日落形容为"夕阳慢慢地沉入地面,仿佛在与大地告别"。丰富的色彩和光影变化是天象与气候景观的一大特色,导游通过细腻的语言描绘日出时的橙红、晚霞的绚烂、星空的深邃,可以让游客仿佛置身于画卷之中。

(二)天象与气候景观类导游词赏析

天象与气候景观类导游词范例如下。

吉 林 雾 凇

欢迎大家来到吉林观赏誉满天下的雾凇。吉林雾凇以其"冬天里的春天"般诗情画意的美,与黄山云海、泰山日出、钱塘潮涌并称为"中国四大气象奇观",又与桂林山水、云南石林和长江三峡并称为"中国四大自然奇观"。"一江寒水清,两岸琼花凝",吉林雾凇以其纯洁、壮观、神奇的美,被广大中外游人誉为"冬季北国风光之最"。

雾凇,人们通常叫它"树挂"。中国是世界上有雾凇记载的最早的国家,早在公元前就已经有关于雾凇的记载。"雾凇"一词最早出现在南北朝时期,《字林》一书中将其解释为,"寒气结冰如珠,见晛乃消,齐鲁谓之雾凇"。而后又有"树冰"等提法,指的都是雾凇。那么吉林雾凇是怎样形成的呢?接下来就给朋友们介绍一下雾凇的成因。从吉林市区溯江而上,是著名的丰满水电站。大坝上方,是国家重点风景名胜区松花湖。每到冬季,尽管松花湖上一抹如镜、冰冻如铁,但冰层下面几十米深的湖水仍能保持4℃左右的温度,湖水从水轮机流出,水温和地面温差经常在30℃左右,这使得几十里江面不封冻。巨大的温差使江水产生雾气,江面上白雾袅袅,久不消散。沿江长堤上,苍松林立,杨柳低垂,在特定的气压、风向、温度等条件作用下,大量的雾气遇冷凝结在树枝上,便形成了雾凇。

吉林雾凇因得天独厚的自然条件,具有持续时间长、厚度大、出现频次高的特点。每年12月下旬到翌年2月底,是观赏雾凇的最佳时节。人们把观赏雾凇的过程形容为三个阶段,即"夜看雾,晨看挂,待到近午赏落花"。"夜看雾",是指在雾凇形成的前夜,观看松花江上出现的雾景。在夜晚10时左右,松花江上开始出现缕缕雾气,继而越来越大、越来越浓,江面蒸腾弥漫的雾气,渐渐笼罩了霓虹流转的楼宇亭台,恍如海市蜃楼、梦中的云海。"晨看挂",是说清晨起来看"树挂"。当冬天的朝阳冉冉升起,湿润的雾气结晶在江岸的树木、丛草之上,雪白晶莹的雾凇缀满了枝头,犹如一朵朵银菊、一条条珠链,和一江碧水相伴,与湛蓝天空相映,绵延百里,纵横阡陌,蔚为壮观。那么"待到近午赏落花"是指什么呢? 这是说观赏雾凇脱落的情景。一般在上午9时以后,阳光普照、微风吹拂,凝结在树枝上的雾凇开始脱落,一点点、一片片、一串串,纷飞的雾凇似雪花落到人们的头上、肩上,使人感到格外清新、凉爽。雾凇不仅给人们以美的享受,它还有许多独特的功能。气象学家认为,雾凇是天然的"清洁器"。这是因为雾凇具有净化空气的功能。雾凇形成之初,会产生一种叫"凇附"的现象,它可以吸附空气中的悬浮微粒,起到净化空气的作用。所以,人们在观赏雾凇时,会感到空气格外清新。

雾凇还是城市的"消音器"。当雾凇出现时,作为晶状体,它既有厚度和空隙,又结构疏松、密度较小,对音波反射率很低,所以能吸收大量的音波,为喧嚣的城市增添了一分幽静。

美丽的雾凇景观,将这座城市描绘装扮得婀娜多姿、分外妖娆,因风向和江岸走向不同,形成了不同特色的雾凇观赏带。一是松江路城市雾凇观赏带。其最大特点是沿江而行,人在城中,身临其境,适合伴着江雾在雾凇下悠闲漫步。二是阿什哈达郊野雾凇观赏带。该观赏带位于吉丰东线11千米处的阿什,雾凇出现频率较高。沿江上行,交通便利,树木整齐,雾凇壮观,曲路纵深,形成走廊,最适合旅游团队观赏。三是白山湖、红石湖水上雾凇观赏带。白山湖、红石湖地处高寒山区,遇低温雾气凝华于两岸树丛中,形成绵延38千米的雾凇奇观。四是北大壶高山雾凇观赏带。北大壶滑雪场的高山雾凇景观与绵延的群山交相辉映,吸引众多游客在体验冰雪运动的同时,沉浸式感受冬日盛景。五是雾凇岛岛屿雾凇观赏带。松花江的下游散落着几座美丽的天然小岛,由于独特的地理环境,小岛在冬天里常常被雾气笼罩,雾凇几乎天天降临此地。这里的雾凇洁白如玉,又格外厚重,持久不落,雾凇岛的美名由此而来。上万只野鸭栖息在岛上,伴着银凇红日,这般美景堪称奇绝。

从1991年起,吉林市政府以雾凇美景为载体,举办雾凇冰雪节。节庆期间,各种弘扬雾凇文化的活动丰富多彩。现在,雾凇冰雪节越办越好,以雾凇为主题的书法、摄影展和冬季龙舟赛、冰雪温泉节等一系列活动,为雾凇冰雪节增添了厚重的文化内涵。

赏析:

本篇导游词对吉林雾凇的形成原因进行了详细的解释,包括江水水温、温差、气压、风向等因素的作用,使游客对雾凇的形成有了更深入的了解。"夜看雾,晨看挂,待到近午赏落花"的观赏过程描述生动形象,让游客能够想象出不同时间段雾凇的美景。同时,对每个阶段的特点进行了具体的描绘,如"夜看雾"时江面蒸腾弥漫的雾气、"晨看挂"时雪白晶莹的雾凇与一江碧水、湛蓝天空相映的壮观景象等,增强了游客的观赏体验。此外,导游词中还介绍了雾凇的净化空气和消音的功能,使游客不仅能够欣赏雾凇的美丽,还能了解到它对环境的有益作用,增强导游词的知识性。同时,也对不同特色的观赏带进行了介绍,为游客提供了多样化的选择,满足了不同游客的需求,更加突出其独特的地位和魅力。

最后,导游词中还提到吉林市政府举办的雾凇冰雪节以及相关的文化活动,为雾凇景观增添了浓厚的文化内涵,使游客在欣赏自然美景的同时,也能感受到当地的文化氛围。

总体而言,这篇导游词从天象与气候景观的角度出发,全面、生动地介绍了吉林雾凇的特点、成因、观赏过程、功能以及相关的文化活动,使游客能够充分领略吉林雾凇的魅力,是一篇优秀的天象与气候景观类导游词。

任务五　自然风景类景区导游词讲解

任务描述

本任务介绍自然风景类景区导游词讲解的原则和具体技巧。

任务目标

了解自然风景类景区导游词的讲解原则,掌握其讲解技巧。

一、自然风景类景区导游词的讲解原则

(一)准确恰当

导游词的内容必须准确无误,尤其是涉及自然景观的地理、历史、生态等方面的信息。如在介绍黄山的海拔高度、地质构造时,要确保数据准确,让游客收获正确的知识。

(二)鲜明生动

通过生动的语言和形象的描述,使自然景观栩栩如生地展现在游客面前。比如,形容张家界的奇峰异石时,可以说"这些石头就像一群仙人聚会,有的站立,有的坐着,有的躺着,形态各异,惟妙惟肖"。

(三)风趣活泼

运用幽默风趣的语言,能增加导游词的趣味性,使游客在轻松愉快的氛围中欣赏风景。

(四)优雅文明

导游的语言应文明得体,避免使用粗鄙、低俗的语言。在介绍自然景观时,要体现出对大自然的尊重和敬畏之情。

（五）浅显易懂

使用简单明了的语言,让游客能够轻松理解导游词的内容。避免使用过于专业或晦涩的词汇,否则会让游客感到困惑。

（六）清楚圆润

发音清晰,语速适中,语调抑扬顿挫,使游客能够听清导游词的内容。

二、自然风景类景区导游词的讲解技巧

（一）确保正确、清晰的语言表达

1. 发音准确

准确、清晰的发音是讲解的基础,能够增强讲解的效果,让游客更好地理解和欣赏自然景观的美妙之处。吐字要清晰、发音要准确无误,尤其是在表述自然景观的众多专业术语时,不容有丝毫差错。

声音要铿锵有力、悦耳动听,具有强大的感染力,能够吸引游客的注意力。例如,"眼前的这些山峰,如剑指苍穹,雄伟壮观。大家看,那座石柱,宛如一位顶天立地的巨人,守护着这片神奇的土地"。导游应用洪亮且富有激情的声音讲解这段导游词,从而让游客能深刻感受到山峰的雄伟气势,仿佛身临其境。

2. 语调恰当

语调是语言表达的重要手段,它能更好地表情达意。语调轻重、高低、急缓等能够表达不同的思想情感。例如,表达坚定、豪迈或愤怒时,语气急促,声音较大;表达幸福、欣慰时,语气舒缓,声音较小。

自然风景类景区导游词内容较为专业、情感较为复杂,语调的选择和运用就显得尤为关键,要贴切、自然。导游应根据景观的特点和所要表达的情感,恰当地选择和运用语调,使语调与内容相契合,自然而贴切地表达出思想情感,增强讲解的感染力,让游客更好地领略自然景观的魅力。

例如,介绍泰山的雄伟壮观时,导游宜用坚定、豪迈的语调,配合稍大的音量和稍快的语速,以表达对泰山的崇敬之情,让游客感受到泰山的庄严与伟大;讲述桂林山水的秀丽景色时,导游宜用舒缓、轻柔的语调,音量可以稍小但要让游客能听清楚,以便游客更好地体会桂林山水的宁静与美丽;介绍黄河壶口瀑布时,导游宜用高亢、激昂的语调,配合稍大的音量和稍快的语速,从而让游客更好地感受到壶口瀑布的磅礴气势。

· 实训练习

请朗读以下导游词:

泰山,五岳之首,其巍峨雄伟的气势令人震撼!它不仅是中华民族的精神象征,更令无数文人墨客为之倾倒!

桂林的山水,如诗如画,美不胜收。那碧绿的江水,如翡翠般温润;那奇特的山峰,形态各异,宛如仙境。置身其中,让人感受到幸福与欣慰。

看,那就是黄河壶口瀑布! 奔腾的黄河水在这里怒吼着,一泻千里,其气势如万马奔腾,令人心潮澎湃!

(二)使用生动、灵活的语言

1.善用短句

短句简洁明了,易于表达和理解。例如,介绍泰山的自然风景时,可以说"泰山兼具雄、奇、险、秀、幽之姿,拥有天柱峰、日观峰、百丈崖等名胜。山中多松柏,显庄严;多溪泉,具灵秀。云雾缥缈其间,更显神秘"。

2.多用修辞

多用比喻、拟人、排比等修辞手法,使讲解内容更加生动形象。如"漓江的水真绿啊,绿得像一块无瑕的翡翠"。通过想象、对比等方式,可以更好地展现自然景观的神韵,游客更容易产生联想。

3.口语化

语言表达要注重口语化。讲解时,导游宜使用通俗易懂、贴近生活的语言,避免使用过于书面或晦涩的词汇和句子结构,避免冗长复杂的句子和多余的修饰。以简洁的语言传递核心信息,能使游客更容易理解和记住,快速抓住自然景观的重点和特色。例如,介绍熊猫的基本情况时可以说:"熊猫是咱中国的国宝,它长得圆滚滚的,特别可爱。身上主要是黑白两色,爱吃竹子。"

(三)讲解内容主次分明、详略得当

1.主题明确

对于自然风景类景区导游词的讲解,拥有明确的主题是非常重要的。自然景观内容庞杂,讲解前需要对其进行深入分析,从中提炼出一个清晰、独特的主题。这个主题应该能够贯穿整个讲解过程,使游客能够更好地理解和感受自然景观的魅力所在。如讲解黄山时,主题可以定为"黄山松之奇",然后围绕这个主题,详细介绍黄山的奇松:"朋友们,你们看,眼前的这些松树,它们形态各异,有的像迎客的主人,伸出手臂欢迎我们的到来;有的像沉思的老者,静静地立在那里,仿佛在思考着什么。它们每一棵都独具特色,让人惊叹不已。黄山松之奇,不仅体现在它们的形态上,还体现在它们的生长环境上,黄山松是从坚硬的花岗岩里长出来的,它们长在峰顶、长在悬崖峭壁、长在深壑幽谷,郁郁葱葱、生机勃勃。千百年来,它们就是这样从岩石中迸裂而出,树根深深扎进岩石缝,不怕贫瘠干旱,不怕风雷雨雪。"

2. 内容全面

讲解内容要完整、全面,帮助游客深入领略自然景观的魅力。讲解应以准确的内容为坚实基础,细致入微地向游客展示自然景观的各个方面,使游客对自然景观有全方位、深入的了解。如讲解九寨沟时,除了讲解九寨沟的五花海、五彩池、诺日朗瀑布等著名景点外,还应该讲解九寨沟的形成原因、水文特征、民俗文化等内容:"九寨沟的湖水之所以呈现出如此绚丽的色彩,是因为湖水中含有丰富的矿物质,在阳光的照射下会发生折射和反射。这里的瀑布群也是一大特色,它们是由地壳运动和水流侵蚀形成的。此外,九寨沟还保留着藏族的民俗文化,大家可以在这里感受到浓郁的民族风情。"

3. 重点突出、特色凸显

导游在讲解过程中,要善于把握自然景观的核心要素,将其重要部分和特色部分鲜明地呈现给游客。对这些关键部分进行详细且生动的描述,能够充分展示出自然景观的独特魅力。如讲解桂林山水时,可以重点突出漓江的清澈:"江水清澈见底,宛如一面巨大的镜子,倒映着两岸的青山绿树,让人仿佛置身于一幅美丽的山水画卷之中。"

4. 逻辑清晰

自然景观的讲解要有条理,按照一定的合理顺序进行阐述,以便游客能够清晰地了解自然景观。如山地型景点,按照登山的路线讲解是常见的逻辑。以泰山为例,从山脚开始,导游可以先介绍泰山的地理位置、历史文化背景以及它在中国人心中的神圣地位,为游客建立整体认知,然后沿着登山路线,依次介绍途中的景点。从红门宫到中天门,这是泰山的半程,中天门是一个重要的休息点,此时导游可引导游客在此休息并欣赏周围的山峦景色。继续向上攀登,到达南天门时,强调它是泰山的标志性建筑之一,最后来到泰山的最高峰——玉皇顶,引导游客俯瞰四周壮丽的景色,感受到泰山的雄伟。

(四)针对性讲解

导游应根据游客的特点和需求,有针对性地进行讲解。不同类型的游客对自然景观的关注点和兴趣点可能会有所不同,因此,导游需要根据游客的具体情况来调整讲解的内容和方式。比如为参加红色研学之旅的学生讲解井冈山时,可以从井冈山的地理位置、地形特点等方面深入分析其革命地位:"同学们,我们现在所在的井冈山,位于江西、湖南两省交界处,这里山峦起伏,地势险要。这种独特的地理环境为革命斗争提供了有利条件。井冈山的地形特点使得它易守难攻,便于开展游击战。在革命时期,毛泽东等老一辈革命家在这里建立了第一个农村革命根据地,点燃了'星星之火'。这里的崇山峻岭见证了无数革命先烈的英勇斗争,他们在这里坚守信念,为了人民解放付出了巨大的牺牲。"又比如为摄影爱好者讲解九寨沟时,可以着重介绍九寨沟的最佳拍摄点、不同时间段的光线特点以及如何捕捉到最美的景色:"各位摄影爱好者们,九寨沟是一个摄影天堂。在九寨沟,您可以找到许多绝佳的拍摄点。比如,在五花海的观景台,能够拍摄到湖水五彩斑斓的颜色;在珍珠滩瀑布前,可以拍摄到瀑布的气势磅礴。此外,不同时间段的光线也会给九寨沟带来不同的风情。早晨和傍晚的阳光比较柔和,能够营造出温暖的氛围;而中午的阳光比较强烈,可以展现出湖水的清澈透明。大家可以根据自己的喜好和拍摄需求,选择合适的时间和角度进行拍摄。"

(五)采取多样的讲解方法

1.分段讲解法

将自然景观分成若干个部分,逐一进行讲解。例如,介绍黄山时可以从黄山的"四绝"——奇松、怪石、云海、温泉入手,展开讲解。

2.触景生情法

结合自然景观,引发游客的情感共鸣。例如,在看到美丽的日出景色时,可以说:"这样的美景让人感受到大自然的伟大和生命的美好,让我们珍惜这一刻。"

3.虚实结合法

将自然景观的实际情况与相关的传说故事结合起来,增加导游词的趣味性和文化内涵。如介绍庐山的三叠泉时,可以讲述传说故事:"相传,庐山的这个地方原是一个深潭,有一天,一只黑龙在这里作恶,导致百姓遭殃。后来,一位名叫周颠的仙人路过此地,决心为民除害。他与黑龙在深潭中展开了一场激烈的搏斗,最终将黑龙制服。为了防止黑龙再次作恶,周颠用铁链将它锁在了潭底,而三叠泉的瀑布,就是黑龙挣扎时撞击山壁形成的。"

4.画龙点睛法

在讲解的最后,导游可以对自然景观进行总结和升华,突出其主题和意义。如:"神农架不仅仅是一个自然保护区,更是地球上珍贵的生态宝库。它的存在提醒着我们要珍惜大自然的恩赐,保护好我们的生态环境。同时,神农架也代表了人类对未知世界的探索精神,激励着我们不断追求知识和真理。希望大家能将神农架的美丽和意义铭记于心,在今后的生活中,积极参与到环境保护中来,共同守护我们的家园。"

新时代背景下旅游行业面临着新的机遇和挑战,导游词讲解也呈现出新的变化和要求。我们要适应变化,采用新技术和新手段,充分发挥导游词讲解的作用和价值。例如:使用无人机拍摄景点的全景照片或视频,并通过直播平台分享给游客,让他们能够从不同的角度欣赏景点,还可以在直播中进行实时讲解,与游客互动;利用景点的多媒体设备,帮助游客更好地了解景点的历史文化和自然特征;利用社交媒体平台分享景点的信息和故事,解答游客的疑问等。

Note

知行合一
Zhixing Heyi

登上APEC讲坛的"泰山娟姐"

2022年7月19日至22日,由亚太经合组织(APEC)和中国旅游研究院联合组织的研讨会"APEC地区旅游中小微企业和个人数字工具应用:探索、实践与经验"在线上举办。会议期间,山东"金牌导游"张娟进行了题为"数字文旅促使导游技能迭代、跨界融通——数据化工具为导游带来的机遇"的演讲。这是我国首个正式获得APEC资助的旅游类项目,也是我国导游从业人员首次登上APEC讲坛。

"我们生活在一个充满机遇的数字时代,我也经常思考,数字经济时代,唯一的不变就是变化,快速反应、快速应对、快速改变。"在张娟看来,就算没有疫情,数字时代对传统旅行社获客模式也会带来强烈冲击。

如今,出游习惯和消费方式已经改变,年轻人出游很少选择跟团,大多数人出游的第一步是打开手机用APP预订,所以旅游大数据几乎都在那几个头部平台。"这对导游既是挑战又是机遇,这个行业需要更专业的复合型人才!"经过两年多的积累,张娟的目标,越来越明晰,积累粉丝量并不是目的,继续利用数字化工具带领传统导游实现转型才是目的。

(资料来源:刘英、范薇《登上APEC讲坛的"泰山娟姐"》,金台资讯,2022年8月5日。)

分析:

"讲好中国故事,传播好中国声音。"习近平总书记指出:"文化自信是一个国家、一个民族发展中最基本、最深沉、最持久的力量。"导游是文化交流互动的窗口,我们有责任和义务向世界展现可信、可爱、可敬的中国形象,不断增强中华文明传播力影响力。在新时代背景下,我们应与时俱进、开拓创新,借助数字技术力量,讲好中国故事。

· **教学互动**

请为安徽大别山设计一篇导游词。

项目小结

本项目介绍了自然旅游资源的类型和特点,并针对不同类型的自然风景类景区,详细分析了创作方法,同时结合具体案例加以剖析和说明。

项目训练

一、知识训练
请扫描二维码进行在线答题。

范例
▼
安徽大别山导游词

在线答题
▼
项目四

Note

二、能力训练

1.读一读。

六十六岁的陆老头，

盖了六十六间楼，

买了六十六篓油，

养了六十六头牛，

栽了六十六棵垂杨柳。

六十六篓油，堆在六十六间楼；

六十六头牛，扣在六十六棵垂杨柳。

忽然一阵狂风起，

吹倒了六十六间楼，

翻倒了六十六篓油，

折断了六十六棵垂杨柳，

砸死了六十六头牛，

急煞了六十六岁的陆老头。

2.练一练。

请从资源价值的角度描述长江。

3.请根据水域风光类导游词创作的方法，重新改写以下导游词。

参考答案

▼

项目四

喀纳斯湖是国家5A级旅游景区、国家地质公园、国家森林公园、国家级自然保护区。喀纳斯湖雪峰耸峙绿坡墨林，湖光山色美不胜收，被誉为"人间仙境""神的花园"。

喀纳斯湖位于新疆维吾尔自治区阿勒泰地区布尔津县北部，湖水来自奎屯、友谊峰等地的冰川融水和降水，湖面海拔1374米，面积37.7平方千米，湖深188.5米，是中国最深的冰碛堰塞湖，是一个坐落在阿尔泰深山密林中的高山湖泊、内陆淡水湖。"喀纳斯"是蒙古语，意为"美丽而神秘的湖"。

喀纳斯湖景区集高山、河流、森林、湖泊、草原等奇异的自然景观，成吉思汗西征军点将台、古代岩画等历史文化遗迹，以及图瓦人独特的民俗风情于一体，有驼颈湾、变色湖、卧龙湾、观鱼台等主要景点，具有极高的旅游观光、自然保护、科学考察和历史文化价值。

喀纳斯湖有几大奇观：一是千米枯木长堤，这是因喀纳斯湖中的浮木被强劲谷风吹着逆水上漂，在湖上游堆聚而成；二是湖中巨型"水怪"，它常常将在湖边饮水的马匹拖入水中，给喀纳斯湖平添了几分神秘色彩，也有人认为是当地特产的一种大红鱼（哲罗鲑）在作怪；三是雨过天晴时才有的奇景——喀纳斯云海佛光。

项目五
人文古迹类景区导游词创作与讲解

项目描述

　　本项目主要围绕我国丰富的人文古迹资源,聚焦中国古代建筑、中国古典园林,以及城市风光类、地方文化类景区,深入理解中国古代建筑的历史背景与文化意义、中国古典园林的造园技艺和美学价值、城市的自然景观与现代特色,深入挖掘地方文化内涵,针对不同类型人文古迹进行导游词撰写练习,使学生熟悉并掌握人文古迹类景区导游词的讲解技巧。

项目目标

知识目标

(1)理解人文古迹的内涵与价值,包括其定义、分类,以及其在历史、文化、艺术和社会发展中的重要性。

(2)掌握不同类型的人文古迹的历史背景、建筑特点、艺术风格和文化象征。

(3)掌握不同类型的人文古迹导游词创作方法。

能力目标

(1)提升研究、分析、整合人文古迹的相关资料的能力。

(2)面对不同类型的游客能灵活调整讲解内容和策略。

(3)能运用多媒体工具和技术辅助导游词创作与讲解。

素养目标

(1)能够认识到传承和弘扬中华优秀传统文化的重要性,培养对历史文化的尊重之情。

(2)能够理解导游在文化传播和教育中的社会责任,培养服务社会、贡献社会的意识。

(3)能够通过深入了解人文古迹,增强对中华文化的自信心和自豪感。

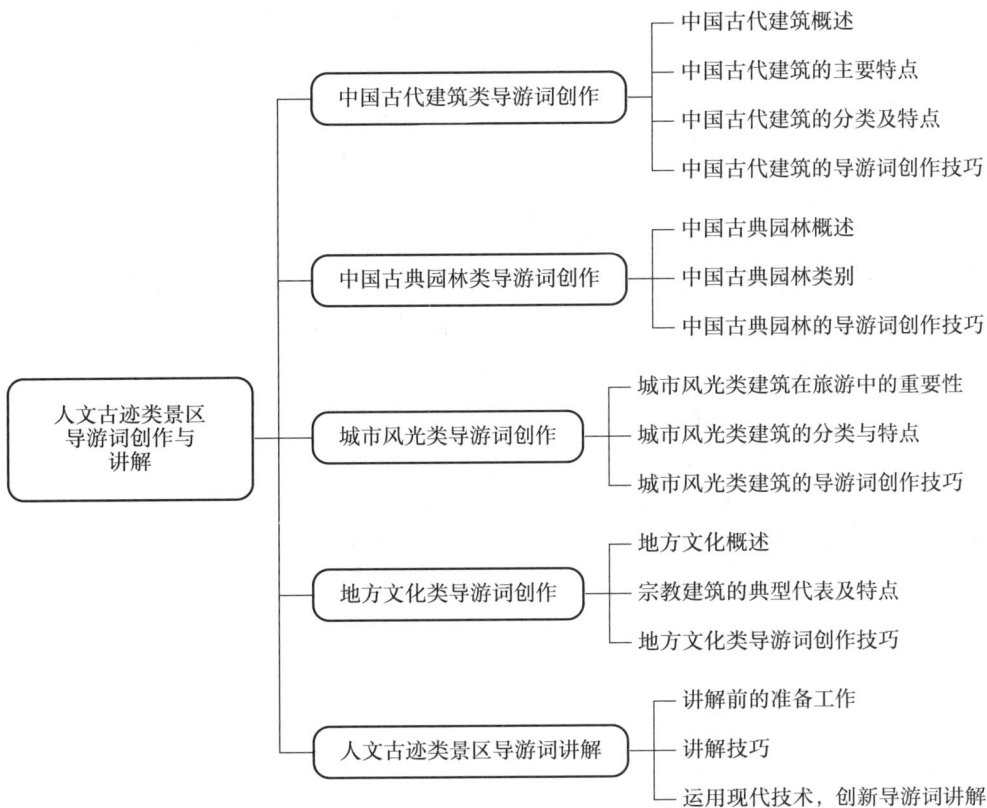

知识导图

人文古迹类景区导游词创作与讲解

- 中国古代建筑类导游词创作
  - 中国古代建筑概述
  - 中国古代建筑的主要特点
  - 中国古代建筑的分类及特点
  - 中国古代建筑的导游词创作技巧
- 中国古典园林类导游词创作
  - 中国古典园林概述
  - 中国古典园林类别
  - 中国古典园林的导游词创作技巧
- 城市风光类导游词创作
  - 城市风光类建筑在旅游中的重要性
  - 城市风光类建筑的分类与特点
  - 城市风光类建筑的导游词创作技巧
- 地方文化类导游词创作
  - 地方文化概述
  - 宗教建筑的典型代表及特点
  - 地方文化类导游词创作技巧
- 人文古迹类景区导游词讲解
  - 讲解前的准备工作
  - 讲解技巧
  - 运用现代技术，创新导游词讲解

项目引入

这个95后导游"火出圈"——听"芥末"讲兵马俑

"兵马俑为何都是单眼皮？""跪射俑鞋底上的针眼为何密疏不同？""兵马俑为什么不戴头盔？"……

"西安导游芥末"的多段兵马俑讲解视频"火出圈"。凭借对兵马俑生动有趣的介绍、别出心裁的视角、引经据典的解说，她被央视新闻、《人民日报》、新华每日电讯等多家媒体转发报道。截至2024年5月22日，"西安导游芥末"抖音账号已有427.7万粉丝，视频累计获赞超1177万。

"芥末"本名王钰，是西安一家旅游公司的地接导游。身穿一袭新中式国风白衬衫，乌黑的长发用抓夹轻绾在脑后，耳尖缀着一对洁白的珍珠耳钉，清透的淡妆尽显优雅……记者在秦始皇帝陵博物院见到了刚刚下播的王钰。每天上午直播3小时、每周3次带团讲解，将兵马俑的故事讲给更多人听，这些已成为她的固定日程。

为什么火的是王钰？她的讲解究竟有何"魔力"呢？"讲解不是一场空洞的表演，一定要在客观讲述史实史料的基础上，加之观点的输出、观念的表达。"王钰认为，只一板一

Note

眼地背解说词的讲解,是没有灵魂的。

讲解时信手拈来的历史典故、脱口而出的佳作名句、引人深思的观点表达,从来都离不开厚积薄发的沉淀。"刚开始带团讲解以及做直播时,我压力很大,每次开播前都需要进行心理建设。"言之有物,必须"肚里有货"才行,王钰下定决心"狂刷"相关知识点。在成为地接导游正式带团前,她用半个月时间,通过看《百家讲坛》——王立群读《史记》秦始皇系列视频,以及从陕西省图书馆借阅兵马俑陪葬坑发掘报告、历史名著等,如饥似渴地汲取知识养分。

"走红的不是我这个人,是西安厚重的历史文化资源,是源远流长的中华优秀传统文化。"作为地道的西安人,能通过自己的工作向更多游客展示家乡这座历史文化名城的深厚底蕴,王钰深感自豪。"不了解相关背景的朋友来参观,可能对兵马俑的印象会停留在眼前的震撼。如果通过我的讲解,能够给大家带来更多的内心触动和文化认同感,我想这就是这份工作最大的价值。"就像她的网名"芥末",王钰希望发挥自己的力量让文物讲解更"有滋有味"。

"接下来,在做好本职工作的同时,希望借助短视频推介更多地方的优质人文历史资源。"采访近尾声,调试好讲解设备后,王钰手举鲜艳醒目的导游旗,快步走到队伍最前端,绘声绘色开始了新一轮的带团讲解……

(资料来源:陕工网,2024年5月27日。)

分析:

"芥末"的成功,在于她对导游词创作与讲解的深刻理解。她认为讲解不是空洞的表演,而是要在客观讲述史实史料的基础上,加入个人观点的输出和观念的表达。她的讲解充满了灵魂,信手拈来的历史典故、脱口而出的佳作名句、引人深思的观点表达,这些都是她厚积薄发的沉淀。

"芥末"的故事,让我们看到了人文古迹类景区导游词创作与讲解的无限可能。在本项目中,我们将深入探讨如何创作和讲解人文古迹类景区的导游词,让这些人文古迹在我们的讲述中焕发新的生命力。

通过本项目的学习,学生将能够掌握人文古迹类景区导游词的创作技巧,提升讲解能力,最终能够像"芥末"一样,将沉默的古迹转化为鲜活的故事,让每一位游客都能从中感受到历史的力量和文化的魅力。让我们开始这段充满发现和创造的旅程,一起探索人文古迹类景区导游词的奥秘。

任务一　中国古代建筑类导游词创作

任务描述

本任务专注于中国古代建筑类导游词的创作基础。通过本任务学习,学生将掌握中国古代建筑的基本知识，了解其在不同历史时期的发展变化，并学会如何将这些知识运用到导游词创作中，以提升游客的游览体验和文化认知。

任务目标

　　了解中国古代建筑的基本分类、特点，掌握导游词的创作技巧，包括选材、结构安排、语言表达和文化元素融入，深化对中国古代建筑所蕴含的历史文化价值的理解，提高对文化遗产保护的认识。

一、中国古代建筑概述

　　建筑，作为人类文明和文化最早的记忆载体，承载着无数历史的痕迹和文化的积淀。在中国，建筑的历史更是源远流长，它们见证了中华民族的发展和变迁。从最初的穴居野外，到后来的楼台亭阁，一砖一瓦都凝聚着古代劳动人民的智慧和汗水。这些建筑不仅在形式上展现了独特的美学价值，更在结构和工艺上体现了古代工匠的精湛技艺和对自然环境的深刻理解。

　　中国古代建筑的多样性和深厚的文化底蕴，使其在我国旅游资源中占据了举足轻重的地位。我国的人文古迹类景区往往以各类古代建筑为构景的主要元素，它们不仅是旅游的亮点，也是传承和展示中华优秀传统文化的重要平台。

二、中国古代建筑的主要特点

　　中国古代建筑具有自己独立的建筑结构体系，其发展历史之久远、分布地区之广阔在世界上首屈一指。中国古代建筑特征鲜明，并随文化的传播而对周边国家的建筑产生了深远的影响。从游览和审美的角度来看，中国古代建筑的主要特征如下。

（一）以木材为主要建筑材料，辅以砖瓦

　　我国古代森林资源丰富，木材加工运输方便，使用木材时能节约劳动力、缩短工期。尽管千百年来砖石技术得到了很大发展，但在我国古代，木结构建筑一直占据主导地位，瓦顶、台基和砖墙仅用于保护易朽的木结构。

（二）采用框架式结构

　　中国古代建筑以木框架为主要的结构方式。此结构方式由立柱、横梁、顺檩等主要构件组合而成，各个构件之间的结点以榫卯方式吻合，构成富有弹性的框架。中国古代木框架主要有抬梁式、穿斗式、井干式3种不同类型。

应县木塔

（三）整齐灵活的平面布局

中国古代建筑以木框架为主，以"间"为单位构成单座建筑，再以单座建筑组成庭院。当建筑规模需要扩大时，往往以庭院为单元采用纵向扩展、横向扩展或纵横双向扩展的方式，通过重重院落相套，构成各种组群建筑。

就单体建筑而言，平面布局以长方形最为普遍，此外，还有圆形、正方形、十字形等几何形状。就整体而言，重要建筑大都采用对称的方式，以庭院为单元，沿着纵轴线与横轴线进行设计，借助建筑物的有机组合和烘托，使主体建筑显得宏伟壮丽。民居及风景园林中的建筑则遵循"因天时，就地利"的原则，采用灵活的布局方式。

岳阳楼

（四）优美的建筑造型

中国古代建筑的优美造型，尤以屋顶造型最为突出。无论是庑殿顶还是歇山顶，均是大屋顶，显得稳重而协调。屋顶上直线和曲线巧妙地组合，形成了向上微翘的飞檐，这一设计不仅扩大了采光面、有利于排泄雨水，还增添了建筑物灵动、轻快的美感。

（五）丰富多彩的装饰手段

中国古代建筑的装饰手段丰富多彩，以彩绘和雕饰为主。彩绘兼具装饰、标志、保护、象征等多重功能，多出现在内外檐的梁枋、斗拱，以及室内天花板、藻井和柱头上。其构图与构件形状紧密结合，绘制精巧，色彩丰富，尤以明清时期的梁枋彩画最为引人注目。雕饰是中国古代建筑艺术的重要组成部分，包括墙壁上的砖雕、台基石栏杆上的石雕，以及金银铜铁等材质的建筑饰物。雕饰的题材十分丰富，有动植物造型、人物形象、戏剧场面及历史传说故事等。

（六）注重建筑跟周围自然环境的协调

建筑本身就是一个供人们居住、工作、娱乐、社交等活动的环境，因此不仅内部各组成部分要考虑配合与协调,还要特别注意与周围自然环境的协调。古人在进行建筑设计时都十分注意周围的环境,会对周围的山川形势、地理特点、气候条件、林木植被等进行认真调查和细致研究,力求使建筑布局、形式、色调等与周围的环境相适应,从而构成一个有机统一的环境空间。

三、中国古代建筑的分类及特点

(一)宫殿与坛庙

1. 中轴对称

为了彰显皇权的至高无上,体现以皇权为中心的等级制度,中国古代的宫殿建筑群采用了严谨的中轴对称布局。这种布局方式不仅体现了皇权的神圣不可侵犯,同时也强化了等级秩序的观念。在此类建筑群中,位于中轴线上的建筑物通常宏伟壮丽、气势磅礴,如太和殿、乾清宫等,它们的建筑规模很大、装饰极尽奢华,彰显了皇帝至高无上的权威。而位于中轴线两侧的建筑物则相对低矮,如配殿、廊庑等,它们的规模和装饰都较为朴素,以衬托中轴线上主体建筑物的宏伟。这种布局不仅在视觉上形成了强烈的对比,还在功能上明确了主次关系,使得整个宫殿建筑群既庄严又和谐,充分体现了中国古代建筑的智慧和审美观念。

故宫博物院

2. 左祖右社

《周礼》记载:"右社稷,左宗庙。"帝王宫室的修建通常遵循左祖右社的布局原则。中国的礼制思想中体现了对祖先的敬仰、对孝道的推崇以及对稷神和土地神的崇拜,因此,宫殿的左前方常建有祖庙,亦称太庙,供帝王以祭祀祖先;而在右前方则设有社稷坛,供帝王以祭祀土地神和稷神(社代表土地,稷代表粮食)。

3. 前朝后寝

"前朝后寝"的宫殿布局制度形成于周代,并传承至今。中国的宫殿建筑通常划分为前后两个区域,前朝主要由正殿、偏殿、朝堂等构成,是帝王处理国家事务、举行朝会的场所。后寝则是帝王及其后妃们居住和生活的区域,包括后宫、花园等设施。这种布局反映了中国传统理念中的"前朝后寝"思想。

4. 多进式布局

中国的宫殿建筑群常常采用一种多层次、多进院落的布局方式,这种设计手法通过多个庭院的组合,形成了一种错落有致、层次分明的空间序列。每一个庭院都有不同的用途,体现了中国古代建筑的严谨规划和其所具有的深刻内涵。

(二)陵墓建筑

1. 选址考究

古代帝王和贵族的陵墓多选择风水宝地,古人认为这样的地方能够带来吉祥和安宁。例如,秦始皇陵就位于骊山北麓,背靠群山,面向渭河,象征着帝王的威严和永恒。

2. 规模宏大,结构复杂

许多陵墓建筑群包括墓室、祭坛、神道、石像生等部分,形成了一个庞大的地下或半地下的建筑群。例如,埃及金字塔的规模之大、结构之复杂,至今仍令人叹为观止。

3. 装饰华丽,工艺精湛

无论是古埃及的壁画和浮雕,还是中国汉代的画像石和唐代的石刻,都体现了高超的艺术水平和丰富的文化内涵。这些装饰不仅美化了陵墓,还传达了人们对来世的想象和对逝者的敬仰。

四、中国古代建筑的导游词创作技巧

导游词创作讲究谋篇布局,对于古代建筑的导游词创作,应围绕建筑本身,对梳理加工过的材料,按照一定的逻辑顺序,进行排列组合,最后用恰当的语言表现出来。从结构来看,导游词主要由开头、主体内容和结尾三部分组成。《南村辍耕录》记载:"作乐府亦有法,曰凤头、猪肚、豹尾六字是也。"其大意是,起要美丽、中要浩荡、结要响亮。中国古代建筑的导游词应与乐府诗的写作手法一样,也做到"凤头""猪肚""豹尾"。

(一)"凤头"——起要美丽

可使用诗意化语言、故事化引入、情感共鸣、设置悬念、视觉化描述、文化背景铺垫和互动式开头等手法,创作一个引人入胜的开头,从而立即吸引游客的注意力。

1. 诗意化语言

使用比喻、拟人等修辞手法,让语言更加生动形象。例如:"在古老的北京城中,有一处宁静而神圣的角落,它如同一位智慧的老者,静静守望着岁月的流转。这就是天坛,一座凝聚了中华民族五千年文化精髓的建筑奇迹。想象一下,当第一缕晨光穿透薄雾,轻轻抚摸着天坛的琉璃瓦,那金色的光辉仿佛是时间的画笔,为这座古老的建筑披上了一层神秘的面纱。天坛,它不仅仅是一座建筑,更像是一位历经沧桑的长者,用沉稳而深邃的目光,凝视着世间的变迁。"

2. 故事化引入

讲述与建筑相关的一个传说或一小段历史故事,激发游客的好奇心。例如:"在南京的紫金山下,有一片静谧的土地,那里沉睡着大明王朝的开国皇帝——朱元璋。今天,就让我们一起走进这位传奇帝王的安息之地,探寻明孝陵的神秘与辉煌。故事要从一个贫苦的农家少年说起,他曾是皇觉寺的小和尚,后来披上战袍,驰骋沙场,最终登上了九五之尊的宝座。他,就是明太祖朱元璋。在开创帝业的同时,朱元璋也选定了这片钟灵毓秀之地,修建规模宏大的明孝陵。"

3. 情感共鸣

利用情感因素或游客广为熟知的内容,触动游客的情感,使其产生共鸣。例如:"诗在,黄鹤楼就在。电影《长安三万里》让黄鹤楼再次进入大众视野。在1800多年的历史长河中,黄鹤楼屡毁屡建,被誉为'天下江山第一楼'。黄鹤楼不仅仅是一座楼,更是中国诗词文化的殿堂。"

4. 设置悬念

设置悬念能让游客产生一探究竟的欲望。例如:"你们知道这座建筑为何能够历经千年风雨依然屹立不倒吗? 接下来的旅程将揭开这个谜底。"

5. 视觉化描述

使用具有画面感的描述,让游客在脑海中形成清晰的图像。例如:"俗话讲,男儿膝下有黄金。可您看,这位勇猛的秦代武士却跪立在咱们面前。当年这些骁勇的战士可是位于军阵的阵心,所持武器为弓弩,与立射俑一起组成弩兵军阵。这尊'镇馆之宝'的跪射俑出土于秦始皇陵兵马俑二号坑东部。"

6. 文化背景铺垫

简要介绍建筑的文化背景,如建筑由谁修建、因何得名等,提升导游词的文化内涵。例如:"游客朋友们,大家好,欢迎您来到沈阳故宫参观游览。各位游客,现在我们看到的这座位于内廷正前方的三层楼阁就是凤凰楼,它建于清太宗天聪年间,歇山式建筑。凤凰楼高18.3米,是盛京城中最高、最漂亮的建筑,也是俯瞰全城的最佳处所。在凤凰楼上观看日出极为美妙,'凤楼晓日'因此得名。"

7. 互动式开头

与游客互动,让他们参与到导游词的开头中来。例如:"如果你们能够穿越时空,回到这座建筑的鼎盛时期,你们最想看到的是什么? 让我们一起来寻找答案。"

(二)"猪肚"——中要浩荡

要将导游词的"猪肚",即主体内容写得更加充实饱满,这意味着需要使其内容更加丰富翔实、生动鲜活,充满感染力与吸引力。

1. 宏大的历史背景

导游词的主体部分可从历史角度切入,在游客进入建筑之前,可以先介绍一些背景信息,如该建筑的历史、文化背景、相关的历史事件和人物等。

2. 丰富的文化内涵

深入挖掘建筑所蕴含的文化内涵,包括哲学思想、宗教信仰、艺术风格等。在引导游客欣赏中国古代建筑时,可以介绍相关的文化活动,如古代礼仪表演、传统音乐演奏等。这样可以丰富游客的体验,让他们更深入地了解古代文化的内涵和魅力。

3. 壮丽的建筑描述

使用壮丽的词汇和形象的比喻,描绘建筑的宏伟景象,可以强调建筑本身的艺术价值,如建筑的设计理念、艺术表现等。

4. 生动的场景再现

通过生动的叙述,再现历史场景或重要事件。

5. 详细的建筑解析

详细介绍建筑的规模、结构、材料、装饰等,如斗拱结构、屋顶形式、雕刻工艺等。通过让游客了解这些特点,使游客对建筑的宏伟有更具体的认知,让他们更好地欣赏建筑的细节和美学价值。

6. 对比与衬托

通过与其他著名建筑的对比,衬托出该建筑的独特性和宏伟程度。

7. 互动式的体验引导

引导游客进行互动体验,让他们实地感受建筑的宏伟。

8. 分析游客需求

在撰写导游词时,要充分考虑游客的需求和兴趣。不同类型的游客对于中国古代建筑的关注点和兴趣点不同,因此,需要根据实际情况进行分析和判断,以满足游客的需求。

(三)"豹尾"——结要响亮

结尾部分是强化游客对中国古代建筑文化理解和记忆的关键时刻。精彩的结尾可以巩固游客对建筑背后所蕴含的历史、艺术和哲学思想的认知。

1. 总结式回顾

简洁回顾本次游览的主要亮点和重要信息,强化游客的记忆。例如:"今天,我们一起游览了故宫博物院,感受了它的壮丽与神秘,从它的历史沿革到建筑特色,每一处都体现了古代工匠的智慧与才情。"

2. 情感共鸣

用富有感染力的语言表达对建筑的情感,引发游客的情感共鸣。例如:"当我们在应县木塔的脚下凝望,不禁为这座古老建筑的坚韧与美丽所感动。它不仅是中国乃至世界建筑史上的奇迹,更是人类智慧与毅力的结晶。历经千年风雨,木塔依旧屹立不倒,它的每一根梁、每一块榫卯都诉说着匠人精神的传承与不朽。在未来的日子里,无论您身在何处,当您抬头仰望星空,或许会想起这座在北方大地上静静守望的木塔,想起它所承载的故事和智慧。愿您心中也有一座木塔,成为您人生旅途中不灭的灯塔。"

3. 启发思考

提出问题或观点,引导游客在游览结束后继续思考。例如:"各位游客,我们即将结束这次岳阳楼的游览。站在这历经沧桑的古建筑前,不禁让人深思,岳阳楼不仅是承载着丰富历史和文化的象征,它更是中国古代文人精神的丰碑。范仲淹的《岳阳楼记》中所表达的'先天下之忧而忧,后天下之乐而乐'的情怀,至今仍然激励着我们每一个人。在这里,我想留给各位几个思考的问题——在快节奏的现代生活中,我们如何继承和发扬这种忧国忧民的精神? 如何在个人的生活实践中体现这种超越小我、关注天下的胸襟?"

4. 留下悬念

提及一些未解之谜或未来的变化,激发游客的好奇心和再次游览的兴趣。例如:"虽然今天的旅程即将结束,但这座建筑还有许多未解之谜等待我们去发现。期待有一天,我们再次相聚在这里,继续探索它的奥秘。"

5. 诗意化结尾

使用诗歌或文学性的语言,创造一个美丽的结尾。例如:"朋友们,今日的泰山之旅即将画上句号,但'海内存知己,天涯若比邻'。泰山的精神将伴随我们,激励我们勇攀人生的高峰。让我们带着'不畏浮云遮望眼,自缘身在最高层'的豪情,在未来的日子里,不忘初心,砥砺前行。愿下一次重逢,我们都有更深的感悟和更高的成就!"

6. 感谢与告别

表达对游客的感谢,并以温馨的话语告别。例如:"感谢大家今天的陪伴,希望这次游览能成为您心中美好的记忆。愿我们的分别不是结束,而是一个新的开始。"

7. 旅游安全教育

在讲解结束时,增加对游客安全旅游的倡议,以提高游客安全旅游意识。例如:"亲爱的游客朋友们,中国古代建筑的美,需要我们用心去感受,让我们共同守护这份珍贵的文化遗产,同时确保每一位游客的安全。愿这次旅行不仅给您留下美好的回忆,更是一次平安、愉快的体验。谢谢大家的配合,期待下次再见,愿我们都平安健康,祝大家旅途愉快!"

【中国古代建筑类导游词范例】

故宫——太和殿

各位同学,大家好,欢迎来到故宫参观游览。我是大家今天研学之旅的导游,希望同学们今天能学到新的知识,也希望大家能有一段愉快的旅程。

姐姐听说大家语文课正在学习梁思成先生的《中国建筑的特征》,这篇课文像是一把钥匙,打开了中国古典建筑之美的奥秘之门。今天我们将要结合课文,从一个全新的角度去欣赏故宫。

建筑与书法,看似风马牛不相及,实则息息相通。林语堂先生曾经说过,中国书法作为中国美学的基础,其中的全部含义将在研究中国绘画和建筑时进一步看到。当建筑遇上了书法，他们会产生怎样的火花。接下来，让我们来看看书法艺术是如何在故宫的建筑中得到充分运用的。

首先，映入我们眼帘的是故宫著名的太和殿。从远处看，整个画面中最突出的部分就是它那等级最高的重檐庑殿顶。大家有没有发现，大殿屋顶的四个屋檐不是直的，而是弯曲的，这就是中国古建筑的神来之笔——飞檐。那大家知道飞檐是怎么来的吗？答案是它来自中国的隶书。当汉字从圆形的篆书转变为方形的隶书后，在书法史上出现了一个专有名词叫"波磔"（bōzhé），就是用来形容隶书水平笔画尾端扬起出锋的造型。而隶书中的"波磔"之后被运用到建筑中，被称为"凹曲屋面"。把屋檐尾端拉长并使之翘起，如同鸟儿飞翔时张开的翅膀，就形成了东方建筑中特有的飞檐之美。

太和殿

大家知道中国书法最主要的构成元素是什么吗？哎，这位同学说对了，是线条。中国书法最主要特征是线条美，书法的线条美运用到建筑中，创造出了各种形态的建筑构件。走进大殿，请大家抬头往上看，屋檐下布满了密集的斗栱，设计者通过"卷杀"的手法，就是将斗栱中"栱"的两端削成曲线形，从而增加其美感。这与书法中"书要曲而有直体，直而有曲致"的造型理念是一致的。

建筑堪称最美的书法，故宫建筑中的门窗、栏杆、装饰等都完美地体现出了中国书法艺术的魅力。中国书法与建筑的终极理想就是通过塑造形态、营造意境，来表达"天人合一"的思想。

同学们，接下来让我们继续参观游览，去寻找书法与建筑完美结合的辉煌乐章。

（资料来源：2022年全国职业院校技能大赛高职组"导游服务"赛项三等奖，广西经贸职业技术学院，选手孔宇谍，指导教师玛秋莎。）

点评：

此导游词是典型的大赛导游词，团型设定为高中生研学团，开篇表达了自己良好的祝愿"希望同学们今天能学有所成，也希望大家能有一段愉快的旅程。"称呼上，用的是"姐姐"，比较具有亲和力，能迅速拉近导游与游客之间

视频

故宫博物院（2022年全国职业院校技能大赛高职组"导游服务"赛项三等奖，广西经贸职业技术学院）

的距离。通过梁思成先生的作品、林语堂先生的话语,快速引入本篇导游词讲解的核心——建筑与书法。通过与隶书"波磔"结合来讲述飞檐的来历,并从书法的线条美过渡到建筑艺术中最美的部分——斗拱。整篇导游词将建筑艺术的特点与书法艺术的特点充分结合,以"书要曲而有直体,直而有曲致"为引,最后升华为中国书法与建筑的终极理想就是通过塑造形态、营造意境,表达天人合一的思想。该导游词的切题、选点非常新颖,让人耳目一新,能够极大地提升游客的兴趣,增加游客的体验感。在这一点上,导游词的创作无疑是非常成功的。另外,讲解过程中设计互动环节也不错,借助道具,用扇子上的书法让游客有更为直观的理解、对比和认知。

岱　　庙

朋友们大家好,我是你们的导游,今天将由我陪同各位参观游览岱庙。在我们进入岱庙了解了天贶殿的来历之后,接下来,我们再来感受一下它的建筑魅力。

与西方古建筑的砖石结构相比,中国古建筑的最大特点是采用了木结构。有句话叫墙倒屋不塌,说的就是中国古代木结构的最大贡献——防震抗震的能力。国外有学者曾经用这种模型做过一个实验,最终它的抗震能力达到了令人震惊的10.1级。要知道,在中外历史上发生过的所有地震,最高震级才是9.5级。那我们中国古建筑到底是如何做到的呢?今天就让我们从斗拱、榫卯、柱础三个方面来感受一下中国古建筑的美丽和魅力所在!

斗拱是中国古建筑中最具特色的部分,朋友们请看,天贶殿檐下探出的弓形承重木头叫作拱,在拱与拱之间垫的木块叫作斗,斗上加拱,拱上加拱,这种层层叠加的方式就叫作斗拱,它起到了承上启下、传递荷载的支撑作用,同时也是像艺术品一样的优美壮观的装饰性构件。上海世博会上让世界惊艳的中国馆采用的就是斗拱结构。巧夺天工的斗拱不禁让我们发自内心地惊讶并感叹,我们的祖先竟有如此的想象力和创造力。

如果说斗拱是木结构的一部分,那么榫卯则是木构件的结合方式。榫卯是充满中国古建筑智慧的另一大亮点,也有人说它是我们传统建筑的灵魂。它是在两个构件上利用凹凸部位相结合的一种连接方式,凸出来的部分为榫,凹进去的部分为卯,榫卯结合,天衣无缝。在不懂榫卯的西方人看来,这样的内部结构无疑像是在堆积木。而恰恰就是这种不需要一颗钉子的方式,由于精准的卡位、完美的承载,让中国古建筑达到了超乎人们想象的牢固。遇到强烈地震时,由于斗拱搭建、榫卯结合的空间结构不是刚性连接,这就保证了建筑物的刚度协调,虽会"松动"却不致"散架",能够充分消耗地震释放出来的能量,使整个房屋的地震荷载大为降低,起到了极大的防震抗震的作用。

除了斗拱和榫卯之外,还有一位低调的"抗震英雄"不为人们熟知。它虽名声不显,但是却发挥着不可替代的作用。它叫柱础,就是我们脚下这些不起眼的石礩。我们见到的每一座中国古代建筑,特别是大型的木结构建筑,之所以历经风雨侵袭、地震波及而依然巍然屹立、岿然不动,是因为柱础起到了关键性的作用。它将柱身集中的荷载分布于地上较大的面积,而柱础又以石为料,可防潮、防腐和防损毁。柱础、斗拱、榫卯三位一体,组成了中国古代建筑兼具美观和实用的梁架结构。经过历史的重重考验和科学实验证明,正是这种精细而又严谨、简约而不简单的构造带给了世界建筑史极大的惊喜,可以说,中国古建筑为世界建筑史做出了卓越的贡献。

朋友们,管中窥豹可见一斑,通过我简单的介绍,您是否能够领略和感受到中国古代建筑的魅力和美丽呢?

(资料来源:"鼎盛诺蓝杯"第十届全国旅游院校服务技能(导游服务)大赛,泰山职业技术学院,选手邢文秀,导游词撰写人韩兆君。)

知识活页
Zhishi Huoye

中国国家博物馆的虚拟数智人讲解员——艾雯雯

作为导游,我们肩负着传承和弘扬中华优秀历史文化的重任。在中国古建筑导游词的创作与撰写中,我们要不断提升自身素质,创新讲解方式,让中国古代建筑不再是冰冷的石头,而是有温度、有故事、有灵魂的文化载体。新时代的导游,应积极探索并运用科技手段让古代建筑"活"起来,增强游客的体验。

中国国家博物馆的虚拟数智人讲解员——艾雯雯,是中国博物馆界首个数智人讲解员。她的名字"艾雯雯"寓意着以AI(人工智能)为技术基础,展示对文明、文化、文物的喜爱,以及对文博工作的热爱。艾雯雯的形象设计基于对中国女性容貌审美的理解和中国国家博物馆馆藏古代服饰的研究。她的形象设计包括适应不同场景的不同服装。

艾雯雯于2023年11月起,带领观众穿越时空,走进中华文明云展,这是中国国家博物馆对文物活化利用的最新成果。通过多模态人机交互技术,包括三维建模、语音合成、动作及表情捕捉等,艾雯雯在举手投足间高度还原汉代女子的形态,拥有近似真人的形象以及逼真的表情动作。此外,通过文物珍品知识的语料训练,艾雯雯还拥有丰富的知识储备和讲解技能,对国家博物馆的文物珍品如数家珍。

作为国家博物馆的特殊新员工,艾雯雯不仅是虚拟世界博物馆的形象代言人,还拥有在现实世界博物馆深入不同岗位学习的能力。她既是现代社会的一名新青年,也是从历史中走来的一位见证者,根植于中华民族文化基因,形成于新时代AI科技前沿。

(资料来源:百度百科。)

知行合一
Zhixing Heyi

江西永修"样式雷"：精益求精的工匠精神，世代不坠的诚德家风

"样式雷"，清代200多年间参与或主持皇家建筑设计的雷姓世家。因为雷家几代都是清廷样式房的掌案人，用今天话来说就是首席建筑设计师，故被人们尊称为"样式雷"。

"样式雷"祖居位于江西北部山清水秀的永修，地处烟波浩瀚的鄱阳湖西岸。这里风景旖旎、田畴肥沃、民风淳朴，自古有"海昏秀域，人杰地灵"之美誉。"样式雷"第一代始祖雷发达就是从这里走出，进而铸就了中国建筑史上辉煌的篇章，他和他的家族被誉为"永修八代样式雷，中国半部古建史"。

"样式雷"家风家训是"忠厚传家，以艺报国"，就是他们用崇高的建筑技艺来报效国家，为社会服务。另外，他们家有一个特点，就是不贪不吝、公私分明。他们有一个很重要的指导思想，那就是廉洁奉公，把工作做好。他们还有一个特点，就是诚信做人、扶危济困，一定是要多做善事。"样式雷"就是这样世世代代传承优良家风家训，他们崇高的思想品德和情操也为世人所推崇。

"样式雷"家族始终恪守"不贪不吝，诚信做人"的原则，"将利心退净，为公而当差"。他们从不额外赚取一分钱财，即使是误收或者少付些许金钱，也一定要退还或补付给对方。"样式雷"族人雷廷昌曾以诗言志："苦读诗书二十年，乌纱头上有青天。男人要登凌云阁，第一功名不爱钱。""人间富贵花间露，纸上功名水上鸥。识破事情天理处，人生何必苦营谋。"

"忠厚传家久，诗书继世长。""样式雷"传承的是一种"诚信做人，勤勉治业"的匠人精神，世代追求的是精益求精的治业理念，表现的是一种勤勉做事的工作态度和作风。时至今日，"样式雷"的家风家训，仍持续散发着醉人的芬芳，向后世子孙传递着朴实的正能量，成为哺育后人的精神财富。也正是这样的精神财富，引导着中华儿女勤勉为业，奋发上进，创造出一个个新的辉煌！

（资料来源：http://m.ccdi.gov.cn/content/1e/4b/13876.html。）

任务二　中国古典园林类导游词创作

任务描述

本任务旨在提升学生对中国古典园林的认知，以及如何通过导游词的形式，将中

国古典园林相关知识有效地传达给游客。通过本任务的学习,学生将掌握中国古典园林的基本概念,了解其在不同历史时期的发展历程,掌握不同历史时期的园林特点,并学会如何将这些知识融入导游词创作,以提升游客的游览体验和文化认知。

任务目标

了解中国古典园林的基本概念,掌握园林的艺术特色和文化价值,研究不同历史时期的园林特点,结合所学知识,创作一篇关于中国古典园林的导游词,提升游客的游览体验和文化认知。

一、中国古典园林概述

中国古典园林,作为历史悠久的园林艺术形式,其起源可追溯至古代的皇家及私人园林。这些园林以它们独特的风格和精致的设计闻名遐迩,构成了中国传统文化不可或缺的一部分。

在中国传统建筑领域中,古典园林的建筑风格独树一帜,它融合了传统建筑、文学、书画、雕刻以及工艺等多种艺术形式。古典园林的景观设计涵盖了山、水、植物、建筑等多个方面,其中山、水、植物构成了园林的基础元素。山景主要通过堆砌假山、构筑岩壁等手法来营造,水景则通过挖掘池塘、引泉等方法来创造,而植物景观则以花草树木为主,旨在构建一个自然生态的环境。

中国古典园林在国际上享有盛誉,其独特的造园理念、设计手法以及"虽由人作,宛自天成"的艺术魅力,赋予了古典园林极高的艺术价值。同时,古典园林作为中国传统文化的重要组成部分,对于认识和传承中国传统文化具有不可估量的意义。

二、中国古典园林类别

中国古典园林数量众多,按照园林的类型来划分,主要有四类:皇家园林、私家园林、景观园林及寺观园林。

(一)皇家园林

皇家园林是古代帝王所专用的宫苑式园林,由皇室出资兴建,仅供帝王及皇室成员游览享乐。此类园林在布局、规模、建筑风格及山水配置上,均彰显出皇家园林与皇家建筑的独特特征。皇家园林通常规模宏大、占地广阔,私家园林难以望其项背。此外,在建筑色彩的运用上,皇家园林多与皇家宫殿相仿,呈现出金碧辉煌的风貌。

承德避暑山庄
(图片来源:搜狐)

（二）私家园林

私家园林是相对于皇家园林而言的。私家园林的出现比皇家园林要晚一些，约在西汉时期，不过，西汉时期的私家园林的建置大体上是对当时的皇家园林的模仿。而真正的私家园林的出现，则在魏晋南北朝时期。这一时期著名的私家园林有石崇金谷园、顾辟疆园等。宋代是私家园林发展的第一个高峰，产生了很多名园，如董氏西园、东园、环溪园、湖园等。这些园林既能因地制宜、各具特点，又能聚水拢山、山水俱胜，同时花木也是园中盛景。私家园林的发展，以隋唐时期为成熟期，以宋代为第一个高潮，以明清时期为第二个高潮。

拙政园
（图片来源：《扬子晚报》）

（三）景观园林

景观园林是在自然形成的山水景观的基础上，适度地进行人工开发的园林。它既具园林意蕴，又能较好地保持自然山水本色。不同于皇家园林的规整、雕琢，也不同于私家园林的灵巧、独立，景观园林被称为"公共游赏园林"或"自然园林"。景观园林区别于自然风景名胜，自然风景名胜是未经人工开发的优美的自然风景地带；景观园林则因适度的人工开发而具有了园林的意蕴。

（四）寺观园林

寺观园林就是寺庙、道观等宗教建筑群中的园林。佛教通常被认为于东汉时期传入中国，而寺观园林则是随着寺观建筑的发展而出现的。它的大量产生与魏晋南北朝时期佛教的繁荣发展有很大关系。寺观园林的发展是因为佛教寺院经济的发展带动寺观的营造，也因为寺观建筑在功能上也需要一些幽静的空间以利于僧道的修身养性。因此，大多数寺观园林选择在深山幽谷中营建，气氛清幽，环境自然。

三、中国古典园林的导游词创作技巧

中国古典园林的导游词创作，是一种将建筑美学、历史文化与语言表达相结合的艺术。导游词的创作需要精心策划和布局，从整体到细节都要有条不紊。这包括对园林的历史背景、设计理念、建筑特色等材料的梳理和加工。在撰写导游词之前，要先收集有关中国古典园林的资料，包括园林的历史背景、造景手法、美学价值等方面。同时，充分考虑游客的需求和兴趣，通过查阅书籍、文献、网络等途径获取相关信息。

（一）"凤头"——起要美丽

在导游词中，首先应撰写引入语。在中国古典园林的导游词开头撰写时，可以采用诗意盎然、情景交融的叙述方式，将游客的感官和心灵引入一个充满古典韵味和自然和谐的世界。例如："各位游客，欢迎您踏入这座充满东方神韵的豫园。在这里，一砖一瓦，一石一水，都诉说着千百年来的文化故事，展现着古人与自然和谐共处的智慧。我们即将开始一段穿越时空的旅程，感受古典园林的精致与深邃。"

（二）"猪肚"——古典园林基本情况

1. 概况介绍

介绍园林的地理位置、历史背景、建造者和年代等相关信息，让游客对园林的基本情况有所了解。

2. 建筑布局

讲解园林的建筑布局。古典园林的建筑布局融合了自然与人文的元素，形成了独特的艺术风格。导游词中，可从总体布局、空间布局、建筑与景观融合、建筑形式等方面，对古典园林的建筑风格进行清晰阐述。

3. 园林的造园艺术

描述园林的组成要素与造园艺术。古代园艺专家和工匠运用传统造园手法，将山、水、植物、动物、建筑、匾额、楹联、刻石八大要素，按照中国传统艺术规律进行设计与组合，从而营造出能反映中国古典园林艺术精神和园主人审美情趣的园林景观。

4. 园林的景观营造

讲解园林中的景观营造手法，如对景、借景、隔景等，以及这些手法在园林中的应用和效果，让游客了解园林中的美景是如何形成的。

5. 园林的文化内涵

阐述园林所蕴含的文化内涵和历史背景，如园林中的文化典故、历史人物、文化活动等，让游客了解园林的文化价值和历史意义。

（三）"豹尾"——结要响亮

此处可以为古典园林游览行程全部结束时的结束语，也可以是某一园林建筑游览完的阶段性结束语。结束语可对景点进行简要总结，回顾游览亮点，强调园林文化价值，提出思考问题，根据游览实际情况说明游览注意事项，或引导游客进入下一个景点继续游览。例如："朋友们，漫步在郁盘长廊中，寄畅园就如同一幅展开的山水画卷，值得您细细品味解读。这座江南园林所蕴含的典雅精妙、自然舒畅，是否也让您感受到了'取欢仁智乐，寄畅山水阴'的意境？"①

---

① 资料来源：2014年全国职业院校技能大赛高职组"导游服务"赛项一等奖，河源职业技术学院，选手陈林静，指导教师杨红霞。

【中国古典园林类导游词范例】

苏州狮子林,四美花篮厅

"春季到来绿满窗,大姑娘窗下绣鸳鸯。"朋友们好！随着两句简单的苏州小调,我们现在来到的是世界文化遗产、苏州四大名园之一的狮子林。数百年来,它以各类建筑丰富精美、湖石假山出神入化、园林禅意完美融合而独放异彩,久盛不衰。

沿着长廊走,现在展现在我们眼前的是狮子林的第一个临水建筑——花篮厅,它是中国古典园林中的代表性花式厅堂,以造型典雅、意境清幽、雕刻精美、底蕴深厚等而独秀于园林之中。接下来,请大家随我移步入厅,一探究竟。

狮子林

来到花篮厅,大家是不是在找花篮在哪儿呢？这就得说说我们设计的巧妙之处了。厅堂当中原来应有两根落地的步柱,但为了营造开阔的视野,便于室内观景,就用悬空的垂莲柱代替了落地柱,柱端用黄杨木雕刻成"梅、兰、竹、菊"四只花篮,精致细腻,别具一格,花篮厅的名称也由此而来,这便是我们花篮厅的第一美——寓意之美。

进入厅内,首先映入我们眼帘的是"水殿风来"隶书匾额,它取材于唐代诗人王昌龄的《西官秋怨》:"芙蓉不及美人妆,水殿风来珠翠香。"这也道出了花篮厅的第二美——意境之美。夏日凭窗远眺,湖石假山,洞壑环回,池中荷花凌波,妖娆多姿;而厅内则凉风习习,香气萦绕。就这样,山、水、建筑浑然一体,使整个园林"虽由人作,宛自天开",堪称一幅绝美的自然画卷。

相信大家不难在厅堂当中发现第三美——艺术之美。大家请看,这儿有四扇雕花门窗,正面裙板上的四幅半立雕图案,勾勒出中国古人的理想生活方式。其中,这幅描绘的是战国时期的纵横家苏秦埋头苦读的情景,精雕细琢、栩栩如生。看,夹堂板上的"桃花飞燕""荷花鸳鸯""芙蓉翠鸟""梅花喜鹊"，这一幅幅活灵活现的四季花鸟图尽收眼底，好不热闹；门窗周边四角的蝙蝠、四边相连的葡萄松鼠，则寓意四季如意、多子多福。这些承载着传统文化的古老门窗，因其所特有的艺术风格，在我国传统手工艺的历史长河中熠熠生辉、历久弥新。

朋友们可能有疑问，不是说有"四美"吗？不要着急，花篮厅的第四美在于它独特的历史意义。1945年10月27日，苏州城的中国军队在此接受侵华日军的投降仪式；中华人民共和国成立后，贝氏家族将狮子林无偿捐献给国家。这些令人扬眉吐气的历史时刻、这些弘扬深情大爱的家国情怀，花篮厅都一一亲历、见证。

朋友们，一座小小的花篮厅，它的寓意之美、意境之美、艺术之美、历史之美，不仅折射出狮子林的建筑艺术之妙、诗情画意之巧，还记录着民族的悲壮历史，沉淀着祖国的灿烂文化。让我们继续徜徉于狮子林的亭台楼阁，欣赏中国古典园林艺术的精彩与辉煌。

（资料来源：2019年全国职业院校技能大赛高职组"导游服务"赛项一等奖，长沙职业技术学院，选手余萱，指导教师刘建娥。）

绍 兴 沈 园

"沈家园里花如锦，半是当年识放翁。也信美人终作土，不堪幽梦太匆匆。"相濡以沫金婚团的各位游客大家好，欢迎您来到绍兴沈园，我是您今天的导游。刚才我念的这首悲伤的诗是陆游晚年游览沈园时所作，其中的曲折故事就让咱们边走边说，请大家注意脚下安全。

沈园是陆游一生难忘的园，是唐琬悲痛欲绝的园，是他们梦断香消的园。这是为什么呢？让我们把时间推回到867年前，这一年是1155年，此时陆游刚刚满30岁。

这时陆游因第三次科举考试又名落孙山而在沈园散步，排解内心的郁闷，突然迎面走来一对神仙眷侣，女子温柔大方，男子风度翩翩。陆游瞬间呆住，原来走过来这位女子正是陆游的原配妻子唐琬，旁边的男子便是她的现任丈夫。

骤然重逢，一瞬间所有的回忆涌上心头。恍然间，陆游记起他迎娶唐琬时激动又忐忑的样子，记起婚后二人的琴瑟和鸣，也记起他的母亲怕他沉溺于夫妻情爱，忘掉青云之志，而强迫他休妻的痛苦。昨日的恩爱历历在目，陆游悲痛欲绝，便在此写下千古名词《钗头凤》。好了，各位游客朋友们，请留步，我们面前的便是钗头凤碑了。右边这阙词就是陆游所作。"红酥手，黄縢酒，满城春色宫墙柳。东风恶，欢情薄。一怀愁绪，几年离索。错、错、错。"前一句是在回忆两人还是夫妻时幸福的日子，后面就是陆游难以诉之于口的不满与怨恨。

相爱的誓言还在，可书信再难以交付，只剩相思之苦。第二年唐琬重游沈园，看到陆游留下的钗头凤，肝肠寸断便和了一曲。您看，就是左边的这一首了。"世情薄,人情恶,雨送黄昏花易落。"写完后不久,唐琬便郁郁而终了。

时光飞逝,唐琬逝世40年后,陆游重游沈园,并作诗一首,一句"曾是惊鸿照影来",凄苦不忍多读。"老来多健忘,唯不忘相思"似乎是对陆游最好的诠释。陆唐二人的悲剧,恰恰也是那个时代的缩影,总图得功名传世,却葬了多少痴痴深情。这爱而不得的遗憾似乎在诉说"满目青山空望眼,劝君惜取眼前人"。

时间回到现在,什么是爱?爱是两弹元勋邓稼先的妻子即使不知道丈夫的工作内容也无条件支持他时的那一句"你守国,我守家";爱是南京护士江雨璐为了援鄂抗疫推迟自己婚礼时丈夫的那一句"我等你";爱是守岛英雄王继才的妻子在他去世后接替他守着开山岛,将他未竟的事来接续。如有来生,还愿是你,这就是爱情最美的样子。

好了各位游客,请您牵好爱人的手,继续我们沈园的参观,谢谢。

(资料来源:2022年全国职业院校技能大赛高职组"导游服务"赛项三等奖,陕西工业职业技术学院,选手朱芳怡,指导教师康杨杨。)

点评:

本篇导游词颇具亮点,沈园的故事背景家喻户晓,《钗头凤》也是大家耳熟能详的千古名词,因此在创作过程中,加入了陆游《春游》中的"沈家园里花如锦,半是当年识放翁。也信美人终作土,不堪幽梦太匆匆",以及白居易的"老来多健忘,唯不忘相思"等唯美诗词,有利于增强导游词的文学性。本篇导游词语言文字优美,较有文采;内容正确,尊重史实。延展到当代的爱情,通过3个例证来呼应"如有来生,还愿是你,这就是爱情最美的样子"。不足之处在于,对相濡以沫金婚团的游客,讲述陆游与唐婉之间爱而不得的凄美故事,似乎有些不合时宜;对于当代"什么是爱"所举的例子,皆是同一类"大爱无疆"的缩影,缺乏自己对爱的认知和理解。

知识活页
Zhishi Huoye

古典园林的构景手法

景是园林的主体,是欣赏的对象。构景手法的巧妙运用,使得园林景色更加美不胜收,园林意境更加回味无穷。

一、缀景

缀景是园林造景手法之一,即在园林庭院或庭前点缀一些假山、石头或花草等小景,用来美化房舍和庭院,并增加景致的丰富性与美感。这些看似不经意的缀景,会使园林更富观赏性。看似无意,实则有意。

二、夹景

夹景在观看景物的视线两侧平行视线布置连续屏障以形成较封闭而狭窄的视廊,引导视线集中于景物上。夹景运用了轴线、透视手法,可以起增加

视频
▼

绍兴沈园(2022年全国职业院校技能大赛高职组"导游服务"赛项三等奖,陕西工业职业技术学院)

景深、突出景物、引导视线的作用。

夹景是利用树木、建筑、岩石等,将左右两侧的贫乏或无趣的景物遮掩、封闭起来,以形成狭长的空间,产生一种强烈的透视性,既能突出视线端点的景物或景观,又能增加景物的深远感,产生一种连绵曲折的趣味。

三、添景

添景就是指风景点在远方,比如说一座塔或者一座山,如果没有其他的景点作为过渡的话,中间特别空旷。那么我们在观赏这个塔或者这座山的时候,中间就会显得特别空旷,没有层次感。如果中间有乔木或者花卉作为过渡的话,就会显得特别有层次美,那么中间的这个乔木和近处的花卉就叫作添景。

四、对景

对景是指在园林中,从甲风景点可观赏乙风景点,从乙风景点可观赏甲风景点的构景方法。

五、框景

利用门窗洞、柱间、廊下挂落、乔木枝干等组成边框,将园内景色有选择地纳入其中,形成宛如嵌入画框中的图画的造景方式,称"框景"。框景充分利用作画构图之原理,以简洁的景框为前景,撷取园中众多景物中有特色的部分,摒弃散乱平淡之物组成风景画面,画面构图完整,主体突出,具有独特的艺术效果。

六、漏景

漏景是从框景发展而来的成景类型。漏景是透过虚隔物看到的景象,虚隔物可以是花窗、隔扇、漏窗、漏明墙、栅栏或疏朗的树干枝杈等。景物的透漏易于勾起游人寻幽探景的兴致与愿望,而透漏的景致本身又有一种似实而虚、似虚而实的模糊美。漏景的设置既要考虑静态欣赏的效果,又要考虑动态欣赏时的景物移动视点。

七、借景

借景是将园外的景色和风光,巧妙地收进园内游人眼中,以丰富园内景色,使园内外景色融为一体,让游人扩展视觉和联想,以小见大。借景有远借、近借、仰借、俯借、应时而借之分。在北京颐和园东堤一带可遥望西边园外的玉泉山及宝塔,是远借手法的典型例子。登上杭州花港观鱼的藏山阁,远处的南屏山、西山进入眼帘,这也是远借。苏州沧浪亭不用围墙用假山,巧借了园外的流水,这就是近借。借空中的飞鸟,叫仰借;借池塘中的鱼,叫俯借;借四季的花或其他自然景象,叫应时而借。

八、障景

障景又称抑景,凡是抑制视线、引导空间的屏障景物均为障景,主要为营造"曲径通幽""庭院深深"的园林意境。障景按布置的位置分为三种:入口障景、端头障景和曲障。入口障景位于入口处,是指为了达到欲扬先抑、增加层次、组织人流、障丑显美等作用而设置的屏障景物;端头障景位于景观序列的结尾处,是指希望游人有所回味,留有余韵,起到流连忘返、意犹未尽、回味无穷的作用所布置的屏障景物;曲障是指运用建筑题材,通常经过转折的廊院才来到园中。依使用的材料,障景可分为影壁障、假山障、土丘障、树丛障、绿篱障、组雕障、置石障、建筑障等。

知行合一
Zhixing Heyi

高洁品性,清韵流长——拙政园远香堂的文化探寻与传承

穿过古朴的园门,进入拙政园的内苑。在这里,每一处建筑、每一片水域、每一块山石都蕴含着深厚的文化底蕴和艺术魅力。内苑的远香堂,便是"远香益清"景点的所在。远香堂的设计以荷花为主题,建筑风格古朴典雅,与周围的山水景观和谐统一,营造出一种宁静、清远的氛围。

远香堂的名字取自宋代诗人周敦颐的《爱莲说》中的名句"香远益清",意指荷花的香气越远越清新。在中国传统文化中,荷花象征着高洁、清雅,代表着君子的品质。远香堂以荷花为主题,正所谓"出淤泥而不染,濯清涟而不妖",这正是远香堂所追求的意境。周敦颐的《爱莲说》是对荷花品格的高度赞美,将这种赞美融入园林设计中,展现了文人园林的审美情趣。

通过远香堂,我们可以看到拙政园在设计时不仅注重自然景观的美感,还深入挖掘了文化内涵,将文学、艺术与园林建筑相结合,创造出独特的审美体验。这种体验不仅让游人在游览中获得美的享受,还能够在心灵上得到文化的熏陶和启迪。

任务三　城市风光类导游词创作

任务描述

本任务旨在通过导游词这一载体,把城市风光的相关知识准确且生动地传递给游客。通过本任务的学习,学生将了解城市风光的核心要义,明晰其在城市变迁中的演化脉络,并学会如何将这些知识融入导游词创作,从而提升游客的游览体验,增进游客对城市文化的理解与认知。

任务目标

了解城市风光类建筑的类型和特点;掌握建筑的结构、材料和建造工艺等相关知

识,并能够在导游词中进行准确、专业的介绍;把握城市风光类建筑与周围环境的融合与协调关系;运用所学知识,创作出具有个性化、创新性和感染力的城市风光类建筑的导游词,提升游客游览体验和文化认知。

一、城市风光类建筑在旅游中的重要性

城市风光类建筑是城市文化的重要载体。它们承载着一座城市的历史、传统、价值观和社会发展的轨迹。例如,古镇、古街、名人故居、古城、水渠、坎井等。游客通过参观这些建筑设施,可以深入了解城市的文化底蕴,感受其独特的魅力。

城市风光类建筑有助于提升城市的旅游吸引力和竞争力。标志性的建筑如都江堰、洪崖洞等,是城市的象征和名片,吸引着大量游客慕名而来。这些独特的建筑不仅增加了城市的知名度,还带动了相关旅游产业的发展,如周边的餐饮业、零售业和住宿业等。

此外,城市风光类建筑对于促进文化交流也发挥着重要作用。游客来自不同的地区和文化背景,其参观和体验促进了不同文化之间的交流与理解。建筑作为一种无声的语言,能够打破地域限制,传递城市的精神内涵和文化信息。

二、城市风光类建筑的分类与特点

城市风光类建筑是一个丰富多彩的领域,不仅是城市的标志性景观,也是历史文化的载体,根据不同的功能和特点,城市风光类建筑可以分为两大类:民居建筑和工程建筑。

(一)民居建筑

在历史长河中,民居建筑作为一种古老且数量庞大的建筑类型,留下了不可磨灭的印记。它们体现了当地居民的生活方式和审美观念。

在城市风光类建筑中,民居建筑具有以下特点,这些特点在导游词撰写时应予以充分体现。

1. 历史传承

民居建筑往往承载着丰富的历史文化信息,它们反映了当地居民的生活方式、习俗和审美观念。导游词中,可以详细介绍民居建筑的历史背景,如建筑年代、建造者等,以及它所代表的文化传统和民俗风情。例如,四合院最早可追溯至西周时期,在中国各地有多种类型,其中以北京四合院为典型。四合院通常为大家庭所居住,具有冬暖夏凉的特点,能够形成比较私密的居住环境,其建筑格局体现了中国传统的尊卑等级思想以及阴阳五行学说。

2. 地域特色

不同地区的民居建筑具有独特的地域特色。例如,江南水乡的民居多依水而建,布局紧凑,粉墙黛瓦,小桥流水,体现了江南的温婉与雅致;四合院是北方传统民居形

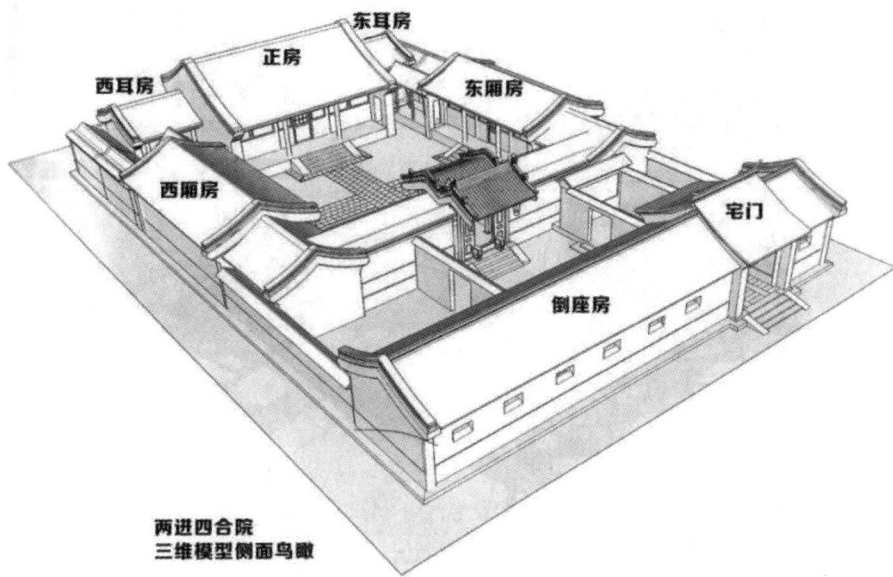

北京四合院

（图片来源：东方晨光四合院设计绘制）

式，其布局以院落为中心，四面围合，通常坐北朝南，强调采光和通风。四合院的设计体现了中国传统的家族观念和礼制思想。导游词应突出民居建筑的地域特色，介绍当地的自然环境、气候条件等对民居建筑风格的影响。

3. 建筑风格

民居建筑的风格多样，既有传统的中式建筑，也有融合了西方建筑元素的现代民居。导游词应介绍民居建筑的风格特点，如建筑的外观、内部装饰等，以及这些风格背后的文化内涵。例如，土楼是福建南部客家人的传统聚居地，其以圆形、方形、八角形等形状和坚固的夯土结构著称，土楼不仅具有居住功能，还有防御功能；蒙古包是蒙古族的传统住所，其以易于移动、适应草原环境等特点而闻名。

4. 实用性

民居建筑注重实用性与舒适性的结合，如合理的空间布局、适宜的采光和通风设计等。导游词应突出民居建筑的实用性，介绍建筑的布局特点，以及如何满足居住者的生活需求。例如，云南傣族竹楼的干栏式结构适应了当地的气候和地形，底层通常架空，用于饲养家禽或存放农具，而上层则用于居住，具有良好的通风和防潮性能；徽派建筑中的马头墙不仅具有装饰作用，还能防火。内部的木雕和砖雕既美观又能保持空气流通，提高居住的舒适度。

5. 材料与工艺

民居建筑使用当地的传统建筑材料和工艺，如木结构、砖雕、石雕等。导游词应介绍民居建筑的材料和工艺特点，以及这些特点背后的技术水平和审美价值。例如，山西大院以深邃的院落和精美的砖雕、木雕而闻名，体现了晋商的财富和审美情趣。

Note

乔家大院

（图片来源：搜狐）

6. 文化内涵

民居建筑中常融入吉祥图案、诗词楹联等文化元素，体现着居民对美好生活的向往。导游词应突出民居建筑的文化内涵，介绍这些文化元素的象征意义和寓意。例如，四合院的设计融合了儒家思想，强调家庭的团聚与和谐，其门楼、影壁、院落布局等都蕴含着丰富的文化象征和审美追求；白族民居以"三坊一照壁，四合五天井"的布局和精细的雕刻艺术而闻名，体现了白族人对和谐、对称、平衡的追求。

7. 环境保护

民居建筑在设计时应注重与自然环境的和谐统一，如选址、景观设计等。导游词应介绍民居建筑与自然环境的和谐共生，以及背后蕴含着的生态理念和可持续发展的思想。例如，窑洞利用黄土的自然特性挖掘而成，窑洞的建造技艺和居住方式体现了黄土高原地区的自然环境和居民的生活智慧。黄土高原地区的窑洞利用地形和土壤的自然保温特性，形成冬暖夏凉的居住环境，减少了对外部能源的依赖。

8. 经济发展

民居建筑与当地的经济发展密切相关，如旅游业的兴起带动了民居改造和民宿产业的发展。导游词应介绍民居建筑在经济发展中的作用，以及它如何促进当地经济的繁荣和居民的生活改善。例如，乌镇位于浙江桐乡，是江南六大古镇之一。乌镇的旅游业发展模式被誉为"乌镇模式"，其成功地将古镇保护与旅游开发相结合，通过古建筑保护、氛围营造、节事活化等手段，吸引了大量游客，成为国家5A级旅游景区。据统计，乌镇年接待游客超1000万人次，旅游总收入超20亿元，带动就业超过5万人，在全国复制推广建设"乌镇模式"项目10个。

（二）工程建筑

在中国的历史长河中，工程类旅游资源以其宏伟壮丽和深邃智慧，成为文明进步的重要见证。这些资源主要分为三大类：防御工事、水利设施和交通工程。

1. 防御工事

古代中国的城市规划始终将军事防御放在重要位置。多数城池的建设初衷是军事防护,如边关要塞和屯粮之城。这些城池通常具有坚固的城墙和完善的防御体系,包括但不限于城门、瞭望塔、箭楼、护城河等。城垣作为城池的主体,展示了传统建筑技术的精湛,其构造多采用夯土或砖木结合。除此之外,还有多种战略性防御建筑,如羊马墙、射击台,以及吊桥等战术性设施,共同构成了古代城市坚不可摧的防线。

2.水利设施

中国自古便有治水的传统,历代君王将水利建设视作国家治理的基石。历史上涌现出众多水利专家,他们主持修建的水利工程至今仍有部分在发挥作用。这些工程不仅在当时领先世界,其规划和施工技术也与自然环境和社会需求高度契合,展现了中华民族的智慧与勤劳。著名的水利工程包括都江堰、灵渠、郑国渠等,它们不仅促进了农业发展,还改善了民生,维护了社会稳定。多样性也是中国水利工程的一大特色,从北方的井渠到南方的堤坝,每一项工程都根据地域特点精心设计。

3.交通工程

交通工程作为文明发展的标志,在中国古代扮演了至关重要的角色。秦朝为加强中央集权和地域联系,大规模修建道路和桥梁。渭桥,作为当时的重要桥梁,采用了当时最先进的建筑技术,成为丝绸之路上的一大壮丽景观。汉朝时,随着丝绸之路的开辟,沿线的桥梁和渡口得到了进一步的加固和扩建。隋唐时期,经济文化的繁荣推动了路桥工程的进一步发展,天津桥便是其中的代表,它不仅连接了洛水两岸,也成为当时交通和商贸的重要枢纽。

三、城市风光类建筑的导游词创作技巧

导游词创作讲究谋篇布局,对于城市风光类建筑的导游词创作,应围绕建筑或建筑群本身,对梳理加工过的材料,按照一定的逻辑顺序,进行排列组合,最后用恰当的语言表现出来。谋篇布局从结构来看,主要由开头、主体内容和结尾三部分组成。这一部分,我们继续从"凤头""猪肚""豹尾"的角度进行城市风光类建筑的导游词创作技巧的学习。

(一)民居类导游词

1."凤头"——引人入胜的开篇

开篇在民居类导游词中的重要性不言而喻,它相当于整篇导游词的"门面",直接影响游客的初始印象和后续的参与度。一个引人入胜的民居类导游词开篇应包含以下三个方面,即精彩开场、设定悬念和民居概述。

(1)精彩开场。

可以采用故事引入法,将一个与民居相关的小故事或传说作为开场,激发游客的好奇心。

以宏村承志堂为例,"凤头"可以这样撰写:

各位游客，大家好！欢迎来到被誉为"画里乡村"的宏村，今天我们将走进这里最具代表性的民居建筑——承志堂。在开始我们的参观之前，让我给大家讲述一个真实发生在这里的故事，这个故事关乎承志堂的建造者汪定贵的传奇人生。

汪定贵，清朝时期的一位富商，他年轻时家境贫寒，为了改变命运，他毅然离开家乡，外出经商。经过多年的努力，汪定贵积累了大量的财富，成为当地的名门望族。为了表达对祖先的敬仰和对后代的教育期望，他在晚年决定修建一座大宅院，这便是我们眼前的承志堂。

相传，在承志堂的建设过程中，汪定贵曾做了一个梦，梦见一位长者告诉他："承志堂非但为家，亦为乡梓之志。"这句话深深触动了汪定贵，他决定将宅院建成不仅供家族居住，还要成为教育子孙、传承家族精神的场所。因此，承志堂不仅是一座精美的民居，更是一个承载着汪氏家族梦想与希望的地方。

现在，就让我们带着这个故事，一起走进承志堂，去感受它的建筑魅力，聆听它背后的历史故事，体会汪定贵家族的传承精神……

（2）设定悬念。

在开篇向游客提出引人思考的问题或设置悬念，让游客产生想要深入了解景区的欲望。

以丽江古城木府为例，"凤头"可以这样撰写：

尊敬的游客们，大家好！欢迎来到世界文化遗产、国家5A级旅游景区——丽江古城。在这里，我们将探访一座古朴而神秘的民居类建筑——木府。在开始我们的旅程之前，我想先提出两个问题：你们知道为什么这座看似普通的宅院，能够被誉为"丽江古城的灵魂"吗？它究竟隐藏着怎样的秘密和历史故事？

木府，曾是丽江木氏土司的官邸，它的存在见证了丽江从明朝到清朝的政权变迁，承载着纳西族深厚的历史文化。这座宅院不仅建筑精美，还有着许多不为人知的传奇。今天，我将带领大家一起揭开木府的神秘面纱，探寻它背后的故事。准备好了吗？让我们一起走进木府，寻找答案，开启一段充满惊喜的探秘之旅……

（3）民居概述。

简洁明了地介绍民居的历史地位和文化经济价值等。

2."猪肚"——丰富饱满的内容

在导游词撰写中，导游词的主体部分应为内容丰富、结构紧凑、逻辑清晰的核心段落,这是支撑整个导游词内容的关键。

(1)民居历史背景。

针对民居类建筑,主体部分应介绍其历史渊源、建筑年代等详细信息,以便游客对民居建筑的基本情况有所掌握。同时,导游词中亦将简要概述民居的地理区位及其环境特点。在中国古代,民居的选址和周边环境被认为是至关重要的,人们致力于追求自然与建筑的完美融合。这一部分是游客对景点的初步了解,是引导游客进入主题的关键。

(2)民居建筑风格与布局。

导游词中应重点介绍民居的建筑布局。中国古代民居建筑通常采用院落式布局,以中心庭院为核心,四周为房屋和围墙,形成封闭的院落。院落的大小和形状根据主人地位和地形等因素而有所不同。在建筑布局上,讲究因地制宜、就地取材,如"背山面水"和"坐南朝北"。民居建筑风格与布局这部分内容应该是翔实、具体、多维度的,要充分展现民居的建筑特色和建筑之美。

(3)民居文化内涵与价值。

不同地区的民居建筑具有不同的地方特色,其特色不仅反映了当地自然环境和文化内涵,还体现了当地人民的生产生活和审美情趣。因此,在民居类导游词中,民居文化内涵与价值是导游词的精华部分。

3."豹尾"——深刻有力的结尾

结尾处要总结全文,回顾民居的核心价值与特色。导游可用富有感染力的语言强化游客的记忆,并结合当下旅游业的发展,提出问题或展望未来,引发游客的思考与共鸣。

(二)工程类导游词

1."凤头"——引人入胜的开篇

在工程类导游词的撰写中,开篇的优质性对于整篇导游词的成功至关重要。它不仅是导游词与游客接触的第一个环节,也是迅速抓住游客的好奇心、激发其兴趣、引导他们深入体验的关键。一个引人入胜的开篇,如同"凤头",能够为游客营造良好的游览氛围,奠定游览基调,并传递工程类建筑的重要信息。

通过讲述与工程建筑相关的历史故事、传说或神话,分享其独特之处,展示其精彩图片,以及提出引人思考的问题,导游可以创作出一个精彩的开篇,吸引游客的注意力,提高游客的期待值。这样的开篇不仅能够建立导游与游客之间的信任关系,还能提升游客的游览体验。

2."猪肚"——丰富饱满的内容

(1)历史背景。

在工程类导游词中,历史背景部分通常是游客对景点初步了解的开始,是引导游客进入主题的关键。它主要为接下来关于建筑用途、工程技术等更深入、更核心的讲解内容做铺垫。

（2）建筑用途。

导游词中，建筑用途部分是工程类导游词的重要内容，该部分为游客提供了丰富的实用信息，有助于增强游客的体验感。因此，建筑用途部分的讲解应尽量翔实、具体、多维度，且内容组织方面要紧凑、逻辑要清晰，便于游客理解和记忆。在撰写建筑用途时，要通过生动的语言和恰当的比喻，让游客能够直观地感受到建筑的用途。

以红旗渠为例，"猪肚"可以这样撰写：

> 游客朋友们，现在我们来到的就是红旗渠。它是20世纪60年代当地人民在极其艰难的条件下在太行山腰修建的引漳入林水利工程，2016年获批国家5A级旅游景区，被誉为"中国水长城"。该工程削平了1250座山头，架设了151座渡槽，开凿了211个隧洞。据计算，如果把工程中挖出的土石垒筑成高墙，可纵贯祖国南北，把广州与哈尔滨连接起来。正所谓"一声令下万马酣，十载削平千座山"。从此，巍峨的太行悬崖峭壁间缠绕了一条涓涓不雍的玉带，它一分为二、二分为四……化身千万，节节延伸，形成一个覆盖全县大地的生命水网。自此，赤地千里的林县摆脱了千百年来干旱缺水的困境，在红旗渠引来的一脉生命之水的浇灌下，走向发展和富饶。[①]

（3）工程技术。

工程技术展示了古代工匠在设计和建造过程中所展现出的高超技艺和独特智慧，这些技术成就往往代表了当时的最高水平，是游客了解古代文明和技术发展的重要窗口。深入介绍建筑工程技术，可以增加导游词的内涵和深度，让游客在游览过程中不仅欣赏到建筑的美观，还能理解其背后的技术和科学原理，尤其可以帮助研学团的学生们学习建筑、工程和历史方面的知识，提高学生的文化素养和科学素养。通过介绍工程技术，导游可以传播和弘扬工程建筑文化价值。因此，在工程类导游词中，工程技术内容是导游词的精华部分。

3."豹尾"——深刻有力的结尾

结尾处要总结全文，回顾工程建筑的核心价值与特色，结合工程建筑的现代应用与保护、文化遗产保护、教育研究、旅游开发、环境保护等方面，引发游客的思考与共鸣。

【城市风光类导游词范例】

永定土楼——承启楼

各位游客朋友，大家好，欢迎参观永定土楼！土楼是一种以石为基，夯土

---

① 资料来源：2019年全国职业院校技能大赛高职组"导游服务"赛项二等奖，长春职业技术学院，选手王媛，指导教师崔文静。

作墙而建造起来的集体建筑,是福建山区客家人的大型民居形式。永定是福建土楼分布最多的地区,一共有土楼23000多座,主要有高北土楼群、万安土楼群和洪坑土楼群等,这里的土楼数量众多、类型多样、历史悠久,被誉为"一座没有大门的中国客家土楼博物馆"。

朋友们!大家眼前的这座土楼呢,就是我们今天首先要参观的永定"土楼王"——承启楼。它的外观呈巨大的圆柱造型,由泥土和木头建成,土墙有四层楼高,顶上盖有青瓦,这就形成了它高大、厚重、粗犷、雄伟的建筑风格。

来,让我们走进土楼,一探究竟。大家看到楼内建筑高低错落、门廊相连、环环相套,是不是有点儿眼花缭乱?为了更好地看清它的整体结构,咱们先上四楼。朋友们!我们现在位于承启楼外环楼4楼的走廊。请大家往下看,楼中心的单层圆屋是祖堂,以祖堂为中心,由内向外,三个通廊式建筑如年轮般形成三环。内环是一层建筑,中环是两层建筑,这两环呢,原先是作为会客、读书、休闲的场所,后来人口增多,大多改作厨房、饭厅或住房。

承启楼

外环呢,就是我们脚下的这栋楼,也是整个建筑的主楼。大家看,它一共有4层,一楼是厨房,二楼是粮仓,三楼和四楼是卧室。客家人把每一列垂直向上的四层列为一户,按照"房份"均分房屋,每户的楼层结构、房间数量和房屋大小都相同。客家人认为,这种平等、向心的分配方式能够"一人有喜,全楼欢庆;一家有难,全楼帮扶"。

大家再往下看,除了刚刚看到的主体四环,楼内还有天井、走廊、楼门等众多公共空间。客家人轮流对这些区域进行管理和维护,比如,日常的开门闭户、打扫公共区域,每户按天轮流承担;像祭祖、敬神等大型节庆活动,每户按年轮流。

客家人聚族而居,通过空间的建立、分配、管理等手段,完成了对居民思想和行为模式的规训与控制,最大限度地促进了人与人之间的沟通与交往,成为小家庭与大家族和谐聚居的范例。直到现在,土楼和谐的人际交往模式,仍然值得现代社区管理去研究和借鉴。好了,关于土楼我就先讲到这儿,接下来给大家半小时自由参观!

（资料来源:2022年全国职业院校技能大赛高职组"导游服务"赛项二等奖,重庆城市职业学院,参赛选手宋子恩,指导教师冯咏。）

点评:

福建土楼群分布很广,各具特色。第一次来福建的游客大多会选择永定土楼。本篇导游词正好选取了福建土楼的代表——永定土楼,和永定土楼群中的土楼王"承启楼"进行了重点介绍,逐层递进,主次分明,讲解节点布局严谨且合理,体现了选手优秀的逻辑思维能力与导游词创作能力。讲解内容方面,结合客家文化讲解土楼王的设计布局,让中国地域文化与特色建筑相互衬托、相得益彰。讲解词文化底蕴深厚,主题特色鲜明。

可可托海3号矿坑

各位朋友:

大家好!欢迎来到世界地质公园可可托海参观游览。

可可托海位于新疆北部阿勒泰地区的富蕴县。景区由额尔齐斯大峡谷、3号矿坑、萨依恒布拉克、可可苏里、卡拉先格尔组成,以稀有金属矿床和地震遗迹最具特色。

朋友们,现在我们来到的是龙门广场。大家请看广场正中央这个国家矿山公园主题雕塑。它由许多不规则的银灰色多面体组成,上面写着锂、铀等稀有金属的名称。公园内为什么会有这样一个雕塑呢?

请大家随我走到雕塑后面的观景平台上。站在这里往下看,在我们眼前的是一个顶部大、底部小的漏斗状巨型矿坑。它直径约250米,深200多米,相当于70层楼那么高。这就是因开采刚才那个雕塑上的稀有金属而形成的3号矿坑。

可可托海3号矿坑

这个矿坑最初是一座高出地表260多米的山峰。它是如何变成现在的模样呢？20世纪30年代，这里发现了大量的稀有金属矿藏，并于中华人民共和国成立后开始大规模开采。当时既没有先进的技术设备，也没有大型的运输工具。采矿时，主要靠人工在露天环境下挖掘、筛选和运送矿石。

阿勒泰地区冬季最低气温可低至−50℃，那时候棉衣、粮食等物资严重供应不足，所以露天采矿条件非常恶劣。不畏艰难的可可托海人，硬是用将近70年的时间，开采出800多万吨矿石，挖出了这个世界上最大的单体矿坑，堪称现代版的"愚公移山"。

开采过程中，这里先后发现了铍、锂、铯等86种矿物，其矿物种类占世界已知矿物种类的60%，并且以储量丰富的稀有金属为主。3号矿坑因此被称作"天然矿物博物馆"。

依托这些矿产资源，可可托海建起我国第一个国防航天尖端原材料供应基地，为中国第一颗原子弹提供了铍，为第一颗氢弹提供了锂，还为第一颗人造卫星提供了铯。所以，3号矿坑又被誉为"两弹一星"的"功勋矿"。

不仅如此，20世纪60年代，为偿还巨额外债，3号矿承担了以矿抵债的国家任务，短短3年的时间内，就以一坑之力偿还了超过40%的外债，可以说它是共和国的"英雄矿"。

在漫长的岁月里，老一辈的矿工们，用自己的青春和热血，铸就了吃苦耐劳、艰苦奋斗、无私奉献、为国争光的可可托海精神。

关于3号矿坑，我就先介绍到这里，接下来，请大家随我到旁边的矿洞里去体验一下当年的采矿工作吧！

（资料来源：2022年全国职业院校技能大赛高职组"导游服务"赛项二等奖，重庆旅游职业学院，参赛选手文平平，指导老师张攀攀。）

点评：

本篇导游词具备了竞赛导游词应有的较多优点。其一，本篇导游词以国家5A级旅游景区可可托海中的"3号矿坑"为自选主题，讲解角度新颖，主题特色鲜明。其二，本篇导游词结构清晰、内容饱满、逻辑性强。开篇点明参观景点，介绍可可托海概况，然后以"公园内为什么会有这样一个雕塑呢？""它是如何变成现在的模样呢？"两个问句，采用自问自答法，引出整篇讲解的重点内容"3号矿坑"，衔接自然，引人入胜；接着移步换景从广场转移到观景平台上。主体内容选择围绕着矿坑形成的原因而展开，从可可托海人不畏艰难开采矿石，到矿产资源为国家建设做出的贡献，层次清晰利落，内容丰富完整，较充分地讲述了可可托海3号矿坑的成因和作用。同时，融入"愚公移山""英雄矿"等精神内涵，结尾简洁精练，有效升华了主题。其三，整篇导游词节奏合理、节律感加强，语言组织能力较强，导游讲解方法和技巧运用恰当，对"可可托海精神"的阐释富有感染力和渗透力。所以，总结下来，这是一篇具有借鉴意义的导游词，但仍有可继续提升的地方。首先，通篇导游词约

视频
▼

可可托海（2022年全国职业院校技能大赛高职组"导游服务"赛项二等奖，重庆旅游职业学院）

900字,作为一篇5分钟的导游词,可以适当再增加一两句话来充实和升华讲解的内容;其次,"3号矿坑"大约在通篇导游词的三分之一处才提及,出现得较晚,点题较晚;最后,本篇导游词基本属于常规导游词的模式,在结构和技巧方面还可以继续探索。

任务四　地方文化类导游词创作

任务描述

本项目旨在深化学生对中国地方文化、宗教人文古迹的认知和理解,让学生掌握不同类型的宗教人文古迹导游词的撰写方法与技巧,并通过导游词这一载体,提升游客的游览体验。

任务目标

认识各类宗教人文古迹的类型和特点;把握宗教建筑与周围环境的融合与协调关系;运用所学知识,创作出具有个性化、创新性和感染力的地方文化类导游词,提升游客的游览体验和文化认知。

一、地方文化概述

（一）地方文化的定义

地方文化,是在特定地区人民长期历史演进中孕育出来的,具有鲜明地域特色和深厚历史文化价值的文化表现形式。它涵盖了物质文化、制度文化和精神文化等多个维度。地方文化具有显著的地域性特征,受到当地自然环境、地理气候、资源禀赋等多种因素的影响,从而形成了独特的文化风貌。地方文化承载着丰富的历史信息,是民族历史和文化传承与发展的关键载体。地方文化的多样性体现在不同地区、民族、宗教信仰等因素所孕育出的各具特色的文化形态中。地方文化并非一成不变,而是在人们的日常生活中持续发展和演变,呈现出活态传承的特性。在形成过程中,地方文化往往受到多种文化的影响,从而展现出多元化的文化面貌。地方文化在社会生活中扮演着重要角色,并在教育、娱乐、审美、道德规范等方面发挥着重要作用。由于宗教建筑是地方文化的重要表现形式,本任务主要以宗教建筑为代表进行导游词创作。

（二）宗教建筑在地方文化中的地位

宗教建筑在地方文化中占据着举足轻重的地位,它们不仅是宗教信仰的物质载体,也是地方历史、艺术、建筑和社会生活的综合体现。宗教建筑通过建筑的形式、装饰、仪式和活动,为信徒提供宗教实践和信仰表达的空间。这些建筑往往具有神圣性,是信徒祈祷、祭祀,以及举行宗教仪式和开展宗教教育的重要场所。

宗教建筑往往具有精美的建筑风格和艺术装饰,它们融合了地方建筑技艺和宗教艺术特点,成为地方建筑艺术的典范。宗教建筑往往也体现了古代工匠和建筑师的高超技艺和独特智慧。

宗教建筑往往具有独特的文化价值和艺术魅力,它们吸引了大量游客前来参观和体验。宗教建筑的旅游开发,不仅有利于推动地方经济的发展,还有利于促进文化的交流和传播。

二、宗教建筑的典型代表及特点

(一)佛教建筑

佛寺、佛塔、石窟被称为佛教三大建筑,它们见证了中国文化的演进和佛教的兴盛,具有重要的历史意义和艺术价值。

1. 佛寺

中国佛寺主要分为汉传、藏传和南传三种类型。汉传佛寺数量众多,包括洛阳白马寺、嵩山少林寺等。其中,白马寺是佛教传入中国后第一座由官方修建的佛寺,与我国佛教历史上的"永平求法"有关,是佛教徒朝拜的圣地。藏传佛寺以格鲁派六大寺为代表,还有拉萨大昭寺、北京雍和宫等。南传佛寺主要分布在云南,规模较小,较著名的有曼阁佛寺和菩提寺等。

嵩山少林寺

2. 佛塔

佛塔在功用上分为两类:一类为昭示佛教护国佑民的宝塔;另一类是为圆寂高僧建造的骨塔,或称舍利塔。我国佛塔在类型上大致可分为汉传佛教的楼阁式塔、密檐塔、单层塔、金刚宝座塔,以及藏传佛塔(喇嘛塔)和南传佛教的佛塔等。

3. 石窟

石窟起源于印度,随着佛教的传播而出现。石窟实际上是僧房,是佛教徒们集会、诵经、修行的地方。中国的石窟主要用来供奉佛和菩萨。现存石窟中较著名的有甘肃敦煌的莫高窟、甘肃天水的麦积山石窟、山西大同的云冈石窟、河南洛阳的龙门石窟等。

嵩岳寺塔

云冈石窟

（二）道教建筑

道教集中国古代文化思想之大成，以中国古代道家思想理论为基础，并融入医药、数理、文学、地理等学问。道教供奉神像和进行宗教活动的场所通常称为宫、观等。我国现存的道教建筑大部分为明清时建造或重建，早期遗存很少。著名的道教建筑有山西永乐宫、江苏玄妙观、青城山古常道观、崂山太清宫、武当山紫霄宫、龙虎山正一观、北京白云观、成都青羊宫等。

（三）伊斯兰教建筑

清真寺是伊斯兰教建筑的主要类型，受地方文化的影响，伊斯兰教建筑在不同地区呈现出不同的特点。

三、地方文化类导游词创作技巧

地方文化类景区中的典型代表——宗教建筑的导游词创作需要结合"凤头""猪肚""豹尾"的结构，以确保内容的吸引力、丰富性和深刻性。

（一）凤头——引人入胜的开篇

宗教建筑的导游词开篇可以采用故事化的手法，以一个与宗教建筑相关的故事或传说为切入点，讲述建筑的起源、历史事件或与建筑相关的重要人物；也可以引用与之相关的名言、诗句或经文，为开篇增添文学色彩和深度；还可以从抛出一个与建筑的神秘之处或与宗教信仰关联的问题开始，激发游客的好奇心和思考。

（二）"猪肚"——丰富饱满的内容

宗教建筑导游词的主体部分可以从其建筑本身的概况介绍、建筑格局、艺术价值及思想内涵等角度来撰写。

Note

1. 概况介绍

介绍宗教建筑的宗教派别、地理位置、历史背景、营建年代等相关信息,让游客对宗教建筑的基本情况有所了解。

2. 建筑格局

(1)描述宗教建筑的外部景观,包括周围环境、自然景观、人文景观等。

(2)描述宗教建筑的内部构造、空间布局、藻饰摆设等。

3. 艺术价值

在撰写宗教建筑的导游词时,导游需要将建筑艺术与宗教文化相结合,以凸显其独特之处,而非仅仅介绍佛教、道教或伊斯兰教本身。

不同的宗教建筑所表现的艺术价值各不相同:有的源于宏伟的外观,有的源于特殊的材料,有的源于精美的雕塑和绘画,有的源于巧妙的建筑布局,等等。这些都是我国传统文化的瑰宝。创作导游词时,导游要善于发现其艺术价值,并将其作为创作的重点内容之一。

4. 思想内涵

导游在创作宗教建筑的导游词时,要有意识地将宗教建筑与宗教文化结合起来,体现出导游词的目的性和表现力。例如,在撰写佛教建筑的导游词时,每座建筑都遵循着严格的仪轨制度,其中大雄宝殿举办重大的法事活动,药师殿则用于举行消灾延寿法会,而念佛堂一般用于诵经念佛。在撰写道教建筑的导游词时,要重点把握道教的哲学思想,如道教主张大道至简,顺应自然,与大自然和谐相处,因此,道教建筑往往与自然环境融为一体,利用自然元素,如山水、树木等来设计建筑,强调人与自然和谐相处。在撰写伊斯兰教建筑导游词时,要将建筑艺术与伊斯兰教文化相结合,如伊斯兰教禁止崇拜偶像,所以清真寺内饰以阿拉伯式花纹和经文书法雕刻为主,不绘制人物和动物。

(三)豹尾——深刻有力的结尾

撰写宗教建筑的导游词的结束语(即"豹尾")时,需要给游客留下深刻印象,并激发他们对宗教建筑及其文化价值的持续思考。在结束语中,可简洁地回顾导游词中提到的主要信息和亮点,帮助游客巩固记忆;或通过感人的语言或故事,引发游客的情感共鸣,使其对宗教建筑产生更深的情感体验。另外,也可以提出一些具有启发性的问题或观点,鼓励游客对宗教建筑的意义进行深入思考,以开放性问题激发游客在游览结束后继续探索和学习的兴趣。最重要的是,导游词结尾要再次强调宗教建筑的文化、历史和艺术价值,以及宗教建筑对社会和个人生活的影响,并鼓励游客参与宗教文化遗产的保护和传承。

【地方文化类导游词范例】

莫　高　窟

万载沧桑，盛世之光，欢迎您来到敦煌，我是导游小王。在接下来的时间里，我将竭尽全力做好服务工作。预祝大家带着憧憬而来，满意而归。

千年一梦，一梦千年，我从大漠走来，向君诉说"丝路重镇"敦煌的故事，今天我要带大家走进沙漠深处，去寻找丝绸之路上的一颗璀璨明珠，它曾让无数中外学者为其倾尽一生，它就是有着"沙漠博物馆"之称的敦煌莫高窟。余秋雨先生曾说："看莫高窟，不是看死了一千年的标本，而是看活了一千年的生命。"现在就让我们走进这座沉淀千年的佛教艺术殿堂，去感受丝路文化的博大与魅力。

莫高窟位于敦煌市东南25千米处，鸣沙山与三危山之间，宕泉河西面的崖壁之上。始建于十六国时期，据唐代《李君修莫高窟佛龛碑》记载，前秦建元二年，也就是公元366年，一个叫乐尊的和尚，云游至此，忽见金光闪现，如现万佛，于是便在崖壁上开凿了第一个洞窟。不久，法良禅师也来此开窟造像，之后这里的石窟开凿便络绎不绝，有僧人用于修行的禅窟，但更多的是用于礼拜的佛窟。到唐代时，这里已有洞窟千余个，因其建于沙漠的高处，所以人们称其为莫高窟，也叫千佛洞。莫高窟现有洞窟735个，有壁画和雕塑的洞窟492个，壁画4.5万平方米，彩塑3000余尊，是当今世界上保存最完整、规模最大的佛教艺术洞窟。美国《时代》杂志感叹它是"世界佛教题材的艺术聚集地"。

莫高窟

莫高窟是古建筑、雕塑、壁画三者相结合的艺术宫殿，尤以其丰富多彩的壁画著称于世，被人们称为"壁画艺术长廊"。

到莫高窟一定要参观第17窟——藏经洞。1900年的一天，道士王圆箓在清扫洞窟积沙时，偶然发现了这个洞窟，并从中发现了从公元4世纪到11

世纪的各类文献资料及文物艺术品5万余件,这为我国研究中国古代历史提供了丰富而又宝贵的资料。由此,一门国际显学——敦煌学也应运而生。1944年我国成立了国立敦煌艺术研究所,1961年莫高窟被国务院列入全国重点文物保护单位,1987年被联合国教科文组织列入世界文化遗产名录,并于1991年被授予"世界文化遗产"证书。

莫高窟是人类珍贵的精神财富和文化宝藏,历经千年,莫高窟的许多洞窟早已斑驳得没了模样。或许百年之后,世人再也看不到这里的一切了,因为我们进入洞窟参观时的每一次呼吸,都可能影响那些早已开始氧化和褪色的壁画和雕塑。所以在您参观游览时,一定要谨记讲解员的要求,让莫高窟长久保存下去。

好的,朋友们,我的讲解就先告一段落,现在请大家收拾好自己的随身物品,跟我一同下车去参观游览,谢谢大家。

(资料来源:2022年全国职业院校技能大赛高职组"导游服务"赛项三等奖,酒泉职业技术学院,参赛选手王祖龙,指导教师吕开伟。)

点评:

本篇导游词从"丝路重镇"到"沙漠博物馆",从余秋雨先生曾说的"看莫高窟,不是看死了一千年的标本,而是看活了一千年的生命",到美国《时代》杂志感叹它是"世界佛教题材的艺术聚集地",整体节点布局较为合理,语言文字富有文采。从乐尊和尚到法良禅师,从藏经洞到敦煌学,内容正确、尊重史实;紧扣主题,对人类珍贵精神财富的保护发起呼吁,具有较强的感染力。

任务五　人文古迹类景区导游词讲解

任务描述

本项目旨在提高学生的讲解水平,让学生掌握不同类型人文古迹类景区导游词的讲解技巧。使学生能够运用所学技巧,提供高质量的讲解服务,有效地传承和弘扬地方乃至国家的文化,让游客对人文古迹有更深的认识。

任务目标

掌握并熟练运用不同类型的人文古迹类景区的导游词讲解技巧。通过实践和训练,能够提供专业、生动、富有教育意义的讲解服务;能够根据游客需求提供个性化讲解服务;遇到突发事件时,能够灵活调整讲解内容和方式,确保讲解的连续性和质量;对于国际游客,能够使用多种语言进行讲解,满足不同文化背景游客的需求。

Note

一、讲解前的准备工作

（一）收集资料

在撰写导游词之前，要先收集有关中国古代建筑、中国古典园林、城市风光类建筑和地方文化类建筑的资料，包括其历史背景、文化内涵、营造特点等方面。可以通过查阅文献、网络搜索等途径获取相关信息。

（二）分析游客需求

在撰写导游词时，要充分考虑游客的需求和兴趣。不同类型的游客对于人文古迹类景区的旅游目的、关注点和兴趣点不同，需要根据实际情况进行分析和判断，以满足游客的需求。

二、讲解技巧

导游词讲解技巧在语言方面对于不同类型的景点有着不同的要求和侧重点。以下是对中国古代建筑、中国古典园林、城市风光类建筑和地方文化类建筑的讲解技巧的详细论述。

（一）中国古代建筑

1. 引入历史文化

在讲解中国古代建筑时，要注重引入建筑的历史背景和文化故事，让游客感受到建筑的历史沉淀。

2. 解释专业术语

使用专业术语，如斗拱、檐角、脊兽等，同时向游客解释这些术语的含义，增加讲解的知识性、权威性。

3. 强调建筑特色

强调建筑的特色和独特之处，如木结构的精巧、石刻的艺术性等。宫殿建筑的装饰和雕刻都具有深刻寓意。例如，龙和凤是中国古代宫殿建筑中经常出现的图案，象征着皇权。在雕刻方面，无论是木雕、石雕还是砖雕，都具有极高的艺术价值，同时也蕴含着深刻的文化内涵。

4. 加强沉浸式体验

对于一些可以允许游客亲身体验的游览项目，导游应指导游客亲自参与活动，提升游客游览中国古建筑的体验感。例如，北京天坛景区圜丘坛的天心石的回音，被称为天坛的三大声学奇迹之一，在这里游览时，导游可先让游客体验，再进行原理解释，游客的印象就会非常深刻。

（二）中国古典园林

1. 描绘意境

古典园林讲究意境,导游词要通过语言描绘出园林的意境,如"小桥流水""曲径通幽"等。

2. 突出文化内涵

要重点讲解古典园林中的文化内涵,如楹联、匾额所蕴含的意义,以及园林设计背后的哲学思想。

3. 加强互动体验

设计恰当的游览路线,选择最佳审美角度。大部分中国古典园林的道路很少为直道贯通,常常是曲径蛇行,因此,选择最佳的观赏位置是获得最佳审美体验的重要方法。要引导游客参与互动体验,如模拟古人游园的路线,让游客亲身感受园林的布局和设计巧思。

4. 引导游客点、线、面结合观景

在引导游客游览古典园林时,提醒游客注意景点、景观廊道和景观域面的结合,从而更好地感受古典园林的魅力。

（三）城市风光类建筑

1. 工程类

(1)重点讲解工程建筑的作用与建造技术。

工程建筑不仅具备实用性,亦蕴含着丰富的文化意蕴。导游在向游客介绍工程建筑时,应着重阐释其功能与建造技术,以便更充分地向游客展示该建筑的历史价值。

(2)讲解语言通俗性和互动性。

导游在介绍工程建筑时,特别是涉及建筑布局、工艺和技术方面,应根据团队成员的特点,准备易于理解的讲解内容。应避免过度使用专业术语,以免讲解生涩难懂,缺乏通识性和互动性。

2. 民居类

(1)突出地方和民族特色。

在讲解过程中,导游要注意突出地方特色,对于具有普遍性和共性的内容,可采用问答和交流的方法引导游览和讲解。对于特色鲜明的不同内容,可采用对比讲解和故事引申的方法吸引游客的注意力,给游客留下深刻的印象,增强游客的游兴。此举不仅能让游客肯定导游素质和服务质量、增加游客的知识,还能让游客成为"义务"宣传员,拓展旅游市场。

(2)鼓励游客参与民俗活动。

参观民居建筑时,鼓励游客参与当地民俗活动,体味地域特色民族文化的多样性、

传承性、娱乐性。通过参与民俗活动,游客可以深入了解当地的文化、历史和传统,从而提升游客的旅游体验感、促进文化交流和增强理解,同时可以增加游客对传统文化的认识和了解,从而促进传统文化的保护和传承。此外,更丰富、更有意义的旅游活动,有利于提高旅游品质、增加游客的满意度。

(四)地方文化类建筑

1.全面掌握游客兴趣点

当旅游活动开展到一定阶段时,让游客从历史、宗教、文学、艺术、哲学及民族风俗等不同的视角来欣赏这些文化古迹,可以使游客陶冶情操,同时拓宽知识面、提升旅游乐趣。它要求导游必须对地方文化类建筑等游客所关心的内容有全面了解,如建筑的外观样式与布局特点、建筑内部的雕刻与绘画艺术。

2.讲解突出重点

导游在介绍具有地方文化特色的建筑和景区时,特别是在那些占地面积较大的区域,应专注于对特定景点进行深入讲解,而非对每一个景点都进行详尽解说。在解说过程中,鉴于景区内容的丰富性,导游应依据各区域的特色及空间布局,突出重点,采取多样化的讲解策略。

三、运用现代技术,创新导游词讲解

导游作为旅游行业的重要角色,肩负着向游客传递旅游知识和提供丰富旅游体验的重任。然而,传统的导游模式已经无法满足游客对个性化、便捷化导览服务的需求。随着科技的不断创新和应用,导游可以借助各种科技手段提升导览效果,为游客提供更好的旅游体验。

在当今时代,"互联网+旅游"已经迎来了一个迅猛发展的阶段,数字化技术正在迅速为文旅产业注入新的活力。导游在向游客介绍人文古迹类景区时,不应局限于传统的导游词,而应根据游客的不同背景和兴趣,灵活运用各种现代科技手段。

(一)虚拟导览和增强现实技术

虚拟导览和增强现实技术迅速崛起,成为旅游行业的新宠。导游借助这些先进技术,能够为游客提供更为生动和真实的导览体验。游客在参观景点时,通过佩戴VR头盔或AR眼镜,能够沉浸于逼真的场景之中,并且能够即时获取丰富的导览信息。例如,在博物馆游览过程中,游客可以利用虚拟导览系统,以三维形式观赏艺术品,并聆听导游的详细解说,从而加深对艺术品的认识和欣赏。此外,增强现实技术可通过游戏化元素和交互式设计,将现实环境与虚拟信息巧妙融合,为游客带来更加趣味盎然且互动性强的导览体验。

(二)移动应用程序

移动应用程序已成为导游服务的高效工具,导游可通过这些应用程序提供定制化的导览服务。游客能够依据个人的兴趣和时间规划,在应用程序中挑选感兴趣的景点、展览或路线。应用程序不仅提供详尽的导览资讯,如历史渊源、艺术品解说、特色文化等,还具备导航功能,便于游客在不同景点间便捷移动。此外,移动应用程序亦可与游客的社交媒体账户互联,使游客能够通过应用程序分享旅行心得和照片等。

(三)网络直播

随着互联网直播声量的日益壮大及"网红经济"的快速发展,越来越多的导游尝试转战旅游直播领域,利用网络直播平台宣传旅游景点和风土人情,同时也带动了地方特产的销售。这种转变不仅重新定义了导游这一职业,还对导游的技能提出了新的要求。

在这一趋势下,越来越多的导游开始学习如何使用各种直播设备,掌握拍摄技巧和剪辑技术,以便在镜头前展示最佳的旅游体验。导游不仅要确保直播内容具有吸引力和价值,深入挖掘讲解景点的历史背景、文化故事等,还要学会与观众互动、回答各种问题,甚至应对突发状况。为了吸引更多的粉丝,导游还需要具备一定的表演天赋,通过生动的讲解和有趣的互动,让观众感受到身临其境的体验。

知识活页
Zhishi Huoye

"73855定律"在导游词创作与讲解中的应用

"73855定律"又称梅拉比安沟通模型或麦拉宾法则,是心理学教授艾伯特·梅拉比安提出的一个沟通理论。根据这一原则,人们在沟通时的印象形成主要受以下3个因素影响。

在人们进行语言交流的时候,55%的信息是通过视觉传达的,如手势、表情、外表、装扮、肢体语言、仪态等;38%的信息是通过听觉传达,如说话的语调、声音的抑扬顿挫等;剩下的7%的信息来自纯粹的语言表达。

而从更广义的大众传播角度来说,后来的科研成果也表明,在人类所有的感知信息中,视觉信息占83%以上。

如果一个人的发音浑厚有力,那么他就会给人一种可靠、自信的感觉。

如果一个人的发音软绵绵、没有力气,那么他给人的感觉就是不自信、不靠谱,甚至不老实。

说话时,"说了什么"只能传达7%的信息,而语气、声调、速度却能传达38%的信息,是前者的5倍之多。如果不重视声音,和人沟通时就会损失近40%的内容。

在导游词的创作与讲解中,"73855定律"可以这样应用:

1.内容创作(7%)

导游词的内容应准确、生动,并且有吸引力。要确保所传达的历史文化信息准确无误,同时用富有感染力的语言来吸引游客的注意力。

2.声音表达(38%)

导游在讲解时的语调、语速、音量以及情感表达都非常重要。适当的声音变化可以增强信息的传递效果,让游客感受到更多的情感色彩和讲解的生动性。

3.肢体语言(55%)

导游的肢体动作、面部表情和眼神交流对于沟通至关重要。适当的手势可以强调重点,面部表情可以传达情感,而眼神交流则能够建立起导游与游客之间的联系。

4.互动性

虽然"73855定律"中没有直接提到,但在导游词的创作与讲解过程中加入互动环节,比如提问、小游戏或让游客参与讲解等,可以提高游客的参与度和兴趣。

5.个性化和针对性

了解游客的背景和兴趣点,根据他们的特点来调整导游词的内容和讲解方式,使讲解更加贴近游客的期待和需求。

6.多媒体辅助

结合图片、音频或视频等多媒体工具,使导游词讲解更加生动,可以增强游客的体验感。

7.持续学习和改进

根据反馈不断优化导游词和讲解技巧,以提供更高质量的导游服务。

"73855定律"强调了非语言沟通在人际交往中的重要性,导游在创作和讲解导游词时,可以利用这一定律来提升自己的讲解技巧,增强与游客的沟通效果。

项目小结

本项目旨在增进学生对中国丰富的人文古迹类旅游资源的认知和理解,包括古代建筑、古典园林、城市风光及地方文化等,掌握导游词创作方法,提升讲解技巧和多媒体运用能力。通过学习,学生能了解不同类型人文古迹的历史背景、建筑特点、艺术风格和文化象征,增强文化自信和民族自豪感。

项目训练

一、知识训练

请扫描二维码进行在线答题。

在线答题

项目五

Note

二、能力训练

根据以下材料所提供的信息和要求,创作一篇关于乌镇的导游词,开展导游词讲解练习并拍摄讲解视频,进行生生互评和教师评价。

乌镇作为中国首批十大历史文化名镇和中国十大魅力名镇、全国环境优美乡镇,素有"中国最后的枕水人家"之誉。2023年,乌镇乌村荣获"2022乡村旅游振兴标杆项"奖项,2022年入选"全国非遗与旅游融合发展优选项目名录",乌镇成为浙江唯一上榜名单的景区,成功入选"非遗旅游景区"之列,2022年乌镇景区入选"第二批国家级夜间文化和旅游消费集聚区名单"。

乌镇位于浙江桐乡北端,地处富饶的杭嘉湖平原中心。历史上曾是两省(浙江、江苏)、三府(嘉兴、湖州、苏州)、七县(桐乡、石门、秀水、乌程、归安、吴江、震泽)错壤之地。陆上交通有县级公路姚震线贯穿镇区,经姚震公路可与省道盐湖公路、国道320公路、318公路、沪杭高速公路、申嘉湖高速公路、乍嘉苏高速公路相衔接。乌镇距桐乡市区13千米,距周围嘉兴、湖州、吴江三市分别为27千米、45千米和60千米,距杭州、苏州均为80千米,距上海140千米。镇域面积79平方千米,城区面积2.5平方千米。

乌镇将先进的管理理念实践于对古镇的保护,当地对古镇保护开发方式进行了有效探索,积累了成功经验。如管线地埋、河道清淤、修旧如旧、控制过度商业化等工作,都是在全国古镇保护开发中首创或成功运作的典范,受到了专家和同行的肯定,被联合国专家考察小组誉为古镇保护之"乌镇模式"。

茅盾故居位于乌镇观前街17号,清光绪二十二年(1896年)7月,茅盾出生于此。茅盾故居分为前后两埭,总面积为549.17平方米。前埭坐北朝南,是一幢四开间两进深的走马楼式木结构楼房,楼上楼下共16间,中间有一小天井,建筑面积444.25平方米。门面底层是整齐的原板壁,上半部是一排木板窗,靠西向新华路一面是墨色的围墙,屋檐两端是高高的马头墙,顶部用白色线条勾勒。整个建筑显得端庄凝重,古朴典雅。后埭为3间平房,茅盾亲自设计翻建为书斋。1988年1月13日,茅盾故居被中华人民共和国国务院公布为第三批全国重点文物保护单位。

创作要求及评分参考(共100分):

(1)请根据所提供的材料,撰写一篇在语言、形式上符合要求的导游词(20分);

(2)导游词篇幅控制在1500—2000字(10分);

(3)要求按照材料中提到的乌镇及茅盾故居的信息,自行查找文献,并进行恰当的解释与扩充(50分);

(4)要在选材、角度、结构、表达等方面有一定的创新性(20分)。

项目六
人造景区导游词创作与讲解

项目描述

本项目详细介绍了包括旅游度假区、主题公园、博物馆、纪念馆等人造景区导游词创作的基本框架和技巧。

项目目标

知识目标

(1)掌握人造景区导游词包含的内容。
(2)掌握人造景区导游词的讲解技巧。

能力目标

(1)能够创作和改写人造景区导游词。
(2)能够熟练地进行人造景区导游词讲解。

素养目标

(1)具有应对突发事件的能力,处变不惊。
(2)规范服务流程标准,培养卓越服务精神。
(3)培养终身学习能力,关注时事,拓宽知识面。

知识导图

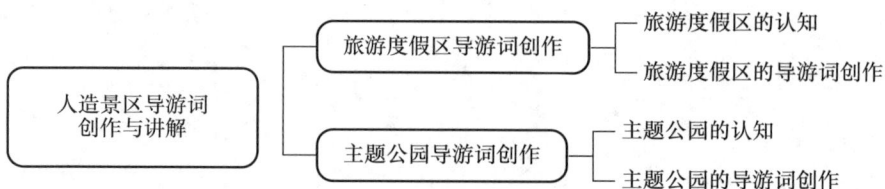

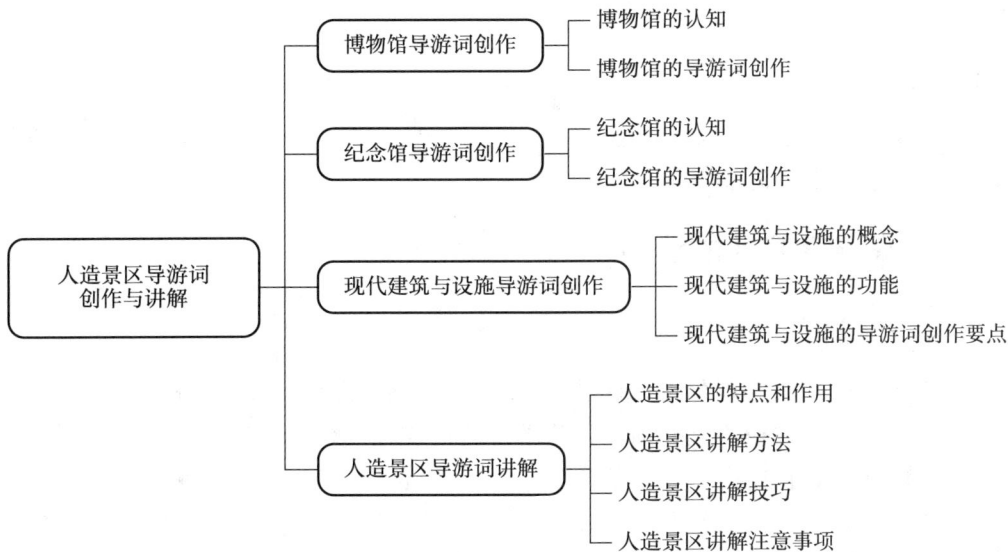

```
                              ┌─ 博物馆的认知
              博物馆导游词创作 ─┤
                              └─ 博物馆的导游词创作

                              ┌─ 纪念馆的认知
              纪念馆导游词创作 ─┤
                              └─ 纪念馆的导游词创作

                                    ┌─ 现代建筑与设施的概念
 人造景区导游词                        │
 创作与讲解  ─── 现代建筑与设施导游词创作 ─┼─ 现代建筑与设施的功能
                                    │
                                    └─ 现代建筑与设施的导游词创作要点

                              ┌─ 人造景区的特点和作用
                              │
              人造景区导游词讲解 ─┼─ 人造景区讲解方法
                              │
                              ├─ 人造景区讲解技巧
                              │
                              └─ 人造景区讲解注意事项
```

项目引入

人造景区导游工作的实践与挑战——以杭州宋城为例

在文旅产业创新发展浪潮中，人造景区凭借创意策划与沉浸式体验脱颖而出。以杭州宋城为例，这个依托宋代文化打造的主题景区，秉持"给我一天，还你千年"的理念，将历史场景与现代科技深度融合：每天开园时，身着古装的"衙役""商贩"与游客互动；在《清明上河图》电影馆中，画中人物与船只栩栩如生，让游客仿佛穿越时空。

优秀的宋城导游不仅要熟悉景区内《宋城千古情》等演艺节目的编排亮点，还要化身"文化使者"。曾有位导游在讲解"宋城门"时，结合宋代建筑特色与《营造法式》，生动讲述当时的建筑智慧；介绍"市井街"时，从宋代商业繁荣、市民生活切入，展现中华文化的多元魅力，让游客深刻感受文化传承的力量。

但人造景区导游工作并非一帆风顺。面对追求新奇体验的年轻游客、渴望深度讲解的文化爱好者，导游需灵活调整讲解策略。在景区游览高峰期，应对客流疏导、游客咨询等突发状况，更是对专业能力的全方位考验。

任务一 旅游度假区导游词创作

任务描述

本任务对旅游度假区进行了较为全面的介绍，对旅游度假区导游词的创作形式和

Note

内容进行了举例介绍。

任务目标

熟悉旅游度假区的分类和特点,掌握旅游度假区导游词创作的结构和内容,能进行旅游度假区导游词的撰写和修改。

一、旅游度假区的认知

(一)旅游度假区的概念

随着时代的发展与现代科技的进步,短短20多年,旅游度假区以其独特的吸引力成为现代旅游业中的极为重要的一种旅游目的地,越来越多的游客选择参加具有创意的、个性鲜明的、富有独特IP属性的旅游活动,从中获得综合性旅游体验和享受。

旅游度假区是现代旅游业的重要组成部分,是指环境质量好、区位条件优越、景物相对集中、以满足康乐休闲需要为主要功能,并为游客提供高质量服务的综合性旅游区。《旅游度假区等级划分》(GB/T 26358—2022)将旅游度假区(Tourism Resort)定义为,以提供住宿、餐饮、购物、康养、休闲、娱乐等度假旅游服务为主要功能,有明确空间边界和独立管理运营机构的集聚区。

和旅游度假区相关的概念如下。

(1)度假资源(Resort's Resource):可转化为度假产品的文化资源和旅游资源。

(2)度假产品(Resort's Product):供度假旅游者体验和消费的多样化设施、物品、项目和服务的总称。

(3)核心度假产品(Resort's Core Product):旅游度假区内最具吸引力、主题突出、特色鲜明的高质量度假产品。

(4)度假住宿设施(Resort's Accommodation):为满足旅游者度假需求,以提供住宿为主,并能与其他多样化度假产品配套兼容的设施。

从上述相关概念中可以看出旅游度假区具有环境质量好、区位条件优越、景物集中、功能完善、综合性强等特点。

(二)旅游度假区的分类

旅游度假区是为游客提供综合性旅游体验和享受的地方,可依据旅游资源类型、所处环境和位置、功能特色、消费水平、等级标准进行如下分类。

1. 按照旅游资源类型分类

按照旅游资源类型,旅游度假区可分为以自然景观为主的旅游度假区、以人文景观为主的旅游度假区、以游乐活动为主的旅游度假区等。

2. 按照所处环境和位置分类

按照所处环境和位置,旅游度假区可分为海滨度假区、山地度假区、温泉度假区、森林度假区、湖滨度假区等。

3. 按照功能特色分类

按照功能特色,旅游度假区可分为自然游憩类度假区、温泉疗养类度假区、理疗保健类度假区等。

4. 按照消费水平分类

按照消费水平,旅游度假区可分为高档旅游度假区、大众旅游度假区等。

5. 按照等级标准分类

按照等级标准,旅游度假区可分为省级旅游度假区、国家级旅游度假区等。

知识活页
Zhishi Huoye

2022年新版国标《旅游度假区等级划分》实施意义

习近平总书记指出,人民对美好生活的向往就是我们的奋斗目标。当前,旅游业从注重观光向兼顾观光与休闲度假转变,即便在疫情影响下,"周边游""休闲游""微度假"的需求仍在不断增长。《旅游度假区等级划分》标准的实施是全面贯彻党的十九大及十九届历次全会精神,落实《"十四五"旅游业发展规划》有关任务,深入实施美好生活度假休闲工程的重要举措。

新版标准坚持以人民为中心,将满足游客休闲度假旅游需要作为出发点和落脚点,落实新时代要求,体现度假特色,注重文旅融合,紧跟行业发展趋势。新版标准的实施,也能进一步深化旅游业供给侧结构性改革,助力构建新发展格局,丰富度假旅游优质供给,推动度假区高质量发展,更好满足人民群众日益增长的度假旅游需求。

(资料来源:文旅中国。)

知行合一
Zhixing Heyi

广州长隆旅游度假区导游词

【欢迎词,概况】游客朋友们,最近舒畅吗? 尖叫过吗? 想要疯狂一下吗? 如果没有! 那您今天就来对地方了! 因为我今天要带大家去的地方就是充满疯狂、尖叫的欢乐海洋。猜出来了吗? 对! 就是广州长隆旅游度假区! 广州长隆旅游度假区是广州的"城市名片",首批国家5A级旅游景区,最受欢迎的旅游度假胜地。这里是欢乐的王国,拥有长隆欢乐世界、长隆国际大马戏、长隆野生动物世界、长隆水上乐园、长隆酒店等,堪称"世界旅游新名片"。

【唱歌】美丽长隆邀请你,长隆欢迎你,难忘的瞬间,让你留下,留下最美丽;美丽长隆欢迎你,把欢乐送给你,长长久久,快快乐乐,吉祥又如意。

听到这里，大家是不是想马上走进景区呢？千万别着急，先听我来说说长隆。否则当你进入这个欢乐王国可是会眼花缭乱，而无从下手哦！

【分段概述】亲爱的朋友们，如果你追求舒畅、轻松、解压，那就一定要去按摩池享受舒适的时光！长隆水上乐园配备了全球先进、规模较大的水上游乐设施，全面升级了户外温水系统，几乎扩大到全园区，并从国外引进了为孩子量身定做的游乐设施，还有全球首台蛇形亲子滑道"眼镜蛇"哦！

如果你追求刺激，想要大声尖叫，那就去长隆野生动物世界吧！景区按照世界级标准打造了森林实景青龙山，引入了由美国好莱坞专业打造的电影级仿真恐龙，不仅让侏罗纪生物"复活"，也让它们赖以生存的侏罗纪森林重现了！站在360°玻璃穹顶下，你会发现原来披着神秘外衣的"蛇星人"是那么可爱！

如果你想要带着孩子来一次全家齐出动的丛林大冒险，我们还可以走进《爸爸去哪儿》大电影的核心拍摄地，重温经典路线，去和猩猩交朋友，去探访可爱的熊猫宝宝。

除了这些，你当然也可以到长隆欢乐世界体验各项经典项目，如垂直过山车、超级大摆锤等。总之，长隆就是要让你欢乐，就是要让你忘记烦恼，享受人生、享受每一天！

【结尾】各位朋友，长隆已经发展为"世界级民族旅游品牌"。我们可以自豪地说，长隆承担的社会责任不仅是传递欢乐，还肩负着世界级民族品牌的革新使命，这是一个完全属于中国的主题乐园！朋友们，长隆为我们创造欢乐，那我们还等什么？Let's go！"燥"起来！让我们一起去尖叫吧！

（资料来源：编者根据网络内容整理。）

分析：

中国旅游 IP 正在逐步登上世界舞台，从本土品牌发展成为世界品牌。民族自信与文化自信，正体现在这一个个崛起的民族品牌之中。

二、旅游度假区的导游词创作

（一）导游词结构和内容分析

以广州长隆旅游度假区的导游词为例进行结构和内容分析。

1. 标题

直接以"广州长隆旅游度假区导游词"为题，简洁明了。

2. 欢迎词

欢迎词以问句开篇，通过唱歌串联下文，不仅瞬间点燃现场气氛，还悄然拉近了与游客们的距离。

3. 正文

正文整体分为三个部分,按照"总—分—总"的结构,一目了然。既脉络清晰、逻辑性强,又重点明确、易于记忆。

一是总述,以"城市名片"统领广州长隆旅游度假区,说明它的地位和特色。

二是分述,紧紧围绕舒畅、刺激等主题,推荐不同区域,并对度假区中主题鲜明的几大景区进行重点介绍,层次分明,脉络清晰。

三是总结,采用画龙点睛的方法,同时与时代紧密结合,景区价值得以进一步彰显,这是很多导游词值得借鉴之处。结尾处"Let's go!'燥'起来"的号召极具感染力,瞬间点燃氛围,比较符合当下游客的喜好。

(二)导游词的特色分析

第一,采用互动式讲解。旅游度假区类的讲解词特别适合互动式的讲解,这种讲解方式可以营造出强烈的现场感和交流感,让游客仿佛身临其境。

第二,有较强的节奏感。导游词中充满富有节奏感的短句和具有感染力的词语,使气氛活跃,欢乐感呼之欲出。

第三,融入了时代元素。导游词中大胆运用中英文的流行短句,如"Let's go"和"'燥'起来"等,十分贴近当代人的表达习惯,会形成一种跃跃欲试的氛围。

· **教学互动**

请结合当地实际,选择一个你感兴趣的旅游度假区,通过查找资料和实地考察,创作一篇导游词。小组成员之间互相审阅并进行修改,同时记录下修改的内容和原因。

我修改了(　　　　)的＿＿＿＿＿＿＿＿＿＿＿＿＿＿＿＿＿。

具体修改内容如下:

任务二　主题公园导游词创作

任务描述

　　本任务对主题公园进行了较为全面的介绍,对主题公园导游词的创作形式和内容进行了举例介绍。

任务目标

　　熟悉主题公园的分类和特点,掌握主题公园导游词创作的结构和内容,能撰写和修改主题公园导游词。

一、主题公园的认知

(一)主题公园的概念

　　主题公园(Theme Park)是现代人创造的一种娱乐形式,一般认为主题公园起源于荷兰,后来兴盛于美国。荷兰的一对夫妇为纪念在第二次世界大战中牺牲的孩子,而修建了一个微缩了荷兰120处风景名胜的公园。此公园开创了世界微缩景区的先河。1952年,该公园开业时随即轰动欧洲,成为主题公园的鼻祖。通常,美国加利福尼亚州的迪士尼乐园被认为是世界上第一个大型主题公园。

　　有人认为,主题公园是指为满足大众日益增长的旅游需求,采用特定的具有丰富内涵的主题,利用现代科学技术手段创造而成的,提供休闲娱乐服务的人造公园,属于自然资源和人文资源交叉的文化旅游业。在2017年正式实施的《公共服务领域英文译写规范》中,主题公园是指以营利为目的兴建的,占地、投资达到一定规模,实行封闭管理,具有一个或多个特定文化旅游主题,为游客有偿提供休闲体验、文化娱乐产品或服务的园区。它主要包括以大型游乐设施为主体的游乐园,大型微缩景观公园,以提供情景模拟、环境体验为主要内容的各类影视城、动漫城等园区。政府建设的各类公益性的城镇公园、动植物园等不属于主题公园。范志萍和张丽利主编的《导游词创作与讲解》一书,将主题公园定义为根据某个特定的主题,采用现代科学技术和多层次活动设置方式,集诸多娱乐活动、休闲要素和服务接待设施于一体的现代旅游目的地。它是根据特定的主题创意,通过文化复制、文化陈列及高新技术等手段,以虚拟环境与园林环境为载体来迎合消费者的好奇心,以主题情节贯穿整个游乐项目的休闲娱乐活动空间。

　　主题乐园具有文化性、互动性、娱乐性、参与性、刺激性、真实性、便捷性等特点。

（二）主题乐园的分类

1.按照旅游体验类型分类

根据旅游体验类型，主题公园可分为情景模拟类、游乐类、观光类、主题和风情体验类、VR体验类。

2.按照功能和用途分类

根据功能和用途，主题公园可分为微缩景观类、影视主题公园类、活动参与类、仿古建筑类、科幻探险类。

3.按照主题内容分类

根据主题内容不同，主题公园可分为花卉园艺主题类、历史文化主题类、异国地理环境和动植物主题类、博览会和博物馆主题类、科幻和宇宙主题类。

知识活页
Zhishi Huoye

主 题 公 园

全球较受欢迎的主题公园包括奥兰多迪士尼乐园、东京迪士尼乐园、巴黎迪士尼乐园，以及韩国龙仁的爱宝乐园、丹麦哥本哈根的蒂沃利公园、德国鲁斯特的欧洲主题公园、加拿大的奇幻乐园、西班牙萨鲁的冒险家乐园等。

近年来，中国的主题公园发展迅速，根据品牌网发布的2025年主题公园十大品牌排行榜，前十名分别是迪士尼、方特欢乐世界、长隆欢乐世界、北京环球度假区、欢乐谷、融创乐园、海昌极地海洋世界、中华恐龙园、乐高乐园、七彩云南欢乐世界。

·教学互动

（1）请根据所学知识，判断上述主题公园分别属于哪种类型？

（2）请选择一个上述提到的主题公园，上网搜索资料，寻找几篇关于这个主题公园的导游词，并对其进行修改，完成一篇结构完整、语言规范、表达生动的创意导游词。

二、主题公园的导游词创作

（一）导游词结构和内容

主题公园导游词的结构和内容创作直接关系到能否有效吸引游客、提升游览体验。以下提供一种关于主题公园导游词结构和内容创作的指南。

1. 结构安排

开场白：问候游客，介绍自己及主题公园的基本信息。简要概述公园的历史、特色及今天的游览安排。

主题介绍：详细介绍主题公园的主题，包括文化背景、设计理念等。强调公园在娱乐、教育、文化等方面的独特价值。

分区介绍：将公园划分为不同的区域或主题区，逐一介绍。每个区域可包括主要景点、游乐设施、表演节目等。

特色景点详解：对每个区域中的特色景点进行详细描述，包括历史渊源、游玩体验、互动环节等。使用生动的语言和形象的比喻，让游客仿佛身临其境。

互动环节：安排游客参与互动游戏、问答环节或拍照打卡等活动。提醒游客注意安全事项，遵守公园规定。

结尾总结：总结今天的游览内容，感谢游客的配合与参与。邀请游客再次光临，并留下联系方式或推荐其他景点。

通过以上结构和内容的创作，导游可以创作出既吸引人又富有实效的主题公园导游词。

2. 内容创作

（1）开场白。

例如："各位游客，大家好！欢迎来到××主题公园，我是你们的导游××。今天，我将带领大家一起探索这个充满欢乐与惊喜的奇妙世界。××主题公园以××为核心，集娱乐、教育、文化于一体，是大家放松心情、享受生活的绝佳选择。接下来，请跟随我的脚步，一起开启这场难忘的旅程吧！"

（2）主题介绍。

例如："××主题公园以××为核心，通过精心设计的建筑、景观和游乐设施，将游客带入一个充满想象和创意的空间。在这里，你可以感受到××文化的独特魅力，体验到前所未有的刺激与乐趣。同时，公园还注重将教育理念融入游玩体验，让游客在游玩中增长知识、拓宽视野。"

（3）分区介绍。

例如："首先，我们来到了××区。这里以××为主题，拥有众多精彩的游乐设施和表演节目。接下来游览的是××区，它以其独特的景观和氛围吸引了无数游客前来打卡。每个区域都有其独特的魅力，等待着大家去发现和体验。"

（4）特色景点详解。

例如："在××区，有一个不得不提的景点——××。它是一座高达××米的巨型建筑，外观造型独特，内部设计巧妙。游客们可以乘坐××，在空中俯瞰整个公园的美景。此外，××还融入了××文化元素，让游客能够在游玩中感受到浓厚的文化氛围。"

（5）互动环节。

例如："现在，我们来玩一个小游戏吧！请大家注意观察周围的景色和设施，然后回答我的问题:'××设施的名字是什么?'答对的游客将获得一份小礼品哦! 同时,也请大家注意安全事项,遵守公园规定,确保我们的旅程愉快而顺利。"

(6)结尾总结。

例如:"时间过得真快! 转眼间我们已经游览了××主题公园的多个区域和景点。感谢大家的配合与参与,希望大家在这里度过了一段愉快而难忘的时光。如果以后还有机会的话,欢迎大家再次光临××主题公园。最后祝大家旅途愉快! 再见!"

(二)导游词的特色分析

第一,具有带动性。主题公园的导游词通常需要带动式的讲解,给人强烈的现场感和交流感,让人产生跃跃欲试的感觉。

第二,具有节奏感。主题公园的导游词需要通过富有节奏感的短句和具有感染力的词语,使气氛活跃,让欢乐感呼之欲出。

第三,主题性突出。主题乐园通常具有鲜明的主题和IP属性,突出它的主题性可以增强游客的文化体验感。

·教学互动

请充分发挥你的主观能动性,对以下关于深圳世界之窗的导游词进行优化:

各位游客,大家好! 欢迎来到深圳世界之窗,我是今天的导游,非常荣幸能与大家一起探索这个充满奇妙与乐趣的文化旅游胜地。深圳世界之窗自1994年6月开放以来,已经吸引了无数国内外游客。它坐落于深圳湾畔,占地48万平方米,以弘扬世界文化精华为主题,将世界奇观、历史遗迹、古今名胜、民间歌舞表演汇集一园,为游客呈现了一个精彩绝伦的世界。

深圳世界之窗分为八大区域:世界广场、亚洲区、欧洲区、大洋洲区、非洲区、美洲区、雕塑园和国际街。这八大区域按世界地域结构和活动内容精心布局,共复制了100多个著名旅游景观,以1:1、1:5、1:15等不同的比例仿建,让游客仿佛身临其境。

1.世界广场

世界广场是景区的门户,也是游客进入世界之窗的第一站。这里的主要景点包括百米喷泉、埃及金字塔、尼亚加拉大瀑布等,它们以逼真的仿建和壮观的景象迎接每一位游客的到来。

2.埃菲尔铁塔

埃菲尔铁塔是法国巴黎的象征,建成于1889年,是法国政府为了纪念法国大革命胜利100周年和1889年举行的世界博览会而建的。

3.凯旋门

在凯旋门下,我们可以欣赏到拿破仑用来宣扬其战功的96次战役胜利的浮雕,以及外墙上的巨型雕像。这座建筑不仅是法国军事荣誉的象征,也是法国历史的见证。

4.泰姬陵

泰姬陵被泰戈尔称为"挂在时光脸颊上的一颗泪珠",是印度人民血汗和智慧的丰碑。它代表了沙贾汗与皇后之间缠绵动人的爱情故事,是游客们不可错过的景点之一。

5.金字塔

金字塔是世界八大奇迹之一,其中最大的胡夫金字塔由230万块巨石砌成,每块巨石重达数吨。金字塔不仅展示了古埃及人民的建筑智慧,也让我们感受到了历史的沧桑与厚重。

6.悉尼歌剧院

悉尼歌剧院是澳大利亚的标志性建筑,其独特的外形像一组出海的船队或一枚枚洁白的大贝壳。这座建筑由丹麦建筑师设计,内部舞台灯光、地板升降等均由计算机全自动控制,是艺术家们梦寐以求的演出殿堂。

除了观赏这些精美的建筑和景观,深圳世界之窗还为游客提供了丰富多彩的文化活动和娱乐项目。游客可以在国际街品尝到法国、意大利、日本等各国的美食;可以观看日本茶道、非洲风情歌舞秀等异国表演;还可以体验世界首座实景拍摄悬空式4D球幕影院"飞跃美利坚"、室内冰雪乐园"阿尔卑斯冰雪世界"等娱乐项目。

各位游客,今天的游览即将结束,但世界之窗的魅力却永远不会消散。在这里,我们不仅感受到了世界文化的博大精深,也体验到了不同地域的风土人情。希望这次旅行能给您留下美好的回忆,也期待您再次光临深圳世界之窗,继续探索这个美妙的世界。

我改写的内容如下:

任务三　博物馆导游词创作

任务描述

本任务对博物馆进行了较为全面的介绍,对博物馆导游词的创作形式和内容进行了举例介绍。

任务目标

熟悉博物馆的分类和特点,掌握博物馆导游词创作的结构和内容,能进行博物馆导游词的撰写和修改。

一、博物馆的认知

(一)博物馆的发展历程

博物馆是一个社会文化教育机构,其主要功能是收集、保存、研究、展示和传播人类文化遗产和自然标本。博物馆通过其丰富的藏品和展览,向公众普及科学知识,传播历史文化,提高公众的文化素养和审美水平。

人类历史上最早的"博物馆"出现在公元前3世纪前后,马其顿国王亚历山大大帝的部下托勒密·索托在埃及亚历山大城建造了一座专门收藏文化珍品的缪斯神庙,因为这座缪斯神庙是专门用来收集文化珍品的,所以"博物馆"(Museum)一词,也就由希腊文的"缪斯"(Museion)演变而来。缪斯神庙在公元5世纪时毁于战乱。黄摩崖认为,按照西方的标准,中国最早的孔庙也是博物馆。

现代意义上的博物馆出现在欧洲资产阶级革命时期。在18世纪,英国有一位叫汉斯·斯隆的内科医生,是名兴趣广泛的收藏家。为了让自己的收藏品能够永远"维持其整体性、不可分散",他决定把自己将近8万件的藏品捐献给英国王室。1753年,英国王室建立了一座国家博物馆,这就是我们熟知的大英博物馆,它的建立标志着世界上出现了第一个对公众开放的大型博物馆。中国第一座具有现代意义的博物馆,是清末状元、中国实业家张謇先生在1905年创办的南通博物苑,这是一间融自然、历史与艺术为一体的综合性博物馆。

进入21世纪,全球文化大发展,博物馆已经成为一个国家或地区综合实力的象征。中国的博物馆发展日新月异,根据国家文物局公布的数据,截至2024年5月18日,2023年全年新增备案博物馆268家,全国备案博物馆达到6833家,排名世界前列。党的十八大以来,全国文博体系不断优化体系布局,加大改革力度,提升服务效能,我国类型丰富、主体多元、普惠均等的现代博物馆体系基本形成,博物馆日益成为人民美好生活的重要组成部分。

（二）博物馆的功能

博物馆的功能可以从以下几个方面来理解。

1. 收藏与保护

博物馆的首要任务是收藏和保护具有历史、艺术、科学价值的物品。这些物品包括文物、艺术品、自然标本等，它们是人类文明和自然演化的见证。博物馆通过专业的技术和手段，确保这些藏品的完整性和安全性。

2. 研究与教育

博物馆不仅是藏品的存放地，还是学术研究的重要场所。研究人员通过深入研究藏品，揭示其背后的历史、文化和科学价值。同时，博物馆也是公众教育的重要平台，通过举办展览、讲座、工作坊等活动，向公众普及知识，提高公众的文化素养和审美能力。

3. 展示与交流

博物馆通过举办展览，将藏品呈现给公众，让公众能够近距离地感受历史、文化和自然的魅力。同时，博物馆也是国际文化交流的重要窗口，通过举办国际展览、参加国际会议等方式，推动不同国家和地区之间的文化交流与合作。

4. 服务与社会

博物馆作为社会文化教育机构，承担着服务社会的责任。它们通过提供公共服务，如进行专业导览、科普教育等，满足公众对文化、教育和娱乐的需求。同时，博物馆也积极参与社会公益事业，如在文物保护等领域发挥引领作用，为社会进步和发展做出贡献。

综上所述，博物馆是一个集收藏、保护、研究、展示和传播于一体的社会文化教育机构，它在传承人类文明、促进文化交流、提高公众素养等方面发挥着重要作用。

（三）博物馆的分类

中国博物馆在1988年前通常被划分为专门性博物馆、纪念性博物馆和综合性博物馆三类，国家统计局也是按照这三类博物馆来统计。中国博物馆事业的主管部门和专家们认为，在现阶段，参照国际上一般使用的分类法，同时结合中国的实际情况，将中国博物馆划分为历史类、艺术类、自然科学类、综合类这四种类型是比较适合的。

历史类博物馆：主要展示历史上各个时期的重要事件、人物、文化和社会生活等方面的内容，如泉州海外交通史博物馆、武汉革命博物馆等。

艺术类博物馆：专注于绘画、雕塑、工艺美术、摄影等艺术品的收藏与展示，如天津戏剧博物馆等。

自然科学类博物馆：包括天文、地质、生物、古生物、自然历史等自然科学领域，以立体的方法从宏观或微观方面展示科学成果的博物馆，如中国地质博物馆、自贡恐龙博物馆等。

综合类博物馆:包含历史、艺术、科学等多个领域内容的博物馆,如河南博物院、湖北省博物馆、山东博物馆、湖南省博物馆、内蒙古博物院、黑龙江省博物馆、甘肃省博物馆等。

除了上面的分类,还有以下分类方法:

(1)按规模大小分类。

大型博物馆:通常拥有庞大的建筑面积、丰富的藏品和广泛的展示内容,吸引大量游客和学者。

中型博物馆:规模适中,专注于某一领域或地区的特色展示。

小型博物馆:规模较小,可能专注于某一特定主题或地区的历史文化。

(2)按隶属关系分类。

国家博物馆:由中央政府或国家机构直接管理的博物馆,如中国国家博物馆。

地方博物馆:由地方政府或地方机构管理的博物馆,通常展示该地区的历史文化和特色。

高校博物馆:附属于高等学府的博物馆,往往与该校的学科特色紧密相关,如中国地质大学逸夫博物馆。

私人博物馆:由个人或私人机构出资建设并管理的博物馆,展示内容多样,可能具有鲜明的个人或家族特色,如朱炳仁铜雕艺术博物馆。

(3)按功能特点分类。

遗址博物馆:建立在重要历史遗址上的博物馆,如秦始皇帝陵博物院。

生态博物馆:以保护和展示某一地区自然生态和文化遗产为主要目的的博物馆,强调与当地社区的互动和共融。

数字博物馆:利用数字技术将博物馆的藏品、展览等信息进行数字化处理,并通过互联网等平台向公众开放的博物馆。

这些分类方法并非孤立存在,一个博物馆可能同时属于多个类别。例如,一个大型的博物馆既可能属于历史类博物馆,也可能因为其丰富的艺术品收藏而被视为艺术类博物馆。

知行合一
Zhixing Heyi

辽宁省博物馆——古代辽宁展五(元史)导游词

各位游客朋友们,"古代辽宁展五"是我们辽宁省博物馆古代辽宁展的最后一个展馆,它所代表的时期就是元明清时期。

我们从元朝开始介绍,元朝是中国历史上疆域面积最大的朝代。如果翻开中国历史地图册,你就会突然发现元朝是非常好辨认的一个朝代。这是为什么呢?【互动】因为整个地图页面几乎被一种颜色覆盖,非常醒目。这么大的疆域,统治阶层必须向下进行行政区划,这个行政区划也影响到了我们今

Note

天的行政区划。这个行政区划制度就是行省制。元朝当时划分了11个行省,这11个行省互相之间的距离非常遥远,联系是非常难的,所以当时设置了很多的驿站,这种驿站就连接起了各地之间的往来。在当时,辽宁地区归辽阳行省管辖,但此"辽阳"非今天的辽阳,其管辖范围非常广,包括辽宁省、吉林省、黑龙江省和内蒙古一部及外兴安岭以南广大地区。这种发达的交通,以及频繁的交易往来,正是当时经济繁荣的一种体现。

【名称、用途、价值】我们面前这个展柜中,陈列着很多相似的文物,它叫作"权"。这个"权"在民间还有另一个称呼,即秤砣。搭配它使用的还有一个秤杆儿,那秤杆儿也有一个官方的称呼,叫作"衡"。"权"和"衡"二者衍生出一个成语叫作"权衡利弊"。那这个"权"和"衡"怎么使用呢?我们看右边的这幅图,这是一幅元朝的壁画,壁画的右下角有一个人,他的手里面就拎着这一杆秤,清晰可见秤上称着三条鱼,杆上挂着秤砣。"权"和"衡"不仅是交易的工具,更是元朝经济繁荣的见证。

【外形、工艺、贸易】这个展柜中展示的是一些瓷器,我们可以看到这里面的瓷器质量参差不齐。在元朝,辽宁地区虽然有很多土窑烧制瓷器,但其质量比较一般,而那些质量较好的瓷器大多来自中原或者是南方地区。这些来自不同产地的精美瓷器,不仅彰显了高超的工艺水准,还体现出当时经济往来的频繁。除了这种国内贸易,元朝也存在着一些国外的贸易。我们看展柜中的这两只碗,它们来自高丽。当时,高丽是元朝的附属国。高丽的这种瓷器制造工艺来自我们的中原地区。高丽在学习了这种瓷器的制造工艺之后,又经过本土化改良后,形成了自己的风格。仔细观察碗的外侧,我们可以发现有一些装饰,这种装饰是工匠在制作瓷胎的时候就留下了这个刻印的位置,然后在里面放入一些其他颜色的陶土或者颜料,最后上釉烧制而成的。这些只是陆地贸易的缩影,当时的海上贸易同样繁荣。

……

接着我们来看下面这个展柜。在这个展柜中,我们可以看到很多物品,它们来源于日常生活。其中,我们重点来欣赏一下第10号展品。第10号展品的颜色较为丰富,从样式上看,这是一枚印章。现在,请大家仔细观察这枚印章,看看上面的花纹有没有我们认识的?【互动】其实,这个花纹叫作"画押",上面刻的文字叫作八思巴文。那八思巴文来自什么地方呢?它来自一个人,这个人就叫作八思巴,他是元世祖忽必烈的国师。在元朝需要统一文字的背景下,他依据藏文设计了这种文字,主要流行于元朝上层社会的官方文件中,在当时被频繁使用。那里还有一些图案,仔细观察,你可能一时难以分辨它究竟是什么。这些图案究竟是怎么回事呢?【互动】这些图案有可能是随手画的,或者是随意选择的一个图案,从而成为个人的代表符号,类似于今天的"个性签名"。因为这些图案很难被模仿和复制,所以它作为一种防伪标识,在当时颇为流行。

　　下面,我们可以先着重看一下后面的这个展板,这个展板展示的是沈阳路城隍庙碑。它现在立在什么地方呢? 它立于沈阳故宫的中心庙。虽然这个碑看起来不是很显眼,但是它上面刻有最早的沈阳的名字。也就是说,我们现在所知道的"沈阳"这个名字,最早可以追溯到元朝。

　　后面我们可以看到一个塑像,塑像人物为张三丰。对于张三丰,我们就比较熟悉了,他经常出现在各种影视作品中。历史上的张三丰是在湖北武当山开山立派的。那为什么他的塑像会出现在辽宁省博物馆呢?【互动】这是因为张三丰是辽东懿州人,辽东懿州就是今天的辽宁阜新。

　　……

　　【结尾】以上就是元朝时期辽宁地区的历史文化,下面我们将走进下一个朝代,也就是明朝,来感受古代辽宁的文化传承与发展。

　　(资料来源:高级导游张旭红。)

二、博物馆的导游词创作

(一)导游词结构和内容

　　博物馆导游词的结构和内容可以帮助游客提升品位。博物馆导游词既要逻辑清晰、脉络分明,又要内容翔实、容易理解。下面以辽宁省博物馆的导游词为例进行结构和内容分析。

　　1. 标题

　　直接以"辽宁省博物馆——古代辽宁展五(元史)导游词"为题,简洁明了。

　　2. 欢迎词

　　这是辽宁省博物馆导游词的节选,此时已处于参观中后段,所以使用简单的欢迎词即可。如果是刚进入博物馆,就需要对博物馆的概况进行整体介绍。

　　3. 正文

　　首先是朝代概况。其次是从中国元朝的地图出发,进行互动,激发出游客对元朝的兴趣。最后通过一件件文物的外观、纹饰、历史、经济背景、价值等维度,讲述元朝时期辽宁地区的历史。层次比较清晰,采用多种方法,如类比法、故事法等,将抽象的历史具象化地呈现在游客面前,便于游客获取信息。

　　4. 欢送词

　　采用了承上启下的句子,自然地引出下一个参观内容——明朝时期辽宁地区的历史文化。

(二)语言特色分析

　　这是一篇专业性与知识性兼具的导游词。博物馆的藏品往往蕴含着较为深刻的文化内涵，导游需要用通俗易懂的语言将其传达给游客，让游客在获得新知的同时保持对博物馆的兴趣，并有所感悟，这并不是一件很容易的事。因此，导游在提高自身素质的同时，要掌握多种讲解方法，这些都是非常重要的。

第一，善用类比法。博物馆导游词涉及的年代、数字较多，这些数字比较枯燥，采用类比法能使游客更好地理解。比如，介绍辽阳行省的时候，和现在辽阳市进行了对比，让游客对辽阳行省的管辖范围有很直观的认知。

第二，巧用虚实结合法。虽然历史知识很难记忆，但如果配上一些故事，就会变得有趣且有记忆点。比如讲到"权"和"衡"时，结合成语、民间说法和壁画进行讲解，通过虚实结合的方式，清晰梳理出古代"权"和"衡"的用途及价值，让游客一目了然。

第三，多用问答法。博物馆参观人群以求知为主，特别是亲子游客和研学团队。问答法可以充分激发其探索欲，增强其参与感，同时也可以加深其参观记忆。导游词中经常使用问句，可以有效提升讲解效果。

另外，制造悬念法、描述法、重点突出法等多种方法也会为博物馆导游词的讲解增色不少。

知识活页
Zhishi Huoye

国际博物馆日

国际博物馆日定于每年的5月18日，是由国际博物馆协会（International Council of Museums，ICOM）发起并创立的。1977年国际博物馆协会为促进全球博物馆事业的健康发展，吸引全社会公众对博物馆事业的关注、参与和了解，向全世界宣告1977年5月18日为第一个国际博物馆日，并每年为国际博物馆日确定活动主题。这一天世界各地的博物馆都将举办各种宣传、纪念活动，让更多人了解博物馆，更好地发挥博物馆的社会功能。中国博物馆协会于1983年正式加入国际博物馆协会。

国际博物馆日历年主题如下：

1992年的主题是"博物馆与环境"（Museums and Environment）；

1993年的主题是"博物馆与土著人"（Museums and Indigenous Peoples）；

1994年的主题是"走进博物馆幕后"（Behind the Scenes in Museums）；

1995年的主题是"反应与责任"（Response and Responsibility）；

1996年的主题是"收集今天 为了明天"（Collecting Today for Tomorrow）；

1997年的主题是"与文物的非法贩运和交易行为进行斗争"（The Fight Against Illicit Traffic of Cultural Property）；

1998年的主题是"与文物的非法贩运和交易行为进行斗争"（The Fight Against Illicit Traffic of Cultural Property）；

1999 年的主题是"发现的快乐"(Pleasures of Discovery)；

2000 年的主题是"致力于社会和平与和睦的博物馆"(Museums for Peace and Harmony in Society)；

2001 年的主题是"博物馆与建设社区"(Museums:Building Community)；

2002 年的主题是"博物馆与全球化"(Museums and Globalization)；

2003 年的主题是"博物馆与朋友"(Museums and Friends)；

2004 年的主题是"博物馆与无形遗产"(Museums and Intangible Heritage)；

2005 年的主题是"博物馆——沟通文化的桥梁"(Museums Bridging Cultures)；

2006 年的主题是"博物馆与青少年"(Museums and Young)；

2007 年的主题是"博物馆和共同遗产"(Museums and Universal Heritage)；

2008 年的主题是"博物馆：促进社会变化的力量"(Museums as Agents of Social Change and Development)；

2009 年的主题是"博物馆与旅游"(Museum and Tourism)；

2010 年的主题是"博物馆致力于社会和谐"(Museums For Social Harmony)；

2011 年的主题是"博物馆与记忆"(Museums and Memory)；

2012 年的主题是"处于变革世界中的博物馆：新挑战、新启示"(Museums in A Changing World: New Challenges,New Inspirations)；

2013 年的主题是"博物馆(记忆＋创造力)＝社会变革"(Museums (Memory＋Creativity)＝Social Change)；

2014 年的主题是"博物馆藏品架起沟通的桥梁"(Museum Collections Make Connections)；

2015 年的主题是"博物馆致力于社会的可持续发展"(Museums for a Sustainable Society)；

2016 年的主题是"博物馆与文化景观"(Museums and Cultural Landscapes)；

2017 年的主题是"博物馆讲述难以言说的历史"(Museums and Contested Histories:Saying the Unspeakable in Museums)；

2018 年的主题是"超级链接的博物馆：新方法、新公众"(Hyperconnected Museums: New Approaches,New Publics)；

2019 年的主题是"作为文化中枢的博物馆：传统的未来"(Museums as Cultural Hubs: The Future of Tradition)；

2020 年的主题是"致力于平等的博物馆：多元和包容"(Museums for Equality:Diversity and Inclusion)；

2021年的主题是"博物馆的未来：恢复与重塑"(The Future of Museums：Recover and Reimagine)；

2022年的主题是"博物馆的力量"(The Power of Museums)；

2023年的主题是"博物馆、可持续与美好生活"(Museums，Sustainability and Wellbeing)；

2024年的主题是"博物馆致力于教育和研究"(Museums for Education and Research)；

2025年的主题是"快速变化社会中的博物馆未来"(The Future of Museums in Rapidly Changing Communities)。

(资料来源：根据网络资源整理。)

·教学互动

请结合当地实际，选择一个博物馆，通过查找资料和实地考察，创作一篇导游词。小组成员互相审阅并进行修改，记录下修改的内容和原因。

我修改了(   )的 _____。

具体修改内容如下：

任务四　纪念馆导游词创作

任务描述

本任务对纪念馆进行了较为全面的介绍，对纪念馆导游词的创作形式和内容进行了举例介绍。

Note

任务目标

熟悉纪念馆的分类和特点,掌握纪念馆导游创作的结构和内容,能进行纪念馆导游词的编写和修改。

一、纪念馆的认知

(一)纪念馆的概念

中国历史上,以不同形式、不同名称建立的纪念馆源源不断。早在《国语·鲁语上》中就有记载:"夫圣王之制祀也,法施于民则祀之,以死勤事则祀之,以劳定国则祀之,能御大灾则祀之,能捍大肆患则祀之。"大意为,圣明的先王制定祀典的准则是,制定对人民有益法规的人,就祭祀他;为国家辛勤做事而死的,就祭祀他;劳苦功高、安定国家的人,就祭祀他;能够为国抵御大灾难的,就祭祀他;能够抵御大祸患的,就祭祀他。因此,纪念馆的出现绝非偶然。公元前5世纪左右在山东曲阜的阙里孔子故居建立的孔子庙堂,是中国最早的纪念馆。孔子庙堂的出现,源于中华民族在远古形成的祖先崇拜与祭祀传统。

纪念馆是指为纪念重大历史事件或重要历史人物而建立的,陈设实物、图片等的建筑物,用声、光、电、图、实物等多方面来表现事件的精神。纪念馆大多以事件发生的地点或人物出生、居住、工作的地方为馆址,也可另择新址。2017年12月1日,《公共服务领域英文译写规范》正式实施,规定纪念馆的标准英文名为"Memorial Hall"。

(二)纪念馆和博物馆的区别

各城市中会有很多博物馆和纪念馆,那么,它们的区别在哪里呢?我们可以从以下几个方面来区分。

1.本质属性不同

博物馆是收集、陈列、典藏、研究人类及自然文化遗产的场所,通常为非营利性机构;而纪念馆是纪念有卓越贡献的人或重大历史事件的场馆,其文化符号意义更大。

2.展览内容不同

博物馆以文物、标本等为核心;纪念馆以图片、影像等为主。

3.展陈方式不同

博物馆以静态展陈为主,注重学术性与客观性;纪念馆主要通过场景复原等方式进行展陈,强调代入感和情感共鸣。

4.核心功能不同

博物馆旨在科普知识,收藏、保护、研究人类文明遗产,进行文化传播;纪念馆旨在纪念特定人物或事件,开展爱国主义教育,传递正确价值观。

知行合一
Zhixing Heyi

抗美援朝纪念馆导游词

【欢迎词】亲爱的游客朋友们,我们现在来到了抗美援朝纪念馆,众所周知,我们辽宁有"红色六地",抗美援朝出征地就是其中之一。今天,我们将走进抗美援朝纪念馆,去回忆、重温那段"雄赳赳,气昂昂,跨过鸭绿江"的峥嵘岁月。

【概况】抗美援朝纪念馆位于辽宁省丹东市鸭绿江畔的英华山上,与朝鲜隔江相望,是全国唯一全面反映中国人民抗美援朝战争和抗美援朝运动历史的专题纪念馆。纪念馆始建于1958年,馆名由郭沫若先生题写。1993年7月27日,也就是《朝鲜停战协定》签字40周年之际,新馆落成并正式开馆。2014年6月,抗美援朝纪念馆进行了新一轮改扩建。2019年10月,新馆建成并重新开馆。

抗美援朝纪念馆园区总占地面积18.2万平方米,由纪念馆、纪念塔、全景画馆、国防教育园组成,馆藏抗美援朝文物2万余件。其中,纪念馆建筑面积2.38万平方米,以"抗美援朝,保家卫国"为基本陈列主题,设置了序厅、抗美援朝战争厅、抗美援朝运动厅、中朝友谊厅、中国人民志愿军英烈厅、纪念厅等,全面、客观、真实地再现了抗美援朝战争和抗美援朝运动的光辉历史。

【分述】我们现在看到的就是纪念塔了,它高53米,寓意着1953年抗美援朝战争取得伟大胜利。塔体为方形中空,配以灰白色花岗岩贴面。纪念塔正面镶嵌着由邓小平同志题写的"抗美援朝纪念塔"7个鎏金大字,塔的下部是由旗帜、鲜花、彩带组成的汉白玉塔花,代表和平、胜利和友谊。我们来看背面,这里镌刻有颂扬中国人民志愿军丰功伟绩的塔文。塔体两侧镶嵌有大理石制作的"和平万岁纪念章"。4个塔墩上铸有4组大型群雕,内容分别为抗美援朝战争、抗美援朝运动、志愿军空军和钢铁运输线。纪念塔前大台阶宽10.25米,寓意10月25日为中国人民志愿军抗美援朝出国作战纪念日。大台阶中部为牌楼,寓意志愿军凯旋。牌楼与塔基之间有5层缓步台,寓意抗美援朝战争运动战时期的五次战役。进馆台阶共由1014块条石砌成,寓意志愿军将士在朝鲜奋战的1014个日日夜夜。

我们即将进入纪念馆内参观,在这里先给大家简单介绍一下我们馆中最为震撼的全景画馆。全景画馆是圆柱形密闭堡垒式建筑,直径44.6米,高24米,面积3150平方米。馆内陈列有周长132.15米、高16米的大型全景画《清川江畔围歼战》,并设有1100平方米表现各种战斗场景的地面塑型,配有描述战争场面的灯光、音响效果,生动、艺术地再现了抗美援朝第二次战役中志愿军围歼以美国为首的侵略军的壮观战斗场面和气势恢宏的战争氛围。一会儿大家可以亲身感受一下战火纷飞的紧张气氛。

……

最后，我们来到的是国防教育园，园区内陈列着抗美援朝时期及中国人民解放军在发展和壮大过程中使用的重要装备。游客朋友们，请往这边走。这里陈列着单管37毫米高射炮、苏式T-34坦克、苏式122毫米榴弹炮、苏式喀秋莎火箭炮发射架、85毫米加农炮，这些都是非常珍贵的战争见证物。

【结尾情感升华】游客朋友们，今天的抗美援朝纪念馆的参观到这里就要结束了，在这里我们感受到了先烈的无畏和英勇，我辈将砥砺前行，不负嘱托！我辈也一定好好地传承红色基因、弘扬伟大的抗美援朝精神，保山河无恙，皆如您所愿！

（资料来源：根据网络资源整理。）

分析：

近年来，抗美援朝纪念馆已经成为亲子游、研学旅行和大众旅游的热门目的地，其红色教育和传统文化教育的效果也日渐显著，是弘扬民族自信、文化自信的重要阵地，因此在导游词中融入思政教育是非常有必要的。

二、纪念馆的导游词创作

（一）导游词结构和内容

纪念馆导游词是帮助游客提升参观体验、浸润爱国情怀的重要因素。纪念馆导游词既要尊重史实、逻辑清晰，又要情感丰厚、激荡人心。下面以抗美援朝纪念馆的导游词为例进行结构和内容分析。

1. 标题

直接以"抗美援朝纪念馆导游词"为题，简洁明了。

2. 欢迎词

欢迎词庄重正式，指出了辽宁有"红色六地"，凸显了抗美援朝纪念馆在辽宁乃至全国的重要价值。

3. 概况介绍

概况介绍是纪念馆导游词必不可少的部分，要讲明纪念馆的发展历程、占地面积、主要展厅、馆藏文物、重要价值等内容。

4. 正文分述

常规讲解是走到哪里讲哪里，要注意导游词中方位词的正确使用。但纪念馆中有些位置可能不适合现场讲解，可以进行前置介绍。例如，在全景画馆中，受声光电设备的影响，现场环境会比较复杂且人流量较大，现场讲解容易导致秩序混乱，因此，导游可以选择在前面的游览空当进行介绍。

Note

5. 结尾情感升华

纪念馆导游词的结尾通常会运用一些情感升华的技巧,点明纪念馆的精神传承、文化传承,同时给参观者留下一个情感抒发的空间。

(二)语言特色分析

纪念馆导游词应该围绕纪念馆的主旨特征设定基调,做到尊重史实,注意情感表达。

第一,尊重史实。纪念馆导游词的核心是对重要人物和历史事件的还原,要求所讲故事要有理所依、有证可查。其中涉及的人物、事件、年代等必须准确无误,唯有如此,才能充分体现纪念馆的价值。

第二,情感充沛。纪念馆作为记录重要人物与历史事件的场所,必然蕴含深厚的情感价值,其导游词必须流露出充沛的情感,通过细腻的表达与参观者建立情感联结,使他们在参观过程中能真切感受历史的温度,获得更具感染力的体验。

第三,庄严正式。纪念馆承载着记录史实的严肃使命,参观者多以缅怀先烈、追溯历史为目的,因此,其导游词需注意用词的庄严性与正式性,避免随意的表达。

·教学互动

请结合当地实际,选择一个纪念馆,通过查找资料和实地考察,创作一篇导游词。小组成员互相审阅并修改,记录下修改的内容和原因。

我修改了(　　　　)的＿＿＿＿＿＿＿＿＿＿＿＿＿＿＿＿＿＿＿＿＿＿＿。

具体修改内容如下:

任务五   现代建筑与设施导游词创作

任务描述

   本任务对现代建筑与设施的概念、功能进行了介绍,并对现代建筑与设施的导游词创作要点进行了阐述。

任务目标

   熟悉现代建筑与设施的概念和特点,掌握现代建筑与设施的导游词创作要点,能进行现代建筑与设施导游词的撰写和修改。

一、现代建筑与设施的概念

   现代建筑,从广义上讲,指的是20世纪以后出现的各类风格建筑及其配套设施。这些建筑不仅代表了建筑艺术的新发展,还融入了新材料、新技术和新理念,以满足现代社会对功能性、美观性和舒适性的多重需求。现代建筑不局限于某一特定风格,而是涵盖诸如现代主义、装饰艺术等多种流派。现代设施,则是指为支持建筑物功能和运行而配备的系统和设备,如HVAC系统、给排水系统、电力供应系统等。

二、现代建筑与设施的功能

(一)功能性

   现代建筑与设施的核心在于满足特定的使用需求。无论是住宅、办公楼、商场还是体育场馆,每种类型的建筑设施都有其独特的功能设计,以确保满足使用者的实际需求。

(二)舒适性

   现代建筑通过先进的设施设备,如HVAC系统,提供舒适的室内环境,使人们有适宜的居住或工作环境。

(三)安全性

   现代建筑通常有完善的安全设施,如火灾报警系统、防盗报警系统和视频监控系统等,以确保建筑物及内部人员的安全。

(四)高效性

   现代建筑在设计时充分考虑能源效益,采用节能材料和设备,以减少能源消耗和

Note

环境污染,实现可持续发展。

(五)美观性

现代建筑不仅注重实用功能,还追求艺术美学。现代建筑往往具有独特的建筑设计风格,是城市的新名片和文化地标。

三、现代建筑与设施的导游词创作要点

创作现代建筑与设施的导游词时,应注重突出其现代特色与创新亮点,结合功能与实用性进行介绍,同时融入历史文化元素,使用生动形象的语言,引导游客互动与体验,并关注市场需求与游客兴趣,同时确保讲解内容具有专业性与准确性。

(一)突出个性与创新

导游词应充分展示现代建筑与设施的独特性,如建筑风格、设计理念、技术亮点,强调其与现代生活方式紧密相连,如智能化、节能环保等。例如,可以介绍某座现代建筑如何巧妙地融合了自然与人工元素,或如何应用前沿节能技术实现可持续发展。

(二)注重历史与文化背景

导游词中可适当穿插其建设的历史背景,让游客了解其背后的故事和意义。这有助于提升游客的参观体验,增加游客对现代建筑与设施的了解。

(三)强调功能性与实用性

强调现代建筑与设施的功能性和实用性,让游客了解其如何满足现代社会的多样化需求。例如,可以介绍某座办公楼通过科学的空间布局设计打造良好的办公环境。

(四)融入互动与体验

导游词中可以设计一些互动环节,让游客亲身体验现代建筑与设施的魅力。例如,在介绍某座科技馆时,可以邀请游客参与互动,感受科技的神奇与乐趣。

(五)注重语言生动形象

导游词的语言应生动形象,富有感染力。通过比喻、拟人等修辞手法,将现代建筑与设施的特点和优势生动形象地展现给游客。同时,还要注意语言的准确性和专业性,确保信息传递准确无误。

(六)结合市场需求与时代特色

导游词的创作要符合市场需求和时代特色,精准把握游客的兴趣点和关注点。例如,在介绍现代旅游设施时,可以强调其便捷性、舒适性和环保性等特点,以吸引更多游客前来参观体验。

(七)保持专业性与准确性

在介绍现代建筑和设施的导游词中,如果涉及专业术语或技术细节,要确保信息

的准确性和专业性。同时,还要避免使用过于复杂或晦涩的表达,保证导游词通俗易懂。

综合运用以上要点,就可以创作出既具有个性特色又符合市场需求的现代建筑与设施导游词,从而为游客带来难忘的参观体验。

· 教学互动

请充分发挥你的主观能动性,对以下关于上海中心大厦的导游词进行优化:

尊敬的各位游客,大家好!欢迎来到这座矗立于上海浦东陆家嘴金融贸易区的巨型高层地标式摩天大楼——上海中心大厦。作为中国第一高楼、世界第三高楼,上海中心大厦不仅展现了现代建筑的非凡魅力,更融合了先进的科技与深厚的文化底蕴。接下来,请允许我带领大家一同探索这座建筑的奥秘。

建筑概况:上海中心大厦位于上海市陆家嘴金融贸易区银城中路501号,始建于2008年11月29日,于2016年3月12日完成建筑总体的施工任务。大厦主楼为地上127层、地下5层,建筑高度为632米;裙楼共7层,其中地上5层,地下2层,建筑高度为38米。总建筑面积约为57.8万平方米,其中地上总面积约41万平方米,地下总面积约16.8万平方米,占地面积30368平方米,绿化率为33%。

建筑设计:上海中心大厦由美国Gensler建筑设计事务所设计,整体呈螺旋上升形态,外观宛如一条巨龙直冲云霄,寓意现代中国的腾飞。大厦的玻璃幕墙外立面由20000多块玻璃幕墙单元组成,设有一个V字形凹槽,使其螺旋形态更为突出,并有效降低了风力影响。

功能布局:上海中心大厦集商务办公、酒店、购物、观光、娱乐等多功能于一体,是名副其实的"垂直城市"。大厦内部设有星级酒店,提供高品质的住宿服务;购物中心汇聚了众多国际一线品牌店,满足购物爱好者的需求;位于118层的上海之巅展示厅,为游客提供360°俯瞰上海城市风光的机会。站在这里,你可以观赏东方明珠、金茂大厦、环球金融中心等著名地标,远眺外滩的历史建筑群和世博园区的现代建筑,感受上海的沧桑变迁与活力创新。

绿色环保:上海中心大厦在设计与建造过程中高度重视环保理念,采用了众多节能措施与技术手段。如太阳能光伏发电、高效节能设备、雨水收集利用系统等,使其获得了绿色建筑LEED-CS白金级认证。此外,大厦还采用了地源热泵技术,利用地下浅层和深层的大地能量为建筑物供冷供热,节能效果显著且环保无污染。

安全与便利:为了确保游客的安全与便利,上海中心大厦采取了一系列的安全措施和便利设施。如严格的安保检查措施、清晰的安全警示标识、便捷的交通网络(包括地铁、公交、出租车等)以及完善的导览系统等。在这里,你可以安心地享受参观体验。

　　结语：上海中心大厦不仅是一座摩天大楼，更是中国现代建筑与科技的杰出代表。它以独特的设计、丰富的功能、卓越的环保性能以及周到的服务设施赢得了国内外游客的广泛赞誉。希望今天的参观能让大家对上海中心大厦有更深入的了解，也希望大家能够在这里度过一段愉快的时光。谢谢大家！

　　我改写的内容如下：

任务六　人造景区导游词讲解

任务描述

　　本任务主要对造景区导游词的讲解技巧和讲解方法进行梳理及介绍。

任务目标

　　熟悉人造景区导游词的讲解技巧和讲解方法，能够熟练、灵活运用各种方法进行人造景区的讲解。

一、人造景区的特点和作用

（一）人造景区的特点

　　近年来，由于休闲旅游市场需求不断扩大，人造景区的数量和种类也在不断增加，逐渐成为满足人们日益增长的休闲和娱乐需求的重要旅游资源。人造景区主要具有以下特点。

1. 可塑性和创意性

人造景区通常以市场需求和消费者喜好为导向进行建设,同时融入丰富的想象力和创造性元素。建设者可以创造出超越自然限制的景观,如主题公园内的各种奇幻场景等。

2. 文化、娱乐与教育功能结合

许多人造景区不再局限于单一的观赏功能,而是巧妙融入文化展示、娱乐互动和教育学习等功能。游客在游览过程中,不仅能享受视觉上的盛宴,还能深入了解历史文化和参与互动,获得多元化的旅游体验。

3. 高商业价值

由于其独特性和吸引力,人造景区常能吸引大量游客,进而带动周边经济的发展。这种高商业价值使得人造景区成为旅游开发的重要方向。

4. 科技应用

现代人造景区越来越多地运用高科技手段,如虚拟现实(VR)、增强现实(AR)技术等,以提升游览体验。游客置身其中,可以享受到前所未有的感官刺激。

5. 可持续发展

随着环保理念的深入人心,新建的人造景区越来越注重可持续性。这些景区通过采用环保材料、融入绿色建筑设计理念、实施生态旅游策略等举措,以确保自身的长期发展和生态环境的保护。

6. 适应性强

人造景区能够根据时代发展潮流和游客兴趣变化,及时更新和调整,保持其新鲜度和吸引力。这种适应性使得人造景区能够在竞争激烈的旅游市场竞争中占据领先地位。

(二)人造景区的作用

人造景区对当地经济发展的作用具体表现在以下几个方面。

1. 推动旅游业的繁荣

(1)吸引游客:人造景区以其独特的景观、丰富的文化内涵和创新的体验方式,吸引了大量游客前来参观。这不仅增加了当地的游客数量,还带动了周边地区的旅游业发展。

(2)提升旅游品质:人造景区的建设有利于提升当地的旅游品质,丰富旅游产品种类,满足游客多样化的旅游需求。

2. 促进相关产业发展

(1)带动产业链发展:人造景区的运营需要餐饮、住宿、交通、购物等相关产业的支持,因此,它的发展能够直接带动这些产业的繁荣。例如,人造景区周边的餐饮业、住宿业会因游客数量的增加而得到快速发展。

(2)创造就业机会:人造景区的建设和运营需要大量的人力资源,包括导游、售票员、清洁工、服务员等。这为当地居民提供了更多的就业机会,有助于缓解当地就业压力。

3.增加地方财政收入

(1)门票收入:人造景区的主要收入来源之一是门票销售。随着游客数量的增加,门票收入也会相应增长,为当地政府带来可观的财政收入。

(2)税收贡献:人造景区运营过程中产生的各项税收,如企业所得税等,也是地方财政收入的重要组成部分。

4.提升城市形象与知名度

(1)塑造城市品牌:人造景区常成为城市的标志性景点,有助于提升城市的品牌形象和知名度。例如,河南鲁山的"花瓷古镇"不仅展示了当地独特的瓷文化,还提升了鲁山在全国范围内的知名度。

(2)增强文化认同:人造景区的建设可以传承和弘扬当地的历史文化,增强当地居民的文化认同感和自豪感。这种文化认同感的提升有助于增强城市的凝聚力和向心力。

5.促进区域经济协调发展

(1)辐射效应:人造景区的发展不仅作用于自身,还会对周边地区产生辐射效应。人流、物流、信息流的汇聚和扩散,可以带动周边地区的经济发展和产业升级。

(2)促进城乡一体化:在农村地区建设人造景区,可以吸引城市游客前来观光旅游,促进城乡之间的经济交流和人员往来,推动城乡一体化进程。

综上所述,人造景区自身及其对当地经济发展的作用是多方面且深远的。它不仅能够推动旅游业的繁荣和相关产业的发展,还能够增加地方财政收入、提升城市形象与知名度、推动区域经济协调发展。因此,提升人造景区的讲解效果至关重要。

二、人造景区讲解方法

(一)分段讲解法

分段讲解法指将景区分为若干区域进行独立讲解的方法。首先要简单介绍该区域的特点、历史背景或设计理念,然后逐步深入介绍区域内的各个景点。这种方法有助于游客逐步构建对景区的整体印象。

(二)触景生情法

触景生情法指利用景区内的具体场景,结合相关故事、传说或现实情境进行讲解的方法。生动的叙述能够激发游客的情感共鸣和想象力,使讲解更具吸引力和感染力。

（三）问答互动法

问答互动法指通过提问引导游客思考，增强互动性的方法。其形式可以是自问自答，也可以是引导游客提问并详细解答。这种方法能提高游客的参与度，加深他们对景点的了解和记忆。

三、人造景区讲解技巧

（一）语言清晰流畅

使用简洁明了、易于理解的语言进行讲解，避免使用专业术语和复杂表达。同时，保持语速适中、语调抑扬顿挫，使讲解更加生动有趣。

（二）突出重点

在有限的时间内集中介绍景区的核心亮点和特色。对于游客可能特别感兴趣的部分，可以适当展开讲解，增加细节描述。

（三）虚实结合

讲解时，将景区的实际景观与相关的故事、传说相结合，通过生动的叙述和形象的描绘让游客仿佛置身于故事之中，从而增强游览的趣味性。

（四）创新创意

在讲解过程中融入创新元素，如引用名人语录、展示特色表演等，以增加讲解的趣味性和吸引力。同时，通过多媒体等信息科技手段进一步增强导游讲解的吸引力。此外，还可以根据游客的不同需求和兴趣点，灵活调整讲解内容和方式。

四、人造景区讲解注意事项

（一）尊重游客

在讲解过程中要尊重游客的感受和意见，避免强迫游客接受自己的观点或安排。对于游客的提问或建议，应给予耐心且友好的回应。

（二）文化尊重

如果景区涉及特定文化元素，那么在讲解时应尊重该文化的习俗和信仰，避免发表歧视性或偏见的言论。同时，还可以向游客介绍相关文化的历史背景和意义，以增强他们的文化认同感和尊重感。

（三）安全第一

在讲解过程中要时刻关注游客的安全，提醒他们注意景区内的安全警示标志和注意事项。对于可能存在的安全隐患，要提前告知并采取相应的预防措施，以确保游客的人身安全。

（四）合理安排时间

根据游览时间的长短和游客的体力状况，合理安排讲解内容和游览路线。避免安排过于紧凑或过于松散的行程，以确保游客能够充分欣赏景区的美景并得到适当的休息。

（五）着装专业

导游应着装整洁、专业，给游客留下良好的第一印象。同时，还要根据天气情况选择合适的服装，以保证讲解过程中的舒适度。

知识活页
Zhishi Huoye

海南"金牌导游"如何炼成？

据海南省旅游和文化广电体育厅发布的数据，2023年端午假期，海南全省接待游客158.82万人次，同比增长19.4％；旅游总收入16.75亿元，同比增长34.6％。

一系列数据反映出，海南旅游业已经进入全面复苏的新赛道。作为旅游业的灵魂，导游群体的发展也吸引着大众的关注。导游如何入场旅游复苏新赛场？

1."金牌导游"应是什么样的？

旅游业是海南的一张靓丽名片。但近几年，个别导游的不良行为也曾为海南的旅游业带来消极影响。虽然这样的"黑导游"是极少数，但这些行为也在一定程度上毁坏了海南导游的口碑。为此，近年来，海南省积极加强对导游人员的执业资格、选拔、教育、培训以及导游服务质量的管理，使导游服务不断走向职业化、规范化。

与此同时，旅游从业者也在思考，在文旅新业态不断涌现的当下，市场究竟需要什么样的导游？

"有渊博的知识、出众的语言表达，以及冷静高效的现场应对能力。"海南省旅游学校高级讲师王瑾用寥寥数语，勾勒出心目中"金牌导游"的形象。

王瑾认为，当前海南正加快推进国际旅游消费中心建设，旅游业带来的社会经济效益更加凸显。导游是旅游业最基础的服务人员，代表着旅游业的形象，也是文旅融合高质量发展的基础保障。"优秀的导游必须一专多能，既能提供传统的解说、向导，又能提供管家般的服务，如此才能推动旅游业的高质量发展。"

2.旅游市场对导游提出了哪些新要求？

随着文旅融合的加快，旅游产业链进一步延伸、产业边界加快拓展、旅游业态迭代更新,旅游市场对导游从业人员的需求也在悄然发生变化。

"过去的导游更多的是提供向导、讲解等基本服务,而现在的导游需要变得更加专业,成长为文化型导游。"王瑾认为,简单来说,文化型导游就是在讲解中不光要能讲出"是什么",还要能说清楚"为什么","这就要求导游要有深厚的文化底蕴和知识积累。让游客感觉到,即便是在发达的网络时代,导游服务的深度和广度也无法被取代,如此一来,游客才愿意为导游的知识和服务买单,推动导游顺应需求自发学习,旅游市场才能形成良性循环"。

当前的旅游市场,细分赛道正在崛起,复合型导游人才的培养迫在眉睫。

当了20多年导游的颜南雄,如今已是公司的一把手,但他仍坚持每个月亲自带一到两次团,为的就是紧跟旅游市场和导游行业的发展变化。

"以前的导游,一个话筒走天下。现在光靠一个话筒,显然已经行不通了。"颜南雄说,个性化、定制化、智慧化的旅游产品和新业态层出不穷,市场需要的是一站式解决旅游服务全过程的复合型导游人才,尤其要求导游要能掌握、会运用新媒体技能,比如精通文旅类短视频策划与传播、打造个人IP等。

在海南自贸港导游大赛上获得"金牌导游"称号的黄德潭,对颜南雄的看法很是认同。2022年,他专门开设了短视频账号,通过记录带团日常、介绍海南景区等内容,在网上收获了不少粉丝。

黄德潭说:"作为新时代的导游,利用好新媒体宣传推介海南的文化和旅游资源,讲好海南故事,传递海南声音,也能在一定程度上助推海南旅游业发展。"

3.探索更科学的导游等级体系

好导游的培养是一个系统工程,需要政府主管部门、旅游企业、行业协会、学校等携手搭建平台,创造更优环境,共同努力提升导游从业人员的综合素质和能力。

从网络中呈现的旅游行业不良现象上看,表面上这是导游个人职业道德素质低下导致的后果,但往深了看,也是不完善的薪酬体系带来的问题。

据了解,当前国内导游人员的收入主要由基本工资、带团津贴等构成,旅游市场上,"导游服务费"的概念却鲜少有人了解。于是,低价团的导游成了"导购","回扣"就成了导游的另一部分收入来源。

王瑾坦言,许多业内人士正在探索一个更科学、更合理的导游等级体系的建立,希望这个体系与不同等级导游的服务费收取、待遇收入、评选参赛、接团带团等工作挂钩,对导游成长起到激励作用,同时也进一步规范市场运作,让更多的游客愿意为导游的优质服务买单,让导游的付出得到相应回报。

山东旅游业的一次革新或许能为我们提供借鉴——2023年4月,山东将导游人才纳入职称评定的序列。一位陈姓导游告诉记者,职称问题一直困扰着导游从业人员,相信这个良好的开端,能推动导游队伍整体水平进一步提升。

"希望政府主管部门出台相关导游激励政策,既要奖励头部导游,也要关注大部分基层导游的利益,让导游行业重回高光时代。"该导游说。

文旅复苏,游客对于旅游产品和服务模式都有了更新更高的要求,传统旅行社和导游的作业模式也需要紧跟时代,不断"上新"。未来,海南将持续加大对"金牌导游"的培养力度,进一步提升海南旅游服务质量、推动旅游业高质量发展。

(资料来源:《海南日报》,2023年7月3日。)

项目小结

本项目主要从旅游度假区、主题公园、博物馆、纪念馆、现代建筑与设施五个方面介绍了人造景区导游词的撰写方法和讲解技巧。要注意不同类型人造景区的特点,研究其游客的旅游偏好,进而调整和优化现有的导游词,灵活创新,使其更富有互动性。

项目训练

一、知识训练

请扫描二维码进行在线答题。

二、能力训练

(1)方法:角色扮演法。以小组为单位,每小组5—6人,每人选取一类人造景区中的一处地点,以导游身份进行导游词的创作和模拟讲解,其他小组成员轮流扮演游客、评分员。

(2)要求:①角色轮换,每位小组成员都要扮演导游、游客和评分员3种角色;②每小组选择一名最优秀的导游,进行课堂展示;③根据训练情况,进行自评、互评和教师评价,最终确定个人成绩。

人造景区导游词讲解评分表

导游:_____ 讲解景区:_____

评分科目	评分点	自评	互评1	互评2	教师评价
仪容仪表	穿着得体,发型规范,妆容自然	☆☆☆☆☆	☆☆☆☆☆	☆☆☆☆☆	☆☆☆☆☆
姿态神态	举止和谈吐得当,姿态优雅,微笑恰到好处	☆☆☆☆☆	☆☆☆☆☆	☆☆☆☆☆	☆☆☆☆☆
导游词讲解	讲解内容:景区知识完整正确,思路清晰,逻辑性强	☆☆☆☆☆	☆☆☆☆☆	☆☆☆☆☆	☆☆☆☆☆

续表

评分科目	评分点	自评	互评 1	互评 2	教师评价
导游词讲解	语言运用：语速适中，语言生动，能引起共鸣	☆☆☆☆☆	☆☆☆☆☆	☆☆☆☆☆	☆☆☆☆☆
	讲解技巧：灵活、有效运用讲解的技巧和方法，可以激发游客游兴	☆☆☆☆☆	☆☆☆☆☆	☆☆☆☆☆	☆☆☆☆☆
努力方向	自评：				
	互评：				
	教师评价：				

优秀导游词摘抄

请摘抄你认为班级同学创作的导游词中精彩的部分：

_____

_____

_____

_____

_____

_____

_____

_____

_____

_____

_____

_____

_____

Note

项目七
特殊类型导游词创作与讲解

项目描述

本项目详细介绍了竞赛导游词、研学团导游词、涉外导游词和残障人士导游词四类特殊类型导游词的创作框架和技巧,同时也梳理了特殊类型导游词的讲解注意事项。

项目目标

知识目标

(1)掌握特殊类型导游词创作和改写的原则和技巧。
(2)掌握特殊类型导游词的讲解技巧。

能力目标

(1)能够创作特殊类型导游词。
(2)能够提供特殊类型导游词讲解服务。

素养目标

(1)具备良好的应变能力,能够处变不惊。
(2)规范并优化服务流程标准,培养服务精神。
(3)具备终身学习能力,关注时事,扩大知识面。

知识导图

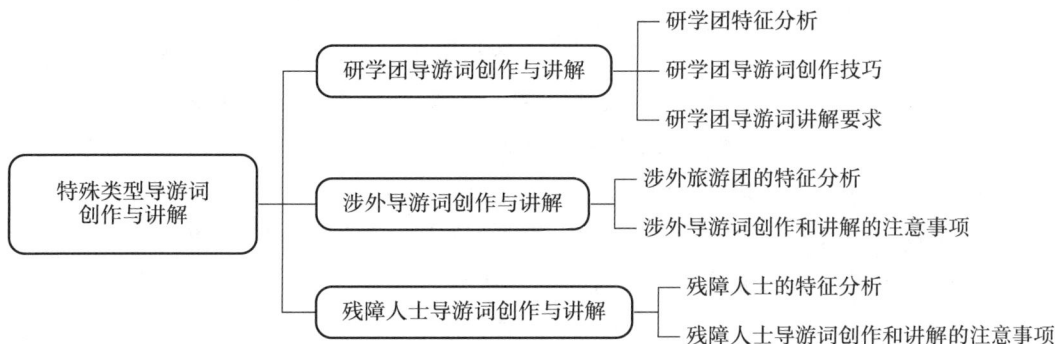

```
                                        ┌─ 研学团特征分析
                    ┌─ 研学团导游词创作与讲解 ─┼─ 研学团导游词创作技巧
                    │                      └─ 研学团导游词讲解要求
                    │
特殊类型导游词        │                      ┌─ 涉外旅游团的特征分析
创作与讲解 ──────────┼─ 涉外导游词创作与讲解 ─┤
                    │                      └─ 涉外导游词创作和讲解的注意事项
                    │
                    │                      ┌─ 残障人士的特征分析
                    └─ 残障人士导游词创作与讲解 ┤
                                           └─ 残障人士导游词创作和讲解的注意事项
```

项目引入

一场跨越差异的文化之旅

场景再现:

2024年秋日,导游林夏接到一个特殊的接待任务,带领一个由15名德国学生、3名视障游客及2名随团教师组成的混合团队游览秦始皇兵马俑博物馆与大唐不夜城。这支团队既有跨文化交流的需求,又有残障人士的特殊服务的需求。接待这支团队对导游的综合能力有极高挑战。

挑战一:跨文化沟通中的细节把控。

在秦始皇兵马俑博物馆,德国学生对殉葬制度提出尖锐质疑,林夏并未回避,而是从历史唯物主义的视角进行了解释:"商周时期的殉葬制度反映了奴隶制社会的阶级差异,而兵马俑的出现正是秦国文明进步的标志——它以陶俑替代真人,既保留了军队的威严,又体现了对生命的尊重。"随后,她对比同时期古希腊的献祭习俗,引导学生从全球文明视角理解中国古代制度的演变,既回应了质疑,又传递了客观理性的历史观。

启示:面对文化差异,需以自信从容的态度传播中国历史智慧,用辩证思维化解误解,展现了导游作为"文化摆渡人"的担当。

挑战二:残障人士的沉浸式体验设计。

针对视障游客,林夏提前与博物馆沟通,获得触摸兵马俑复制品的特许。她手持陶俑模型,用生动的语言描述:"请触摸将军俑的甲胄纹路,您指尖下的凸起是古代工匠刻下的云纹,象征权力与祥瑞;冠的弧度对应秦军的等级制度,这比史书更立体的'密码',正是我们解读大秦帝国的'钥匙'。"同时,她为德国学生示范引导技巧,让中外游客共同完成"触觉导览"互动,现场响起热烈掌声。

启示:平等对待每一位游客,以专业匠心打破身体障碍,用创新服务传递人文关怀,践行"不让任何一个人掉队"的包容性理念。

挑战三:突发状况中的应急与温度。

傍晚游览大唐不夜城时,一名德国学生因低血糖晕倒。林夏立即取出随身携带的急救包,同时用英语安抚团队:"中国有句古话'救人如救火',但我们要先确保环境安全——请大家退后两步,让空气流通。"她一边实施急救,一边安排同事联系附近的涉外医疗点,全程用中英双语说明情况,既避免了游客恐慌,又展现了中国导游的应急素养。待德国学生恢复正常状态后,她还特意准备了含糖点心,用轻松的语气说:"这是唐代酥酪的改良版,在补充能量的同时,也算完成了一次古今食疗文化交流。"

启示:面对突发事件时保持冷静、专业,将"以人为本"的服务理念融入细节,用温度化解危机,展现中国旅游服务的标准化与人性化。

林夏的经历折射出特殊情境下导游的三重使命:

(1)文化传播者——在跨文化交流中坚守文化自信,以开放的心态诠释中国故事的深度与厚度;

(2)无障碍服务践行者——用创新思维突破物理与心理的"障碍",让旅游成为全民共享的权利;

(3)应急先锋与服务标杆——在突发状况中彰显职业素养,以标准化流程与人文关怀重塑"中国服务"的国际形象。

任务一　竞赛导游词创作与讲解

任务描述

本任务对竞赛导游词和一般导游词的区别进行介绍,对竞赛导游词的创作和讲解要求进行介绍。

任务目标

了解竞赛导游词和一般导游词的联系与区别,掌握竞赛导游词的创作要求,能够撰写竞赛导游词。

一、竞赛导游词和一般导游词

自2007年以来,教育部、中国旅游协会每年都会举办全国性的比赛,逐渐就形成了"普通教育有高考,职业教育有大赛"的形式和局面。因此,竞赛导游词的创作就成为旅游专业学生的必备技能。竞赛导游词有别于实际工作中的导游词,它需要符合竞赛要求,比实际工作中的导游词更具夸张性。

(一)竞赛导游词和实际工作中的导游词的联系

导游词,不管是实际工作中的导游词还是竞赛导游词,都是导游引导游客游览观光、介绍人文自然景观时所使用的讲解语言,是旅游服务中不可或缺的一部分。它不仅具有信息传递的功能,还深刻地影响着游客的旅游体验和满意度。

导游词是指导游根据旅游行程的实际情况,结合景点特色、历史文化、风土人情等元素,经过精心准备和创意编排后,向游客进行口头表达的一种解说词。它要求语言生动、内容丰富、条理清晰,能够准确传达景点的核心价值,同时激发游客的兴趣和好奇心,促进游客对旅游目的地的深入了解和欣赏。其功能如下。

1. 信息传递

导游词的首要功能是向游客传递关于景点的各种信息,包括地理位置、历史沿革、文化背景、建筑风格、艺术特色等。这些信息有助于游客全面了解景点,形成深刻的印象。

2. 引导游览

通过导游词的讲解,导游能够引导游客按照既定的路线游览,确保游览过程的有序和安全。同时,导游词中的描述和提示也能帮助游客更好地欣赏景点、发现亮点。

3. 文化传播

每个景点都承载着丰富的文化内涵和历史传承。导游词在传递景点信息的同时,也在传播着当地的文化价值观、风俗习惯、宗教信仰等。这种文化传播有助于增进游客对当地文化的了解和尊重,促进文化交流与融合。

4. 增强体验

生动的导游词能够激发游客的想象力和情感共鸣,使他们在游览过程中获得更加丰富的感官体验和情感体验。这种体验不仅限于视觉和听觉上的享受,更包括心灵上的触动和感悟。

5. 促进交流

导游词也是导游与游客之间交流互动的桥梁。通过讲解和提问,导游可以了解游客的需求和兴趣点,从而调整讲解内容和方式,提高讲解的针对性和有效性。同时,游客也可以通过提问和反馈与导游进行互动,增强参与感,提升满意度。

(二)竞赛导游词和实际工作中的导游词的区别

竞赛导游词和实际工作中的导游词因时间、受众、现场氛围等的不同,而存在一些区别。

1. 讲解场地与环境

竞赛导游词:其讲解通常在舞台上或室内环境中进行,没有实际的景点作为背景。讲解时可借助PPT、视频等多媒体手段来模拟景点环境,但空间感和现场真实感较弱。讲解环境相对安静,没有干扰,观众会专注地聆听。

实际工作中的导游词:其讲解通常在真实的景点或景区中进行,导游需要根据实际场景进行介绍。讲解时,游客的反馈、周围环境的噪声等都可能影响讲解效果。同时,导游需要随时应对游客的提问和突发情况。

Note

2. 讲解内容与时间限制

竞赛导游词:内容通常经过精心挑选和编排,要求在规定的时间内完成。为了突出亮点和特色,导游词往往更加集中、精练,注重艺术化和表演性。

实际工作中的导游词:内容更加广泛和全面,需要涵盖景点的各个方面。讲解时间相对灵活,可以根据游客的需求和兴趣进行调整。导游在讲解时更注重与游客的互动和交流,以及解决游客的实际问题。

3. 讲解对象与目的

竞赛导游词:其讲解对象主要是行业内的专家和评委,他们对景点的了解较为深入,对导游词的创作和讲解水平有较高的要求。竞赛导游词的主要目的是展示导游的讲解技能和综合素质,以争取获得好成绩。

实际工作中的导游词:其讲解对象是各种类型的游客,他们对景点的了解程度不一。导游词的主要目的是帮助游客了解景点、增长知识、感受文化,并提升游客的旅游体验。

4. 讲解风格与语言

竞赛导游词:其讲解风格更加夸张,注重抒情、朗诵等表演成分。语言更加精练、生动,富有感染力和表现力。为了吸引观众的注意,导游需要运用多种讲解技巧和手法。

实际工作中的导游词:其讲解风格更加自然、随和,注重与游客的沟通和交流。语言上更加通俗易懂,便于游客理解和接受。导游在讲解时需要关注游客的反应和需求,以便及时调整讲解内容和方式。

5. 创作要求与难度

竞赛导游词:创作难度较大,需要充分考虑观众的需求和期望。在内容选择、语言表达、讲解技巧等方面都有较高的要求。同时,由于时间和空间的限制,导游词需要更加集中和精练地展现景点的特色和亮点。

实际工作中的导游词:创作难度相对较低,但也需要根据游客的实际情况和需求进行调整和完善。导游在创作时需要注重实用性和针对性,确保游客能够从中获得有价值的信息和体验。

二、竞赛导游词的创作

(一)选手与讲解景点的匹配

竞赛导游词在选取景点的时候要充分考虑选手自身的特点,如长相大气、声音浑厚的选手,可选择文化底蕴深厚的人文景点或雄浑大气的自然景点;长相清丽温婉的选手,则可以选择景色秀美的景点。

· **教学互动**

请判断下列景点更适合什么气质类型的选手来讲解？为什么？

泰山、壶口瀑布、华山、留园、千岛湖、西湖。

（二）精准选取讲解对象

导游大赛讲解时间有限，所以不能对整个景区进行概述性讲解，否则将很难在比赛中取得好成绩，所以要精准选取景点中的某一部分或某一对象进行深入刻画和讲解。比如景区中的某一构景要素、建筑、现象等。讲解的时候要虚实结合，通过情感共鸣深化评委的感性认识。

· **教学互动**

请判断下列景点分别选取哪些部分或对象进行竞赛导游词创作更加适合？为什么？

福建土楼、五大连池、北京故宫、九门口水上长城、都江堰、泰山。

（三）深挖精讲讲解对象

竞赛导游词既有时间限制，又要求有亮点，因此，其讲解要遵循由点到面、由表及里、逐层深入的原则，将讲解对象本身讲清楚、讲透彻。要从选取的讲解对象的实际情况出发，灵活使用并列、排比、类比、递进等方法挖掘讲解对象的细节、文化内涵和历史变迁，让观众通过讲解获得知识，并且产生去实地游览的想法。

（四）着力提升文化内涵

竞赛导游词不仅需要讲透景点，还要让观众感到身心愉悦，满足大家求新、求知的心理需求，所以创作导游词的时候要在文化内涵方面下功夫，将讲解对象的地理环境、历史脉络、文化底蕴、现实意义、精神内涵等方面的知识进行有机融合。

· **教学互动**

请思考应从哪个角度出发挖掘下列景点的文化内涵？

山东崂山、沈阳故宫、景德镇、北京天坛、中共一大会址、香山公园。

（五）创意设计导游词结尾

竞赛导游词的结尾需要给人留下遐想空间，激发人们的思考和探索欲。因此，除导游词内容具有文化性、知识性外，结尾也要精心设计，起到画龙点睛的作用，给人一种回味无穷的感觉。

三、竞赛导游词的讲解

（一）精致修饰讲解语言

竞赛导游词的讲解不是简单的朗诵、演讲或表演,而应该是一种自然、真实且富有感染力的讲述。它与实际工作中的导游词讲解有所区别,需要有一定程度的夸张,要通过抑扬顿挫的语调感染现场氛围。

（二）精心设计体态语言

竞赛导游词要想在现场讲解中获得高分,就需要给评委留下良好印象。这个印象在很大程度上来自选手的体态语言。从进场开始,选手的一举一动就已经在评委的打分考量中了。

首先是视觉形象,即仪表、姿态、神情和动作。优雅的姿态和得体的行为是美的基础,直立挺拔、端正大方更是礼仪修养的基本体现。其次是微笑,服务岗位的最突出、最吸引人的表情就是微笑。微笑被认为是服务岗位的一把"金钥匙",也是服务人员的"第一张名片"。再次是目光,眼睛是心灵的窗户,因此,选手和现场观众的眼神交流非常重要。良好的目光接触会给人一种自信、坦诚、认真的感觉,同时还要注意根据不同的语境灵活使用目光语。最后是手势。富有表现力的手势,可以帮助选手在现场讲解的时候做到静中有动、动中有静、动静结合。

（三）精准推敲讲解内容

竞赛的评委都是旅游行业的专家,讲解内容的正确性是导游严谨工作的基本体现,一旦讲解内容出现张冠李戴、无法考究的情况,就会给评委留下不好的印象。除此之外,还需要注意讲解语言的规范,以及语言习惯和语言环境的精准匹配。

（四）精确匹配讲解 PPT 或视频

导游比赛一般都在室内进行,无法抵达景区现场,因此会通过 PPT 或视频展示景点。这就要求选手讲解的内容与 PPT 或视频中播放的内容精确匹配。这既能考察选手对景点知识的熟悉程度,又能考察选手对比赛现场的掌控能力。此外,PPT 中选择的图片要注意清晰度和匹配性。

（五）精练使用过渡语言

竞赛导游词要特别注意过渡语言的使用,特别是在内容转换时。巧妙的衔接能引起听者的兴趣,激发其好奇心,让其产生迫不及待想听下去的欲望。可以尝试使用问答法或制造悬念法,借助"先藏后露,欲扬先抑"的讲解手法,活跃气氛,营造意境,提升讲解效果,发挥承上启下的重要作用。当然,设置悬念时要注意把握尺度,以免适得其反。

视频

左江花山岩画文化景区(2022年全国职业院校技能大赛高职组"导游服务"赛项一等奖,南京旅游职业学院)

Note

知识活页
Zhishi Huoye

"95后"导游王钰：中国历史文化故事这样讲

打开《百家讲坛》，选择"巨鹿之战"那期节目反复观看——对于26岁的导游王钰来说，这已经不是她第一次在工作前夜为自己"加餐"。王钰告诉笔者，"只看一遍是很难记住的，像这样的节目我会反复观看，回顾经典片段，弄清历史故事的细节和要义，为游客提供更专业的讲解"。

过去一年，她以"西安导游芥末"的身份，一边在线下带团，一边做线上导览直播，带领游客和网友走进陕西西安的唐华清宫、秦始皇陵兵马俑等景点，在抖音"圈粉"超过420万。不少网友直言，"以前我以为导游就是带路的，没想到听她讲解这么长知识""'芥末'让我有了去陕西旅游的冲动"。

从业3年，王钰不仅从"新手导游"向"专家型导游"迈进，更是成为一名颇具影响力的"网红"导游，这种转变她是怎么做到的？

1."冷知识"更有趣

"兵马俑都是单眼皮吗？""谁是众多兵马俑中的'幸运之星'？""西安城墙为什么没有东稍门？"在王钰的讲解中，知名景点的"冷知识"是经常出现的话题。围绕这些话题，王钰将文物背后的历史典故、文化内涵讲得深入浅出、引人入胜。

在网友看来，王钰还善于结合当下的社会话题引出历史故事。比如，在讲解秦兵马俑一号坑时，王钰从"选择和努力哪个更重要"展开，引申出丞相李斯的"人生哲学"；在讲解华清池时，她又从"仪式感"的角度讲解唐朝的沐浴文化。有趣的话题加上生动的讲解，引得网友在王钰发布的讲解视频下面评论："本来要划走，结果认真地看了两遍。"

想从知名景点中找到新的讲解角度并不容易。王钰告诉记者，为了保证"冷知识"的准确可信，她将《史记》《寻秦迹：透过秦俑看秦朝》等历史文化类书籍当作"手边书"，配合观看相关纪录片，不断提升自己的知识储备，并将"引经据典"的讲解词转化为更生动有趣的表达。

"现在，千篇一律的导游词已经不再能满足游客的需求，不同景点也应该有不同的讲解思路。"王钰举例说，围绕实体文物兵马俑，讲解要从文物本身出发，延伸至它的制作技艺、排兵布阵等方面；对于大唐不夜城等文化主题街区，她在讲解时则会更加侧重诗歌文化，从诗人的生平与代表作切入，让游客对不同景点形成深入的了解和感知，收获满满。

2.化"流量"为动力

短视频中的"芥末"口若悬河，现实生活中的王钰却自称是一个内向的人。"刚做导游的时候，我需要在大巴车上调节气氛，组织游客唱歌、做游戏。作为一个平时不太爱说话的人，我特别害怕那种场面。"王钰告诉笔者，起初她甚至对自己是否能够胜任这份工作产生过怀疑。

凭借对导游工作的热爱与持续不断的学习，王钰默默拓展着导游的工作场景，并在短视频中找到了属于自己的讲解风格。短短一年内迅速"涨粉"，这不仅使她打消了曾经的顾虑，同时也使她从中感受到了莫大的鼓励与鞭策。

"抖音直播讲解让我的业务水平获得很大的提升。"王钰说，有的粉丝每天都会来看自己直播，这不仅是重要的正向反馈，也让自己有了时时精进的愿望与决心。她常常会从网友的提问或弹幕评论中获得启发，进一步了解网友和游客的关注点，从中挖掘新的视角，增强讲解的趣味性。

为了成为"专家型导游"，王钰更加勤勉地学习历史文化知识，甚至还将知识范围扩大到工学、化学等领域，她笑称，"现在学习比以前上学的时候还要认真"。在她的手机里，有16个文件夹，记录了各种工作笔记与灵感来源。其中，名为"兵马俑"的文件夹里有56篇笔记，包含将军俑、一号坑、三棱箭、青铜剑等文物知识。

上午直播、下午带团、晚上学习成了王钰工作的常态。虽然辛苦，但她丝毫不愿马虎。王钰对笔者说："学习与工作是相辅相成的，如果讲解不够准确，再小的知识点也会引发游客的质疑，毕竟我现在面对的不是一个'老师'，而是一群'老师'。"

3. 做文化"摆渡人"

当初王钰选择就读旅游管理专业，是出于"导游可以遍览大好河山"的愿望；后来开始接触线上导览直播，她为自己取了网名"芥末"，是希望自己能像一剂调味料一样，为游客旅行"增鲜提味"；现在的王钰，不断往返于相同的旅游线路上，对于导游这份职业有了新的期许。

"有一次在讲解的过程中，一位游客全程拿着小本子记录。当天导游结束后，他还把不太理解的问题写成了文章发给我，想与我探讨。"这样的良性互动让王钰坚信，自己的工作很有意义，同时也让王钰意识到，导游线路虽然是固定的，但面对的游客却是流动的，旅游正是一间"行走的课堂"。

于是，王钰希望能为更多游客答疑解惑，通过不断地输出与反馈，让自己成为一个历史文化"摆渡人"，让西安这座十三朝古都的深厚历史文化底蕴更加为人所熟知。除了知识本身，王钰还希望通过讲解，让更多人从历史文物的魅力中感受到始终流淌在中华民族血脉中的文化自信。正如她被问及"看兵马俑到底看什么"时回答的那样，"看俑背后的人，看人背后的国家，看国家背后的历史，看历史中传承了千年的文化自信"。

如今，王钰的工作与生活已经几乎完全融为一体，她也乐在其中。"由于导游工作的特性，平常大家休息的时候，反而是我们最忙的时候。"谈起未来，王钰希望自己能够不局限于一个景点或一座城市，将更多景点推介给大家，继续传递这些地方背后的历史文化价值。

2023年,王钰去了广西崇左、湖北宜昌等地,对当地的历史文化尤其是非物质文化遗产十分感兴趣。王钰说,虽然自己目前暂时做不到环游世界,但可以帮助全世界的游客读懂西安以及更多中国城市。"我相信一句话:选择你所热爱的,热爱你所选择的。"在坚持热爱这条道路上,王钰仍将步履不停。

(资料来源:《人民日报(海外版)》,2024年5月22日。)

思考:

(1)导游王钰的故事带给你哪些启示?

(2)如何理解"冷知识""流量""文化摆渡人"?

任务二　研学团导游词创作与讲解

任务描述

本任务对研学团的特征,以及研学团导游词的创作技巧和讲解要求进行了介绍。

任务目标

了解研学团的特征,掌握研学团导游词的创作技巧和讲解要求,能够撰写研学团导游词。

一、研学团特征分析

2016年11月30日发布的《教育部等11部门关于推进中小学生研学旅行的意见》中指出:"中小学生研学旅行是由教育部门和学校有计划地组织安排,通过集体旅行、集中食宿方式开展的研究性学习和旅行体验相结合的校外教育活动,是学校教育和校外教育衔接的创新形式,是教育教学的重要内容,是综合实践育人的有效途径。"研学旅行采用"游中学,学中游"的形式,旨在提升学生的实践能力和综合素养。

研学旅行一般安排在小学四到六年级、初中一到二年级、高中一到二年级,不同学龄段的学生有着不同的身心特征。小学生活泼好动、兴趣广泛、情感丰富且易于外露,其注意力常与兴趣密切相关,生动、新颖、具体的事物较易引起其关注;对于比较抽象的概念、定理,他们则不感兴趣。由于小学生较难长时间地集中注意力,针对他们的导游词应该浅显易懂、活泼幽默、具有故事性,以及能够激发想象力、引起兴趣。中学生正值学习的黄金时期,已经有一定的知识储备,他们精力充沛、好奇心强、求知欲旺盛、理解能力强,同时中学阶段也是人生观、价值观形成的重要阶段,因此,针对他们的导游词应该力求内容正确、用词准确、信息量丰富,并有一定的思想性、逻辑性,能激励他们树立正确的人生观、价值观。

二、研学团导游词创作技巧

研学团导游词不仅要能准确传递知识,还要能激发学生们的学习兴趣和探索欲望。以下是一些关键的创作技巧。

(一)明确主题和目标

明确研学旅行的主题(如历史文化、自然环境、科技发展等),以及研学旅行的目标(如增长知识、提升技能、引发情感共鸣等),让导游词更具针对性。

(二)深入了解目的地

深入了解目的地是创作研学团导游词的基础。其一,要了解目的地的历史沿革、重要事件和文化传承。其二,要熟悉当地的自然风光、建筑风格、特色街区等。其三,要挖掘与研学主题相关的校内外教育资源,如校本教材、博物馆、科技馆、历史遗址等。

(三)巧妙融入故事、设置悬念

在创作研学团导游词时,巧妙融入有趣的故事,设置与研学主题相关的悬念,从而吸引学生的注意力、引导学生思考、激发学生的好奇心。

(四)突出重点和特色

在创作研学团导游词时,可使用"最大""最高""唯一"等词语来突出重点,或通过具体数据的量化比较来强调目的地的特色。

(五)引用名人名言和诗词佳句

引用与目的地或研学主题相关的名人名言或学生学习过的诗词佳句,可提高导游词的权威性和文学性,并且能强化学生对知识的记忆。

(六)适当设计互动环节

导游词中可适当设计一些互动环节,如引导学生主动提出问题,组织学生进行简单讨论,让学生分享自己的收获等。

(七)注重总结与展望

创作研学团导游词时,要在结尾处对研学旅行进行简短总结,强调学生的收获和成长,并鼓励学生将所学知识应用到学习和生活中,同时展望未来。

(八)穿插安全提示和注意事项

安全是开展研学旅行活动的前提和基础,因此,创作研学团导游词时,要注意穿插安全提示和注意事项。

·教学互动

请参照以下导游词，选择一个研学地点，运用上述技巧，创作一段既富有知识性又充满趣味性的研学团导游词。

"同学们，欢迎参加这次研学旅行活动！我是你们的研学旅行指导师×××，今天我们将一起走进×××（景区/基地名字），去探索源于书本又高于书本的知识。在出发之前，我想先问大家一个问题：你们知道×××（景区/基地）的历史背景和文化特色吗？接下来，就让我们一起揭开它的神秘面纱吧！"

三、研学团导游词讲解要求

（一）做好充分准备

导游在接团前一定要对研学旅行目的地、研学团队、研学主题、校本教材进行深入了解，对特色和重点内容进行详细准备。根据研学主题和学生特点，设计内容丰富、结构清晰的导游词，同时需要根据内容携带必要的讲解工具，如地图、图片、视频等，以辅助讲解。

（二）巧妙设计开头

设计引人入胜的开头，用饱满的热情开启讲解，以吸引学生的注意力。同时提出与研学主题相关的问题，激发学生的好奇心和探索欲。

（三）讲解内容清晰明了

讲解内容要逻辑清晰，用词精准，符合学龄特点，准确无误。在讲解过程中，应突出重点和亮点，引导学生聚焦关键信息。此外，要合理设置悬念并发起讨论，积极与学生进行互动，提升学生的参与感和学习兴趣。

（四）讲解方式多样化

善于利用实物、多媒体丰富讲解内容，让学生更加直观地了解相关知识，还可以通过角色扮演，让学生身临其境地感受历史或文化。

（五）注重情感和氛围的营造

在讲解过程中投入自己的情感，让学生感受到你对研学主题的热爱和尊重。通过语言、语调、表情等方式营造出适合研学主题的氛围，让学生更加投入地学习。

（六）实时反馈和调整

在讲解过程中时刻观察学生的反应和表情，了解他们的学习状态和兴趣点并及时调整讲解内容和方式，确保教学效果。

任务三 涉外导游词创作与讲解

任务描述

本任务对涉外导游词创作和讲解的注意事项进行了介绍。

任务目标

了解涉外旅游团的特征,掌握涉外导游词的创作和讲解要求,能够撰写涉外导游词。

一、涉外旅游团的特征分析

(一)停留时间长

涉外旅游团在旅游目的地境内停留时间相对较长,少则一周,多则十几天甚至数十天。这种长时间的停留使得游客能够更深入地了解当地文化和风土人情,加深旅游体验,促进旅游消费的增长,为目的地带来更多的经济收益。

(二)外籍人员多

涉外旅游团主要由外国游客等组成,其语言、宗教信仰、生活习惯、文化传统、价值观念、审美情趣等均可能与旅游目的地存在较大差异。这就要求旅行社在接待过程中充分尊重各种差异,提供个性化服务,如安排熟悉其风俗习惯和文化传统的导游,以及提供多语种的导游服务。

(三)预订周期长

涉外旅游团的预订周期一般比较长,从旅游中间商开始向旅游目的地的接待社提出接团要求起,到旅游团实际抵达旅游目的地为止,通常需要经历多次磋商协调。预订周期长这一特征要求旅行社在接待过程中必须保持高度的耐心和灵活性,能够及时应对可能出现的各种变化,以确保旅游活动顺利进行。

(四)落实环节多

涉外旅游团在旅游目的地停留的时间长、游览地点多,其行程往往涉及旅游目的地的众多旅游服务企业和管理部门。这就要求接待社必须认真研究旅游接待计划,制定出合理的活动日程,并逐项落实旅行全程的每一个环节。接待工作的复杂性和难度,对接待社的组织协调能力和应变能力提出了较高要求。

（五）活动日程变化多

涉外旅游团的活动日程可能因各种原因发生变化,如出发时间的变化、旅游团人数的变化、乘坐交通工具的变化等。接待社和导游在接待过程中应密切注意可能出现的变化,及时采取调整措施,保证旅游活动顺利进行。

综上所述,涉外旅游团的特点主要体现在停留时间长、外籍人员多、预订周期长、落实环节多以及活动日程变化多等方面。这些特征要求旅行社和导游在接待过程中具备高度的专业性和灵活性,以确保旅游活动的顺利进行和游客的满意体验。

二、涉外导游词创作和讲解的注意事项

涉外旅游团在旅游目的地境内旅游期间,其活动涉及多个方面,包括政治、经济、文化等,因此,涉外导游词的创作和讲解需要注意以下事项。

（一）遵守法律法规和外事纪律

创作和讲解涉外导游词时,不得触犯本国法律,损害国家的尊严和利益,避免造成政治上的恶劣影响;也不得触犯所在国家的法律法规,以免引起不必要的法律纠纷;此外,还需严格遵守外事纪律,不得为了个人利益而泄露国家机密、参与间谍活动或做出损害国家利益的行为。

（二）维护国家利益和形象

创作涉外导游词时,应注意保守国家机密,不得向外国人透露未公开的内部文件、资料或信息。讲解涉外导游词时,应举止得体,言谈文明,不得参与和发表任何有损国家形象和尊严的活动或言论。

（三）尊重文化差异和习俗

创作和讲解涉外导游词时,要了解并尊重不同国家和地区的文化差异,包括宗教信仰、价值观念等,避免因为文化冲突而引起误解或纠纷,还要遵守当地的习俗和规定,尊重当地人民的生活方式和传统。

（四）注意个人形象和礼仪

讲解时,着装应得体大方,符合场合要求,不得过于随意或张扬;举止要文明礼貌,不得有不雅行为或粗鲁言语,要保持良好的个人形象;还要尊重对方,耐心倾听,不要随意打断或插话,更不要嘲笑或贬低对方。

（五）其他注意事项

导游在讲解前,要做好充分的准备工作,以便更好地提供涉外旅游服务;在讲解过程中,遇到问题要及时沟通和反馈,还要提醒游客注意个人安全和健康,遵守当地的交通规则和卫生要求,以免发生意外事件。

总之,接待涉外旅游团是一项需要高度重视和认真对待的工作。只有遵守法律法规和外事纪律、维护国家利益和形象、尊重文化差异和习俗、注意个人形象和礼仪,以及做好其他方面需要注意的工作,才能确保涉外旅游活动能顺利进行并取得圆满成功。

知识活页
Zhishi Huoye

为什么越来越多外国游客喜欢畅游中国?

穿过中轴线,拐进小胡同,德国游客在骑行漫游中走进中国首都特有的"毛细血管";行走在苏州园林的亭台楼阁间,波兰游客在"一步一景"中感受中国古代建筑风韵;登长城,观沧海,俄罗斯游客在秦皇岛感受山海之间的独特长城风光;拌肉馅,擀面皮,从头到尾学做上海小笼包,奥地利游客在上海中华料理工作室的"烟火气"里,学做一天上海人……近来,外国游客入境旅游热度不断攀升,许多中国故事也随之在海内外社交平台传开……

许多中国城市的居民用视频记录下街头巷尾"偶遇"外国游客的故事,越来越多中国年轻人因为旅游结交外国朋友。"China Travel"(中国旅游)成为海外社交平台的搜索热词,由外国游客捧红的"City不City啊"等"潮言潮语"在海内外社交平台同步风靡,许多外国网友发现社交平台上关于中国吃喝玩乐的"高赞"视频十分有意思。

2024年以来,中国入境旅游市场发展态势持续向好。越来越多外国游客给中国文旅产业发展注入活力的同时,中国旅游业态的丰富和创新也给海外朋友带去惊喜。除了传统跟团游,骑行游、"City Walk"(城市漫游)、本地人陪玩等更加定制化、个性化的深度旅游方式逐渐成为越来越多外国游客的选择。中国不同省份各具特色的自然人文风光,也吸引着不同旅游需求的外国游客。有市场调查发现:北京、上海、广州、深圳等国际化程度较高的一线城市,往往是外国人游中国的"新手村";成都、西安、张家界、昆明等地则是不少外国游客"二刷""三刷"中国的"进阶玩法"。

为什么越来越多外国游客喜欢畅游中国? 2024年以来的入境旅游热潮,离不开系列配套政策和基础设施的完善:单方面免签国范围的不断扩容、过境免签政策的进一步推行、签证政策的全面优化,加之持续推出的支付便利化措施,显著提升了外国游客来华旅游的意愿。各旅游目的地持续推出富有文化底蕴的旅游体验项目和活动,也丰富了入境游客可体验的文旅场景和内容。

如何让海外朋友在中国吃得满意、住得舒心、玩得尽兴? 中国政府和文旅相关企业都在持续努力。培育更多外语导游,规范打车、住宿、景点预约等旅游相关业务,加大在海外市场对中国旅游资源的推广和介绍,及时反馈和处理外国游客在旅游期间遇到的实际问题……外国游客入境游的长足发展，既是中国文旅产业不断发展的自然结果，也是推动中国旅游业继续提质升级的强大动力。在外国游客来到中国、了解中国、爱上中国的同时，中外民间交流也在进一步扩大。

山清水秀、文明璀璨的中国，吸引着海外朋友纷至沓来。在中国文旅产业与外国游客的良好互动中，在中国民众和海外朋友的热情交往中，中国对外开放的大门将继续敞开，欢迎八方来客。

（资料来源：《人民日报（海外版）》，2024 年 7 月 20 日。）

思考：

（1）你觉得外国游客喜欢来中国玩什么？看什么？

（2）外国游客的旅游偏好和中国游客的旅游偏好有区别吗？为什么会有这样的差异？作为导游，需要注意什么？

任务四　残障人士导游词创作与讲解

任务描述

本任务对残障人士导游词创作和讲解的注意事项进行了介绍。

任务目标

了解残障人士的特征，掌握此类导游词创作和讲解的注意事项，能为待残障人士提供接待服务。

一、残障人士的特征分析

残障人士的特征主要体现在心理、需求和行为三个方面，导游应充分了解这些特征并采取相应的措施来提升残障人士的旅游体验和服务质量。

（一）心理特征

1. 敏感与自尊

残障人士通常比较敏感，自尊心较强。他们比较在意别人对自己的态度和评价，对于可能涉及自己生理或心理缺陷的言论或行为，可能会产生强烈的反感或愤怒情绪。

2. 自卑与孤独

由于身体上的限制，残障人士可能会感到自卑和孤独。他们可能担心在旅行过程中遭遇不便或歧视，从而选择避免参与某些活动或与他人交流。

Note

3. 富有同情心

尽管面临诸多挑战,但残障人士通常也富有同情心,能够理解并体谅他人的难处。

(二)需求特征

1. 无障碍设施需求

残障人士对无障碍设施的需求尤为迫切,如无障碍通道、无障碍停车位等,以便他们能够自由进出和使用各种旅游设施。

2. 个性化服务需求

由于残障类型和程度的不同,残障人士通常需要个性化的旅游服务。例如,为视障人士提供语音导览系统,为听障人士提供手语翻译或字幕服务等。

3. 安全保障需求

安全是残障人士较为关心的问题之一。他们需要导游提供额外的安全保障措施,如紧急救援设备、医疗支持等。

(三)行为特征

1. 计划性较强

残障人士在出行前通常会进行周密的计划和准备。他们会详细了解旅游目的地的无障碍设施情况、交通方式、住宿条件等,以确保自己能够顺利完成旅行。

2. 依赖性较高

由于身体上的限制,残障人士在旅行过程中往往对家人、朋友或旅游服务提供者有较高的依赖性。他们可能需要他人的帮助来完成一些日常活动或解决突发问题。

3. 渴望深度体验

虽然面临诸多挑战,但残障人士通常也渴望深入体验旅游目的地的文化和风情。他们希望通过旅行来开阔视野、增长见识、丰富人生经历。

二、残障人士导游词创作和讲解的注意事项

创作和讲解针对残障人士的导游词时,需要注意以下几个方面,以确保他们能够获得良好的旅游体验。

(一)深入了解残障人士的需求和特征

创作此类导游词时,导游应深入了解并尊重残障人士的不同需求和特征,包括他们的心理感受、身体条件以及可能存在的特殊需求。同时,在讲解过程中,导游应时刻关注残障人士的身体状况和情绪变化,以便及时提供帮助和支持。

(二)语言简明、讲解速度适中

导游在创作此类导游词时应使用清晰、准确的语言(这里的语言还包括盲文、手

语、唇语等），避免使用过于复杂的词汇或术语。同时，讲解速度应适中，确保残障人士能够跟上讲解内容。

（三）讲解具有针对性且内容安排得当

对于视障人士，导游在描述景点时应尽量形象生动，还可以通过触摸、声音等方式帮助他们感知和理解。对于听障人士，导游可以使用手语、文字卡片等辅助方式进行讲解。另外，导游在讲解过程中应避免进度过快，或涉及可能引起残障人士不适或敏感的内容，如直接询问其残疾原因或程度等。

（四）注重无障碍性

创作此类导游词时，导游应优先选择那些无障碍设施完善（如设置了无障碍通道、无障碍电梯、无障碍卫生间、无障碍休息区）的景点。

（五）及时沟通与协助

在讲解过程中，导游应与残障人士建立有效的沟通渠道，发现他们有困难时，应及时与其沟通并提供必要的帮助和支持。

（六）注重隐私与保持尊重

在讲解过程中，导游应尊重残障人士的隐私权，避免过度询问或泄露其个人信息，平等地对待每一位残障人士，同时，还应鼓励其他游客以包容和尊重的态度对待残障人士。

综上所述，创作和讲解针对残障人士的导游词，需要注重多方面的问题。只有这样，才能为残障人士提供一个愉快、安全且无障碍的旅游体验。

知识活页
Zhishi Huoye

残障人士的旅游：无障碍服务进展看得见

目前，不少景区、酒店、OTA等旅游相关企业都为残障人士提供便利的服务，比如景区为残障人士设置轮椅坡道、提供引导服务；酒店在电梯内设置低位按键、无障碍客房；旅游企业为听障人士提供旅游专属服务等。此外，相关法律法规也在不断加强对无障碍旅游环境建设的重视。

有分析指出，相较于2003年国内无障碍旅游理念首次提出，近年来国内无障碍旅游的基础配套设施、服务都有了较大进展，无障碍旅游已由不可能变为可能，同时仍有提升空间。

1.景区打造无障碍旅游，残障游客也能"登山"

近年来，国内许多城市相继出台一些政策法规，在保障残障人士旅游权益的同时，进一步推进了无障碍旅游的发展。例如2018年，在杭州试点的全国首个《残障人员旅游服务规范》地方标准要求,旅游部门和旅游企业应协力为残障游客提供旅游过程中所需要的硬件、软件服务,为特定人群编排旅游线路、制定行程单、提供导游服务,涵盖交通、食宿、游览、娱乐、购物中所涉及的各项无障碍旅游服务。2019年出台的《北京市4A级及以上旅游景区无障碍设施服务指南(试行)》要求,北京市4A级及以上旅游景区在交通、景区售票口和出入口、游客中心、游览区域、厕所、餐厅和商店、标识和信息等方面,都应配有相应的无障碍设施,为残障人士打造无障碍旅游环境与服务。同年,北京市文化和旅游局还发布了《北京市残障人士文化旅游资源手册》,将北京的优秀资源点、无障碍设施情况、残障人士接待服务等内容做了系统归纳整理,结集成册。

在北京从事英文导游接待工作的小郭(化名)告诉新京报贝壳财经记者,他对北京市4A级及以上旅游景区的无障碍设施印象深刻。北京市4A级及以上旅游景区在出入口有台阶(或门槛)处,基本上都设置了轮椅坡道,景区还设置了无障碍厕所、无障碍厕位等配套设施,如长城等景区提供轮椅摆渡交通工具等。

另据了解,地处湘粤两省交界处的莽山五指峰景区,于2020年成为我国首个全程无障碍山岳型景区,通过索道、无障碍栈道、电梯、扶梯、提升机、爬楼机等一系列硬件设施,残障游客也可以轻松登上海拔1600米的"望粤台",近距离观看标志性景观"金鞭神柱"。

旅游景区在加强无障碍环境建设和改造的同时,也在不断提升服务质量。杭州市举办的旅游景区无障碍服务专员培训,就是为了提升无障碍服务水平和质量。此外,海昌海洋公园在园区内设置了无障碍通道,还为残障人士提供优待票,并提供临时拐杖、轮椅租赁、人工引导等服务。

除了旅游景区,与旅游相关的交通、住宿等配套设施的无障碍建设也在逐渐完善。新建的高铁站与飞机场设置有无障碍窗口、无障碍通道等配套设施。在酒店,轮椅坡道、无障碍卫生间、无障碍客房等配套设施不难找到。如东方饭店,除在正门设有轮椅坡道、无障碍停车位外,电梯内还有低位按键,大堂设有低位服务台。

2.从预订到客服,线上无障碍旅游不断优化

随着残障人士休闲旅游需求越来越受重视,在线旅游企业也加入了打造无障碍旅游的队伍中,通过改造预订系统、推出针对性旅游服务产品,为残障人士提供便捷的服务。

为方便视障人士、读写障碍人士、运动障碍人士使用网站和APP预订旅游产品和服务,携程方面告诉新京报贝壳财经记者,其UED设计都遵循无障碍原则,确保所有功能均可通过屏幕操作,浏览路径简单明确,交互元素易于点击,文本大小易于阅读。另外,针对行动不便的老年人以及需要照顾的残障人士和儿童,携程早些年就推出了"无障碍旅游计划",并首先在当地向导

平台实施,此后还上线了"无障碍旅游"相关服务标签,包括配备轮椅等专属服务,覆盖老年人、残障人士的服务产品近6000个。

另一家在线旅游公司同程旅行,为帮助听障人士融入数字生活,于2019年推出了"55服务",即听障人士专属服务,服务范围覆盖机票、酒店、交通出行、景点门票等同程旅行产品。同时,同程旅行还在客服系统中新增了听障会员新手帮助专区,以手语视频、文字、图片等方式解答各类常见问题。

在民宿消费热潮下,共享住宿龙头企业Airbnb(爱彼迎)在中国市场也开始推进无障碍旅游产品和服务。在爱彼迎平台上,房东可以在房源发布后,为房源添加无障碍设施和服务等信息,房客可以在预订时进行筛选。房客也可咨询房东或体验达人,询问关于无障碍设施与服务的详细情况。

3.残障人士旅游服务或可参照专业化陪同就医服务

随着无障碍旅游需求的释放,近年来国内已经开始出现专业的无障碍旅行社,但从目前来看,无障碍旅行社的数量较少,大部分残障人士的旅游需求依旧依赖普通旅行社。这些普通旅行社多数没有针对性的无障碍旅游产品,残障人士如果参加这类旅游团,需在与普通游客保持同步节奏的情况下,体验同样的旅游线路,但残障人士的旅游在用车、用餐、活动目的地以及医疗保障等方面需要有针对性的设计,两类游客的旅游产品其实不能完全套用。

出现这种情况,在多年旅游从业者小金(化名)看来,与残障人士旅游市场相对小众有一定关系。尚游汇文旅董事长钟晖告诉新京报贝壳财经记者,目前在许多旅游企业中,针对残障人士的旅游产品与服务都划分在公益旅行中,并未将其作为一种商业行为对待。他指出,这与企业提供残障人士旅行服务需付出相对较高的成本存在一定关系。如接待乘坐轮椅的残障人士,旅行社需准备可安置轮椅且方便上下车的商务车,普通接团车辆是不能满足需求的,这就需要旅行社在交通上额外投入成本。

多名旅游从业者指出,归根结底,无障碍旅游的基础配套设施与服务还不够完善。还有分析指出,无障碍旅游方面更重磅的政策法规支持、更细节的服务设施建设,都还需要进一步深化。

如今,随着《"十四五"旅游业发展规划》(以下简称《规划》)的出台,无障碍旅游配套基础设施和服务的政策支持力度有了很大不同。《规划》把"旅游无障碍环境建设和服务进一步加强"作为"十四五"旅游业的发展目标,并明确"健全无障碍旅游公共服务标准规范,加强老年人、残疾人等便利化旅游设施建设和改造,推动将无障碍旅游内容纳入相关无障碍公共服务政策"。另外,《建筑与市政工程无障碍通用规范》国家标准于2022年4月1日实施。中国残疾人联合会表示,随着无障碍环境建设法治体系不断完善,旅游无障碍环境建设将进入高质量发展阶段,不断满足广大残疾人、老年人等群体的旅游需求。

小金认为,在无障碍旅游的完善上,应"更加重视、也要更加淡化",即更加重视基础设施及配套服务完善,更加淡化对残障游客的区别对待。导游小郭也表示,与普通游客同团出游的残障人士,有的会因跟不上游览节奏、担心拖累行程而不得不放弃部分线路,因此许多残障人士旅游时更愿意参加私密性更好的定制旅行团。

随着旅游无障碍环境的优化,残障人士的旅游需求将不断提升。钟晖认为,未来,在丰富无障碍旅游产品方面,或许可参照专业化的陪同就医服务,推出无障碍定制旅游,即拥有专业技能的志愿者或导游按小时为残障人士提供专业的有偿旅游服务,但需要解决无障碍旅游服务提供者的资质、培训以及法律等问题,这些都需要踏实发展。

(资料来源:《新京报》,2022年3月2日。)

思考:

(1)你从上述文章中了解了哪些内容?有什么感想?

(2)作为导游,你认为怎样才能更好地为残障人士提供服务?

(3)对于无障碍旅游设施,你有什么新想法和新理念吗?

项目小结

本项目主要从竞赛导游词、研学团导游词、涉外导游词和残障人士导游词四个方面介绍了特殊类型导游词的撰写方法和讲解技巧。要注意特殊类型旅游团的特点,研究其旅游偏好,进而调整现有的导游词并进行灵活创新,同时兼顾知识性和人文关怀。

项目训练

在线答题

项目七

一、知识训练

请扫描二维码进行在线答题。

二、能力训练

(1)方法:角色扮演法。以小组为单位,每小组5—6人,每人选取某一特殊类型旅游团,确定一处讲解地点,以导游身份进行导游词的创作和模拟讲解,其他小组成员轮流扮演游客、评分员。

(2)要求:①角色轮换,每位小组成员都要扮演导游、游客和评分员3种角色;②每小组选择一名最优秀的导游,进行课堂展示;③根据训练情况,进行自评、互评和教师评价,最终确定个人成绩。

特殊类型导游词讲解评分表

导游:_____ 讲解团型:_____ 讲解景区:_____

评分科目	评分点	自评	互评1	互评2	教师评价
仪容仪表	穿着得体,发型规范,妆容自然	☆☆☆☆☆	☆☆☆☆☆	☆☆☆☆☆	☆☆☆☆☆

Note

续表

评分科目	评分点	自评	互评1	互评2	教师评价
姿态神态	举止和谈吐得当,姿态优雅,微笑恰到好处	☆☆☆☆☆	☆☆☆☆☆	☆☆☆☆☆	☆☆☆☆☆
导游词讲解	讲解内容:景区知识完整正确,思路清晰,逻辑性强	☆☆☆☆☆	☆☆☆☆☆	☆☆☆☆☆	☆☆☆☆☆
	语言运用:语速适中,语言生动,能引起共鸣	☆☆☆☆☆	☆☆☆☆☆	☆☆☆☆☆	☆☆☆☆☆
	讲解技巧:灵活、有效运用讲解的技巧和方法,可以充分考虑游客特点	☆☆☆☆☆	☆☆☆☆☆	☆☆☆☆☆	☆☆☆☆☆
努力方向	自评:				
	互评:				
	教师评价:				

优秀导游词摘抄

请摘抄你认为班级同学创作的导游词中精彩的部分:

_____

_____

_____

_____

_____

_____

_____

_____

_____

_____

_____

_____

Note

项目八
导游词创作与讲解的常见问题和解决方法

项目描述

旅游业的快速发展对导游词的创作与讲解提出了更高的要求。本项目系统地分析了导游词创作与讲解中的常见问题,并提出了相应的解决策略。通过文献回顾、案例分析和实际经验,探讨了影响导游词效果的主要因素,并给出了具体的改进方法。研究发现,提高导游的语言能力、优化内容结构、深化文化解读和增强互动性是提升导游词质量的关键。本项目旨在为导游实践提供理论支持,为相关培训提供实用指导。

项目目标

知识目标

(1)了解历史文化:导游需要对旅游景点的历史背景、文化特色有深入了解,以便能够为游客提供准确、丰富的信息。这要求导游不断学习并更新相关知识。

(2)掌握沟通技巧:学习高效的沟通技巧,包括清晰表达、倾听和适时反馈,以适应不同游客的交流需求,提高信息传递的效率和质量。

能力目标

(1)记忆力与组织能力:应用认知支架方法,如信息分级和关键点提示卡,帮助导游更好地记忆大量信息,确保讲解内容的完整性和准确性。

(2)故事化讲解技巧:培养导游将单一的信息转化为生动故事的能力,以提高讲解的吸引力和教育性,让游客更易于理解和记忆景点信息。

(3)文化交流与适应能力:通过文化敏感性培训,提升导游的跨文化交流能力,使其能够尊重并适应不同文化背景的游客,有效预防和解决文化冲突。

(4)现场应变能力:通过模拟训练和案例分析,增强导游在不可预见情况下的应对能力,如处理旅游中突发的紧急情况(天气变化、健康问题等),确保旅游活动的顺利进行。

素养目标

(1)职业道德强化:导游应秉持诚实、专业、热情的服务态度,遵守行业规范,公正对待每一位游客,以实际行动维护旅游行业的良好形象。

(2)文化责任感:导游作为文化的传播者,应正确传递历史与文化知识,避免误导游客,同时尽力保护和宣传本土文化,加强游客对文化多样性的理解与尊重。

(3)模范表率作用:导游应通过自己的行为举止展现职业素养,成为遵纪守法、具有环保意识、践行文明礼仪的典范,引导游客共同打造和谐的旅游环境。

知识导图

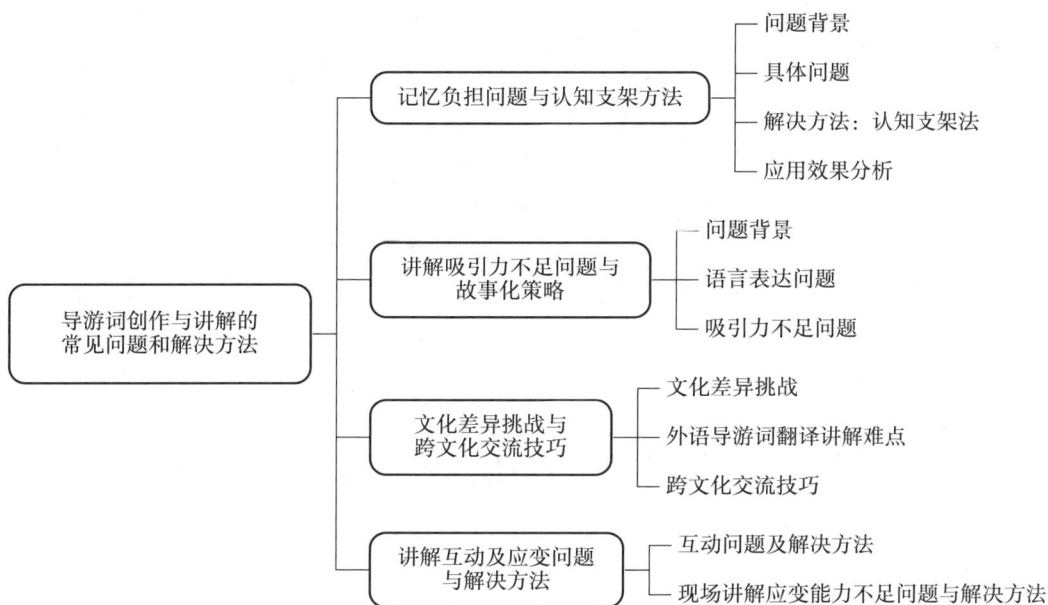

项目引入

旅游促进各民族交往交流交融计划现场交流会在京召开

据"文旅之声"公众号消息,2023年11月22日至23日,国家民委、文化和旅游部、国家发展改革委联合主办的旅游促进各民族交往交流交融计划现场交流会在京召开。

会议指出,要牢牢把握旅游促"三交"高质量发展的基本要求。坚持促进交融导向,以增进中华民族共同性为着眼点,不断增强中华民族认同。坚持打破壁垒限制,引导各类生产要素合理分布和市场联动发展。坚持物质精神并重,赋予旅游产业改革发展以"三个意义"。坚持创新方式载体,运用新技术、新业态、新媒体，推出各族群众喜闻乐见且可持续的载体平台。

　　会议要求，坚持文化铸魂、文化赋能，发挥旅游为民、旅游带动作用，深入实施骨干培训行动、讲解词导游词规范行动、展陈提升行动、研学资源挖掘行动、标准赋能行动、试点示范行动，推动民族地区丰富旅游产品和业态，以旅游业高质量发展推动各民族广泛交往、全面交流、深度交融。要加强统筹协调，建立工作协调机制、整合社会资源，因地制宜推动计划落地落实。要抓好政策支撑，发挥对口支援机制作用，坚持科学规划，在年度任务安排中加大对计划的倾斜力度。要搞好示范引领，有力推进考古文旅，注重挖掘文物资源中蕴含的铸牢价值，统筹文物遗址遗迹的保护和利用，增强旅游活动文化内涵和文化品质；打造体现"融合性"的文艺精品和文创产品，展现中华民族多元一体的魅力与活力。要深化宣传推广，在旅游宣传中讲好中华民族共同体故事。

　　（资料来源：央视网，2023年11月29日。）

　　在旅游行业中，导游不仅是知识的传递者，更是文化的桥梁，导游的创作与讲解能力直接影响着游客的旅行体验。然而，面对多样化的游客群体、丰富的历史文化背景以及不可预测的现场情况，导游在创作与讲解过程中常会遇到诸多挑战。本项目旨在探讨导游词创作与讲解中的四大常见问题及其解决方案，将从记忆负担、讲解吸引力、文化差异及现场应变四个维度，通过理论分析、具体措施及案例分析，为导游从业者提供实用的参考与启示，期望能够提升导游的专业技能，优化旅游体验，促进文化的交流与传播。

任务一　记忆负担问题与认知支架方法

任务描述

　　导游需要处理和记忆大量的知识与信息，包括景点的历史、文化价值、注意事项等。信息量太大造成的记忆负担过重，可能会导致导游在讲解时遗漏重要信息或错误传达，进而影响游客的体验。

任务目标

　　提高导游记忆的准确性和完整性，提升讲解质量，提高游客满意度。

一、问题背景

　　旅游市场多元化、游客需求多样化，要求导游掌握更丰富的知识。景点信息更新迅速，要求导游需不断学习以保持知识的时效性。缺乏有效的记忆策略和方法，会导致记忆效率低下。

二、具体问题

随着旅游业的快速发展,导游需要掌握的信息量日益庞大,从景点的历史沿革到风土人情,从建筑风格到文化内涵,无不要求导游具备扎实的专业知识。然而,这种庞大的记忆负担往往让导游感到力不从心,导致讲解时信息遗漏、混淆,影响讲解效果。

（一）内容组织问题

导游词的内容组织对于保证信息清晰和逻辑严密至关重要。不当的内容组织会导致信息混乱,主要问题包括结构松散、主次不分、信息重复或遗漏等。

（二）结构不清

导游词若缺乏明晰的结构,如引言、主体和结论,则会使讲解显得散乱。

（三）主次不明

未能突出重点内容,导致游客难以捕捉到核心信息,降低了讲解的有效性。

三、解决方法:认知支架法

（一）信息分级

对讲解内容进行优先级排序,重点记忆核心信息,将次要信息作为补充。

1. 明确主要内容

导游应明确区分主要内容和支持信息,使用恰当的过渡语句连接不同部分,确保内容的连贯性和完整性。

（1）明确目标受众。

在准备导游词前,先了解游客的基本情况,如家庭游、学生团、老年团等,以便调整语言风格、信息量和侧重点,使内容更加贴近他们的兴趣和需求。

（2）信息准确且丰富。

事先做好充分的研究,确保所有信息来源可靠,避免误导游客。同时,注重挖掘景点的独特之处,如建筑风格、历史典故、文化意义等,使内容更加丰富多元。

2. 构建景点知识框架

构建旅游景点知识框架是一个系统性的过程,旨在全面、深入地了解和分析旅游景点的各个方面,将复杂的景点信息按照时间、空间、类别等维度进行梳理,形成清晰的知识框架图。通过思维导图、概念图等工具辅助记忆,以便更好地进行旅游规划、推广和管理。以下是一个详细的构建步骤,包括关键要素和参考信息的整合。

（1）确定知识框架的核心要素,分类信息。

①基本信息。

名称:景点的正式名称。

地理位置：包括所在国家、省份、城市及具体地址。

类型：如自然风景区、人文景观、历史遗迹、主题公园等。

开放时间：景点的营业时间，包括淡旺季的不同。

门票价格：全价成人票及其他优待票的价格信息。

②历史与文化。

历史沿革：景点的历史背景、发展过程、重要事件等。

文化内涵：景点的文化意义、传说故事、民俗风情等。

③景点特色。

自然景观：山川、河流、湖泊、瀑布、植被等自然景观的描述。

人文景观：建筑、雕塑、壁画、碑刻等人文景观的介绍。

独特体验：如特定活动、表演、互动体验等。

④交通与位置。

交通指南：到达景点的交通方式（乘车、步行等）及路线。

周边设施：景点周边的住宿、餐饮、购物等配套设施介绍。

⑤游览建议。

游览路线：推荐的游览路线和顺序。

游览时间：建议的游览时长和最佳游览时间。

注意事项：游览过程中需要注意的事项，如安全提示、环保要求等。

（2）收集与整理信息。

①官方渠道：访问景点的官方网站、社交媒体账号等，获取最准确、最权威的信息。

②旅游指南：参考旅游书籍、杂志、网站等渠道，获取全面的旅游信息和游客评价。

③实地考察：如果条件允许，可以亲自前往景点进行实地考察，感受其独特魅力和文化氛围。

原群在《导游技巧与导游词策划》一书中讲道：创作与实践脱节，导游词创作人员与导游应走向融合。一线导游对景区和游客最为了解，但大多数导游却不具备写作的基础能力，不能创作高水平的导游词。而专业创作者往往又没有实地导游经验和感受，既不能深入了解景区，又缺乏接触游客的条件。这就导致导游词创作与实践的脱节，其结果是书面导游词干瘪无味，书面语色彩太浓，口语化不强，不能处理好"景"与"事"的关系，故事或事理往往游离于景观内涵之外，无法契合景观实际。事实上，导游最有条件、最有资格写出优秀的导游词，这就要求强化导游培训机制，催生出一批创作型的导游。另外，专业导游词创作人员应深入景区调查研究，多接地气，在实践和体验中进行创作。总之，导游与导游词创作人员应逐步走向融合。因此，导游词的创作应该是理论与实践的结合。

（3）构建知识框架。

①分类整理：将收集到的信息按照上述核心要素进行分类整理，形成结构化的知识框架。

②逻辑关联：建立各要素之间的逻辑关联，确保知识框架的连贯性和完整性。

③可视化呈现:利用表格、地图、图片等多种形式将知识框架可视化呈现,便于理解和记忆。

知识框架适用于多种场景,尤其是古建筑讲解,导游在讲解一座古建筑时,可先构建一个以时间为轴线的知识框架图,将古建筑的历史沿革、建筑风格、功能布局等信息按照时间顺序逐一排列,并标注关键的时间节点和事件。通过这张框架图,导游能够清晰地把握讲解脉络,避免信息遗漏和混淆。

（4）记忆宫殿法。

将每个关键信息点与熟悉的空间位置相关联,通过想象在"记忆宫殿"中漫步来回忆信息。首先可以选择一个熟悉的建筑或空间作为记忆宫殿,然后将信息点与宫殿内的房间、家具等位置相对应,接着通过想象在宫殿中行走、触碰相关物品来回忆信息。记忆宫殿法对于历史博物馆的游览讲解效果显著,比如导游在准备历史博物馆的导游词时,先构建一个以古代宫殿为蓝图的记忆宫殿。将每个展厅对应宫殿的一个房间,将展品与房间内的装饰物或家具相关联。通过想象自己在宫殿中漫步,逐一参观各个房间,导游则能够轻松回忆起每个展厅的展品及其背后的历史故事。

（5）模拟联想法。

在创作导游词时,可以通过模拟对话场景和人物语气,使人有身临其境之感。比如在讲解历史人物时,可采用"穿越"对话的方式。假设自己与历史人物进行一场跨越时空的对话,通过模拟对话场景和人物语气,能生动地展现历史人物的性格特点和时代背景。这种新颖的讲解方式能让游客仿佛亲耳听到历史人物的声音,感受到历史的厚重与深邃。

（6）持续优化与更新。

①定期更新:随着景点的发展变化,定期更新知识框架中的信息,保持其时效性和准确性。

②用户反馈:收集游客的反馈意见,根据需求调整和优化知识框架的内容和形式。

③技术创新:利用新技术(如 AR/VR、大数据、人工智能等)提升知识框架的交互性和体验性。

3.强化逻辑结构

导游词应建立清晰的逻辑结构,如先概述再详述,或按时间脉络、空间方位依次展开。这有助于游客更好地理解和记忆信息。如采用"引入—展开—总结"的结构。开头需新颖,引起游客兴趣;主体部分详细讲解景点的历史、文化、特色等,同时可以穿插小故事或趣闻增加趣味性;结尾总结亮点,给游客留下深刻印象,并预告下一个景点或活动。

（二）关键点提示

针对景点相关知识覆盖面广、导游记忆负担重等问题,可以制作包含关键信息点的提示卡,以便导游在讲解过程中快速翻阅回顾。

1.确定景点和讲解内容

(1)选择景点:明确将要带领游客参观的景点。

(2)梳理讲解内容:对每个景点的历史背景、文化意义、建筑特色、重要事件、传说故事等进行梳理,确定需要讲解的关键点。

2.设计提示卡格式

(1)卡片大小:选择适合携带和翻阅的卡片大小,如索引卡或自制的小卡片。

(2)布局设计:

①标题:将每个景点的名称作为标题,放在卡片顶部。

②关键点列表:通过列表形式列出每个景点的关键讲解点,每个点尽量简短明了。

(3)图片或图标:如果可能,添加与景点相关的图片或图标,以增强记忆效果。

3.编写提示卡内容

(1)标题:在卡片顶部清晰地写上景点名称。

(2)关键点:

①历史背景:简要介绍景点的历史起源,梳理其发展历程中的重要时间节点。

②文化意义:阐述景点在当地文化传承或历史演进过程中的地位和意义。

③建筑特色:描述景点的建筑风格、设计巧思或独特之处。

④传说故事:如果景点有相关的传说故事,可以简要提及以激发游客兴趣。

⑤注意事项:包括游览路线、安全提示、拍照规定等实用信息。

4.制作提示卡

(1)打印或手写:根据设计好的格式,将内容打印在卡片上或手写在卡片上。

(2)装饰与美化:用彩色笔或贴纸对卡片进行装饰,使其更加生动有趣。但注意不要过于花哨,以免影响阅读。

5.使用与维护

(1)随身携带:在游览过程中随身携带提示卡,以便随时查阅。

(2)灵活调整:根据游客的反应和实际情况,灵活调整讲解内容和顺序。

(3)更新与补充:随着对景点的进一步了解或新信息的出现,及时更新和补充提示卡上的内容。

6.注意细节

(1)简洁明了:确保每个关键点的描述都简洁明了,避免冗长、复杂的句子。

(2)重点突出:通过加粗文字、添加下划线或使用不同颜色等方式突出重要信息点。

(3)个性化:根据自己的讲解风格和游客的需求,对提示卡进行个性化调整。

四、应用效果分析

（一）案例研究

这里以全国博物馆讲解大赛一等奖讲解词——高明的《"国粹"京剧的最美画作》为例,分析使用认知支架法的导游与未使用此法的导游在信息传递准确性上的差异。

戏台上一张脸谱,一段唱腔,看不尽的水袖,听不完的皮黄,也许国粹京剧在每个人心中,都留下了一种美,但在我心里,最美的是一组画作。

大家好! 我是国家京剧院编剧高明。作为一名写故事的人,每当我走进中国工艺美术馆、中国非物质文化遗产馆,驻足在这幅画作前,都会被它背后的故事打动,引导着我向深处寻,寻找传承的根。

这组由8幅画卷组成的京剧图谱,虽然用笔非常简练,却连戏服上的刺绣纹样都十分细致,然而这几幅只是冰山一角,全套图谱共有191幅画卷,涵盖京剧的服装道具等15个门类,总计1701张图画,最值得一提的是它分类之严谨、描画之精准,堪称读解京剧规范的标准器。

那么这些画当年是在哪儿展出? 为什么又会配有英文翻译呢?

1929年12月,梅兰芳一行21人,从北平出发,准备在上海乘船前往美国演出,携带物品,除了服装道具,就是这191幅画卷,装了满满几大箱。当时就有人疑惑,他们又不是开画展,带这么多画做什么? 可就在上海乘船的前两天,美国方面突然发来电报,声称美国正发生金融危机,若还想赴美演出,需另外再筹钱款。为了这次演出,梅先生已经是倾其所有了,于是有人提出了一个折中的方案,压缩成本,而第一个被压缩掉的就是这191幅画卷。理由很简单,劳人费马,并且维护成本太高,就算作为双方互赠的礼物也没必要带这么多,听到这一提议,梅先生只说了4个字:画必须带。最终,通过在上海一场又一场不间断的演出,社会各界人士资助,梅先生一行人终于在一个月后登上远洋客轮。

1930年2月16日,纽约百老汇迎来首场京剧演出。之后,第一次来到西方的京剧彻底轰动了大洋彼岸。至于这191幅画卷,根本不是什么礼物,而是在每场演出时挂于观众入场的前厅,这让西方观众连连惊叹,原来京剧不是简单的几个动作和唱段啊,原来京剧有着深厚文化底蕴和如此严谨的艺术规范。这就是梅兰芳携带画卷的良苦用心,这就是梅兰芳发动了近20位艺术家,画了整整7年半的良苦用心。梅先生要做的,不是满足西方观众对京剧一时的猎奇,而是艺术文化有尊严、系统化、全方位地展示交流,而他要展示的也不仅仅是这几出戏,更有中国人对自己文化的态度和艺术脊梁,还要让后来人知道,我们的京剧,第一次来到西方就是如此自信的模样。

2024年,是梅兰芳先生诞辰130周年,整整130年,我想这位艺术家留给我们的,不仅仅是几出戏,更有一种艺术精神、一份家国情怀。就像这191幅画卷,它目送着百年来每一支文化队伍自信而去,也见证着他们载誉而归,更感召着编写故事的我,带着这一份艺术精神,徜徉在博物馆里,与文物对话,与观众分享,也将博物馆给我的滋养,倾注在我的创作之中,流淌于笔墨之间,编写好国粹京剧的故事,传承好博物馆的故事,讲好中国故事,谢谢大家。

这是一篇充满情感与深度的导游讲解词,它不仅引领人们走进了充满魅力的京剧艺术世界,更通过一组独特的画作,展现了梅兰芳先生及其团队对京剧文化传承的执着与智慧,其中认知支架方法作用十分凸显。

1. 开篇引人入胜,情感铺垫到位

讲解词以"戏台上一张脸谱,一段唱腔"为引子,迅速将人带入京剧的艺术氛围之中,随后笔锋一转,提出"最美的是一组画作",这种对比与悬念的设置,激发了人们的好奇心,为后续的深入讲解奠定了良好的情感基础。

2. 故事法运用:细节丰富,讲述生动

高明在讲解中详细描述了京剧图谱的构成、数量、分类及特点,尤其是通过"用笔非常简练,却连戏服上的刺绣纹样都十分细致"等描述,展现了画作的精湛技艺和严谨态度。同时,他还穿插了梅兰芳携画赴美演出的历史故事,使讲解内容更加生动具体,富有感染力。

3. 情感升华,主题深刻

讲解词不仅停留在对画作和历史的描述上,更通过梅兰芳坚持携画赴美的行为,升华出对京剧文化传承的深刻理解。梅兰芳此举不仅是在展示京剧的艺术魅力,更是在传递一种文化自信和艺术尊严,这种精神层面的探讨,使得讲解词的主题更加深刻,引人深思。

4. 语言优美,表达流畅

整篇讲解词语言优美、表达流畅,既有对京剧艺术的深情赞美,也有对历史故事的娓娓道来,还有对文化传承的深刻思考。高明运用丰富的词汇和生动的比喻,使得讲解内容既富有文学性,又易于听者理解和接受。

同时,高明巧妙地将梅兰芳先生的故事与当下联系起来,提到2024年是梅兰芳先生诞辰130周年,借此机会回顾历史、展望未来。他表达了作为编剧对于传承京剧艺术、讲好中国故事的责任感和使命感,这种时代感和前瞻性,使得讲解词更加具有现实意义和激励作用。

总之,《"国粹"京剧的最美画作》是一篇成功的导游讲解词,它通过一组独特的画作,引出了梅兰芳先生及其团队对京剧文化传承的执着与智慧,展现了京剧艺术的深厚文化底蕴和严谨艺术规范。同时,讲解词还巧妙地融合了情感、历史、文化和时代元素,使得整篇内容既生动具体又深刻感人。这样的讲解词不仅能够吸引人们的注意力,更能够激发他们的文化认同感和自豪感,值得借鉴。

(二)数据收集

通过调查问卷或反馈表收集游客对导游讲解的满意度。

任务二　讲解吸引力不足问题与故事化策略

任务描述

部分导游在讲解时过于依赖平铺直叙的叙述方式,缺乏生动性和趣味性,导致讲解内容枯燥乏味,难以吸引游客的注意力。游客可能因讲解内容单调而分心或失去兴趣,最终导致旅游体验下降。

任务目标

通过故事化等策略,增强讲解的吸引力和知识性,从而提升游客的参与度和满意度。

一、问题背景

原群在《导游技巧与导游词策划》一书中指出:流于"填鸭式"说教,休闲旅游时代需要导游词与时俱进。导游词创作习惯于平铺直叙、泛泛而谈,不能使游客窥一斑而略知全豹,更不能使之在轻松活泼的互动中,对景区的人文和自然产生立体的感悟和体验,其结果是刻板的"填鸭式"的说教,缺乏鲜明的主题和观点,内容单薄,结构层次不清楚,逻辑性不强,条理不清晰。随着休闲旅游时代的到来,国家适时出台了《国民旅游休闲纲要(2013—2020年)》,各种新型旅游方式不断涌现,游客需求以及景区旅游环境、项目和设施在发生改变,其共有特点是讲究旅游的体验性、参与性和个性化。因此,导游词创作应适应市场需求、游客的旅游取向和旅游项目的改变,逐步实现从公众化导游词向定制化、专一化、动态化导游词的转变,以最大限度地调动游客的激情,使其享受旅游过程,在旅游中有所体悟,获得身心愉悦。

二、语言表达问题

导游词作为传递信息和情感的重要媒介,其语言表达的质量直接影响信息的清晰度和感染力。原群在《导游技巧与导游词策划》一书中有言:中国旅游业经过20多年的快速发展,景区环境和质量随着市场的需求有了大幅度的提升,特别是国家推出A级景区评定标准和实施《中华人民共和国旅游法》后,更是得到质的提高,从3A级到4A级,从4A级到5A级,可谓日新月异。但作为景观推介的导游词却没有适应景区、游客旅游心理和旅游外部环境的变化,仍停留在"三老四性"的层面,即老模式、老腔调、老版本,以及严格执行所谓的景观的保真性、知识的辅导性、套路的范文性和内容的政治性,不能够与时俱进。常见的问题包括用词单一、语调平淡无变化、语速不当及情感表达不足等。由此可见,导游词的语言有着很大的进步空间,体现在词汇、语调和语速等方面。

1.问题分类

(1)词汇使用的问题:导游在讲解时往往使用日常化的词汇,缺乏生动性和吸引力。专业术语的滥用或解释不足也会使游客难以理解。

(2)语调和语速的问题:导游的语速常常过快,导致游客听取和理解的难度增加;而语调过于平缓,则缺乏足够的情感,使得讲解内容难以激起游客的兴趣。

2.解决方法

(1)增强语言表达的训练:建议定期对导游进行语言表达的培训,包括词汇的丰富性训练、语调和语速的控制,以及情感表达技巧。

(2)实际应用和反馈:在实际应用中,导游应尝试使用丰富的词汇和变化的语调,根据游客的反应适时调整语速和情感投入。此外,还可以通过收集游客的反馈来进一步调整和改进语言表达的方式。

三、吸引力不足问题

(一)问题

讲解内容过于专业或抽象,难以引起游客共鸣。

(二)解决方法

1.挖掘故事元素

深入挖掘景点背后的历史故事、人物传奇、民间传说等素材,寻找与游客兴趣点相契合的故事元素。可以先广泛收集与景点相关的历史文献、地方志、口述历史等资料,筛选出与游客兴趣点相关的故事元素并进行整理,再根据讲解需要调整故事结构和内容。

2.构建叙事结构

采用起承转合的叙事方式构建故事框架,确保故事有吸引力、有高潮、有结尾。

这里以全国博物馆讲解大赛一等奖讲解词——董臻的《轻舟与它的万重山》为例进行分析。

(1)确定故事的开头(引起兴趣)、发展(展开情节)、高潮(激发情感共鸣)、结尾(总结升华)等关键部分。

(2)设计引人入胜的开头,如设置悬念或提出疑问,以吸引游客的注意力。例如:

　　在浙江省博物馆青瓷馆,有一个独立展柜,里面停靠着一艘精致的小船,龙泉窑舟形砚滴。在5000年的文明里,我们从来都是向往山海的民族,山是一抹苍翠,海是一片湛蓝,苍翠与湛蓝调和之下,就成了一道青绿,今天我们的故事就从这道青绿说起。

　　开篇引入,设置情境,以"轻舟与万重山"的诗句意象开篇,迅速将游客带入一个充满诗意的文化氛围中,同时点明中华民族对山海的向往,为后续的讲解铺垫了情感基调。同时,"苍翠"与"湛蓝"调和成"青绿"的色彩象征设置悬念,不仅描绘了自然之美,还隐喻了青瓷的独特釉色,自然过渡到主题文物。

　　(3)在发展过程中逐步揭示故事细节,保持游客的好奇心。例如:

　　在博物馆见到它第一眼,你肯定会被它的颜色所吸引,从东汉到南宋,制瓷匠人们用了1000多年,才终于把眼中的青山绿水之色,定格在手中浴火重生的青瓷之上。这件舟形砚滴,来自元代,它的釉色,正是龙泉窑鼎盛时,粉青釉的代表,而这抹青绿,也是宋徽宗渴求过的"雨过天青云破处",在现实里的又一次再现。

　　此段讲解词强调舟形砚滴的颜色魅力,指出这是制瓷匠人技艺传承的结晶,特别是其粉青釉色,与宋徽宗追求的"雨过天青云破处"相呼应,提升了文物的艺术价值和历史意义,激发了游客的好奇心。

　　(4)打造高潮部分,通过情感渲染或戏剧冲突,让游客产生强烈的情感共鸣。结尾部分要简洁有力,总结故事主旨,留给游客深刻印象。例如:

　　在博物馆见到它的第二眼,你就会被它的细节震撼。在工匠的巧手之下,看船的右侧,一位船夫正要翻身爬上船舱,伸手去够吹落的斗笠。再看船舱内部,两位船客正举杯畅饮,相谈甚欢。

　　在博物馆见到它的第三眼,也许你会开始好奇,这两位船客是谁呢? 在文人风气盛行的元代,一艘小船,两位船客,是许多文房用品中常见的艺术表达,它所还原的正是苏东坡在《赤壁赋》中与好友泛舟的场景。这件舟形砚滴里的船客,很有可能正是苏东坡。那天晚上苏东坡与好友泛舟游于赤壁,清风徐来,水波不兴,两人举起酒杯向对方劝酒,感叹着浮游于天地,沧海之一粟,不知东方之既白。第二天,苏东坡趁着醉意提笔写下名篇《赤壁赋》。

　　上述讲解词通过"三眼"细致描绘船夫、船客的动作与神态,将人们带入到元代文人雅士的生活场景中,特别是与苏东坡《赤壁赋》的联想,增强了文物的文化内涵和故事性。

Note

（5）在讲解过程中，注重情感融入和游客体验，让游客仿佛置身于故事之中。例如：

> 回看这件国宝，还有隐藏的细节。靠近展柜，你会看到砚滴上有两个孔洞，砚滴是古人写诗作画时为砚台磨墨添水的工具，使用时，主人端起砚滴，一手用拇指堵住控水口，配合轻重缓急地按压，利用大气压强就能控制流水口的流速。
>
> 不过有件事我一直没想明白，这件舟形砚滴的流水口实在过于宽大，堵住控水口时，真的能控制水流吗？最近一位来自龙泉的"80后"制瓷匠人刘梁锋，用了9个月的时间复刻了浙江省博物馆的这件舟形砚滴。我辗转联系到刘老师，向他请教，他说其实船舱内部还有玄机，如果我们从流水口的方向向深处看，就会发现里面有一道像隔水仓一样的带孔隔板，正是这一道隔板的存在，让大气压强得以应用在这件砚滴之上。

讲解过程中，应尽可能融入生活体验，拉近导游与游客的距离，实现知识传播。上述讲解词介绍了砚滴作为文房用品的实用功能，同时对流水口的设计提出了疑问，引发人们的好奇心和探索欲，并通过现代制瓷匠人的复刻实验，揭示了砚滴内部结构的玄机，展现了古代工匠的智慧和技艺。

（6）使用生动的语言，让游客能够感受到故事中的场景和情感，达到情感升华的目的。例如：

> 不过谁也没想到的是，如此精妙的一件国宝，"出生"却非常平凡，只是村民在田间地头无意间捡到的，好像是谁走得匆忙，不小心把它落下了，捡到舟形砚滴的上严儿村古窑址，属于龙泉的东区窑址，在贸易繁荣的元代，这里的瓷器主要出口外销，无数的青瓷从这里登上了一艘艘货船，顺着瓯江来到温州的朔门古港，开始它们的海上丝绸之路的旅程，也把中国的这套"青绿"，带向了世界各地。不知什么原因，这件舟形砚滴，没能赶上那艘远航的大船，成了落在港口里的一叶小舟。
>
> 繁荣的海上丝绸之路延续千年，文化在交流中传播，历史在变迁中流转，它见证着古老的中国，在国际往来中翻越过的万重高山。几百年后，大船驶向了万重山，小舟停靠在博物馆，它把它的遗憾，化作醇厚的釉色，以文物的姿态，向世人娓娓道来。在新的时代，我们发现：轻舟已过万重山。谢谢！

上述讲解词生动讲述了文物被村民偶然发现的经历，反衬出其不凡的历史价值，同时介绍了元代龙泉青瓷的出口贸易情况，揭示了海上丝绸之路的文化交流作用。将文物与海上丝绸之路的宏大历史背景相结合，展现了中华文化的传播力和影响力，以及文物作为历史见证者的独特地位。最后结语升华,以"大船驶向了万重山,小舟停靠在博物馆"的对比,表达了历史的变迁和文化的传承,同时赋予文物以生命,让它以"遗憾"为美,向世人讲述过去的故事。结尾"轻舟已过万重山"不仅是对文物历史的总结,也是对新时代中国发展的美好寓意,鼓励人们勇于前行、不断超越。

(7)鼓励游客参与互动,如提问、讨论、角色扮演等,增强游客的参与感和体验感。

导游在讲解时,鼓励游客参与互动的重要性不言而喻,这对于提升旅游体验、加深游客记忆、促进文化交流以及形成良好的旅游氛围都具有关键作用。比如前文出现了两次疑问"这对船客会是谁呢?""真的能控制水流吗?",导游通过提出问题,引起游客思考,实现双方碰撞互动。又比如以博物馆里的"寻宝游戏"为例,导游在博物馆讲解时,设计一场"寻宝游戏",根据展品的特点和背后的故事,设置一系列谜题和线索,引导游客在参观过程中寻找答案。通过这种互动式的讲解方式,不仅让游客在寻找答案的过程中获得了乐趣和成就感,还加深了他们对展品及其历史背景的认识和理解。

(8)根据游客的反应和兴趣点,灵活调整讲解节奏和内容,确保讲解始终与游客保持共鸣。

下面以全国博物馆讲解大赛一等奖讲解词——李莹的《天真的美丽——鹿纹盆》为例,该讲解词同样也建立了完整的叙事结构:

> 尊敬的各位老师,亲爱的同行朋友们,大家上午好,今天我讲解的题目是《天真的美丽——鹿纹盆》。
>
> 观众朋友们,在中国传统文化里,鹿始终象征着美丽与吉祥,古代的"麗"字,也和鹿有关,它的上面是一个今天简化汉字的"丽"字,而底下是一个"鹿"字。那么人们这种审美理念是怎样来的?鹿为什么会象征着美丽与吉祥呢?这件鹿纹彩陶盆或许会告诉你。
>
> 这是一件闪动着非凡灵气的艺术品!1955年出土于西安半坡遗址。它红底黑彩,陶质细腻,整体构图巧妙严谨,富于变化。在陶盆口沿上,装饰着箭头纹和直线纹,恰好把圆周八等分,正是半坡人数学意识的萌芽,盆内等距离绘有四只活泼可爱、神态各异的小鹿,显得简洁而节奏明快,天真而意味深长,给人心灵以强烈的震撼。
>
> 在遥远而神秘的半坡时代,人们和鹿有着怎样的关系?为什么会把鹿画在陶器上呢?六千年前的半坡人处于母系氏族繁荣时期,尽管当时以农业生产为主,但狩猎依然是重要的生存手段。在半坡遗址发现的大量动物骨骼中,斑鹿的遗骨数量最多,这表明,当时捕获量最大的动物是斑鹿,这也直接影响了半坡人彩陶艺术的创作。
>
> 在史前的绘画艺术中,无论是旧石器时代的岩画,还是新石器时代的彩绘,人类对动物一直情有独钟。绘画在当时不仅是情感的抒发方式,更体现着人们内心强烈的愿望和祈求。半坡人正是怀着一种虔诚的心理来画鹿。尽管他们画鹿并非出于纯粹的艺术目的,而是企图通过绘制它来获得力量,

或者祈求动物的庇佑，或者希望猎取更多的食物，但他们画出的鹿却达到了极高的艺术成就。

我们来看，这件陶片上画着一只奔跑的鹿。鹿头高高扬起，四腿两两分开，好像猎人正在后面紧紧追赶，鹿正在拼命逃窜。寥寥数笔就将鹿的动态描绘得栩栩如生。盆内的四只小鹿，更是形态逼真。它们有的全身放松，像是在悠闲漫步；有的四腿直立，好像就准备奔跑。简洁的轮廓、宁静的画面、富有生气的小鹿，给人一种轻松愉悦的感觉。"鹿即是美"的那种审美意识，也在这里悄悄萌芽。

在中国传统文化中，鹿一直被认为是一种祥瑞动物，深受人们喜爱。在古代神话中，白鹿象征着长寿与善良，因此在民俗中常常与寿星相伴。此外，因为"鹿"与"禄"同音，所以鹿又有加官进禄、福禄双至的寓意。因此在传统的民居以及年画中，鹿的形象随处可见，这从侧面反映出人们对美好生活的向往和追求。

半坡人用天真的目光看待世界，用纯净的心灵感受自然。他们画出的鹿没有任何修饰，手法简洁，却给人灵魂以强烈的震撼。鹿纹彩陶盆，体现了史前绘画艺术的杰出成就，再现了6000年前半坡人的生活画卷，凝聚着先民的创造和智慧，闪烁着远古中华文明的璀璨光华。谢谢！

该篇讲解词在结构、语言、情感及互动方面展现出了精心的设计和深刻的内涵。

①结构清晰：开篇迅速引入主题，同时通过鹿在中国传统文化中的象征意义进行铺垫，激发人们的兴趣和好奇心；然后简要提及鹿与"麗"字的关联，为后续深入讲解打下文化基础，使人们对主题有了初步的认知和期待；接着通过描述鹿纹彩陶盆的出土时间、地点、材质等基本信息，将其置于半坡文化的历史背景下，逐步阐述其艺术特色和文化内涵；再对陶盆的装饰纹样、构图技巧以及小鹿的形态进行细致描绘，使人能产生直观的视觉印象，加深对作品的理解；高潮部分通过阐述半坡人与鹿的紧密联系，以及史前绘画中动物题材的重要性，引发人们对史前人类生活的想象和情感共鸣。

②语言生动形象：运用生动的语言描绘鹿纹彩陶盆的艺术特色和文化内涵，如"闪动着非凡灵气的艺术品""简洁而节奏明快，天真而意味深长"等，使讲解更加形象、具体。

③情感热情洋溢：通过语言传达出对鹿纹彩陶盆及其背后文化的热爱和敬仰之情，感染听者，使其产生共鸣。同时，对半坡人的智慧和创造力表示崇敬和赞美，对鹿纹彩陶盆的艺术成就给予高度评价，彰显对传统文化的尊重和传承。

④互动引导思考：在讲解过程中适时提出问题或设置悬念，引导人们思考并积极参与讨论，增强互动性和参与感。

《天真的美丽——鹿纹盆》这篇讲解词成功地引导人们走进了鹿纹彩陶盆所构建的历史文化世界，感受到了其独特的艺术魅力和文化内涵。

（三）故事法

故事法是导游词创作和讲解过程中经常使用的重要方法。运用故事法的前提是导游具备丰富的知识储备和生动的表达能力。导游可通过讲述真实、有趣且有针对性的故事,激发游客的兴趣和好奇心,使他们在游览过程中获得更加深刻的体验和感受。同时,导游还应注意与游客的互动和沟通,及时解答游客的疑问,提升游客的满意度和忠诚度。通过构建故事框架,将零散的信息点串联起来,形成易于记忆和讲述的故事。运用故事法进行导游词创作和讲解,应注意以下几点。

1. 确保故事的真实性与准确性

(1)来源可靠:故事应来源于历史记载、民间传说或官方资料,避免虚构或夸大其词。

(2)查证核实:在讲解前,导游应对所讲述的故事进行查证核实,确保其真实性。

2. 选择具有吸引力的故事

(1)紧扣景点特色:选择与景点紧密相关、能够突出其特色或历史背景的故事。

(2)情感共鸣:选择能够引起游客情感共鸣、激发其好奇心或兴趣的故事。

3. 运用生动的语言

(1)着重形象描绘:通过生动的语言描绘故事场景、人物形象和情节发展,使游客仿佛身临其境。

(2)运用修辞手法:适当运用比喻、拟人、夸张等修辞手法,增强故事的感染力和趣味性。

4. 注重故事的连贯性和逻辑性

(1)条理清晰:按照时间顺序或情节发展讲述故事,确保条理清晰、逻辑严密。

(2)过渡自然:在讲述不同部分时,注意过渡自然、衔接紧密,避免突兀或跳跃。

5. 适时与游客互动

(1)提问引导:在讲解过程中适时提问或引导游客提问,增加互动性和参与感。

(2)解答疑惑:对游客提出的问题给予耐心、准确的解答,满足其好奇心和求知欲。

6. 结合景点实际

(1)实地讲解:在景点现场进行讲解时,可结合景点的实际情况和游客的游览路线来讲述。

(2)实物展示:若有可能,可结合实物(如建筑、文物、碑刻等)进行展示和讲解,增强直观感受。

7. 控制时间节奏

(1)合理安排:根据游览时间和游客注意力的集中程度合理安排故事内容和讲解时间。

(2)适时调整:在游客注意力分散或时间紧迫时,适时调整讲解节奏和内容。

Note

8. 注重情感投入

(1)真诚表达：以真诚的态度和情感投入讲述故事，让游客感受到导游的热情和用心。

(2)情感共鸣：通过讲述故事引起游客的情感共鸣，使他们更加投入地参与游览活动。

故事法对提升导游词吸引力有重要作用。比如，高明的《"国粹"京剧的最美画作》中详细讲述了梅兰芳携画赴美演出的历史故事，使讲解内容更加生动具体，更将梅兰芳坚持追求的艺术精神和深厚的家国情怀展现得淋漓尽致。又比如在介绍中国九大名塔之一雷峰塔时，可以将神话传说、民间故事与建筑的历史文化等进行穿插讲解："雷峰塔始建于北宋太平兴国二年（977年），最初名为黄妃塔，是吴越王钱弘俶为庆祝其宠妃黄氏生子而建。这座塔原本是一座八角形五层的砖木结构楼阁式塔，塔内供奉着佛螺髻发舍利，寓意着国泰民安。然而，雷峰塔命运多舛，历史上曾两次遭遇大火，分别是在北宋宣和年间和明嘉靖年间，但每次灾后都得到了重建或修复。直到1924年，由于年久失修和塔砖被盗挖，雷峰塔轰然倒塌，成为一片废墟。2002年，杭州市政府重建了这座新雷峰塔，让我们得以再次领略其风采。说起雷峰塔，就不得不提那段脍炙人口的神话传说——《白蛇传》。相传，白娘子与许仙在西湖断桥相遇，因借伞定情，后结为夫妻。然而，白娘子蛇妖的身份被法海和尚识破，法海将白娘子镇压在了雷峰塔下，拆散这对恩爱夫妻。这个故事让雷峰塔声名远播，同时也成为中国四大民间爱情传说之一。游客站在雷峰塔下，都会不由自主地想起这个凄美的爱情故事，感叹人间真情的可贵。"这样的讲解词不仅使得语言生动形象，也大大提高了游客的兴趣。

任务三　文化差异挑战与跨文化交流技巧

任务描述

本任务阐述了导游在服务来自不同文化背景的游客时，可能会遇到文化理解方面的障碍，以及需要具备的跨文化交流技巧。

任务目标

为游客提供更好的服务和体验，同时促进跨文化交流。

一、文化差异挑战

（一）语言表达差异

不同国家和地区的语言、词汇和表达方式存在显著差异。例如，中文中的某些词汇或短语在英文中可能没有直接对应的表达，或者即使存在对应词汇，其文化内涵也可能不同。

导游在翻译和解释时,需要特别注意这些差异,以免游客产生误解。语言表达差异主要体现在词汇、语法、语用等方面。下面以汉语和英语为例进行说明。

1. 词汇差异

(1)词义差异:汉语和英语词汇在词义上存在不完全对应或完全不对应的情况。汉语词汇丰富,同义词、近义词较多,而英语词汇则常有一词多义的现象,词义随上下文灵活改变。

(2)词性差异:汉语的词性相对明朗,一词多种词性的情况相对较少;英语中一词多种词性的情况较为普遍。

(3)习惯用法差异:汉语和英语在习惯用法上也存在显著差异。例如,汉语中的"爱屋及乌"与英语中的"Love Me,Love My Dog"在语义上有异曲同工之妙,但使用的象征物截然不同。

2. 语法差异

(1)句子结构:汉语被称为"意合"的语言,句子结构灵活,注重逻辑性;英语则被称为"形合"的语言,句子结构严谨,注重主谓结构。

(2)时态和主谓一致:汉语表达时间主要使用助词,而英语则主要通过动词形式变化体现时态和主谓一致。

(3)非谓语动词:英语中非谓语动词使用频繁,能充当除谓语外的任何句子成分,而汉语中动词主要做谓语。

3. 语用差异

(1)礼貌交际:不同文化有不同的礼貌规则和惯例。例如,西方文化中常直接使用"Please"和"Thank You"等基础礼貌用语,而其他文化中可能通过非语言形式、语言结构或特定社交规则体现礼貌。

(2)语调:语调在不同文化中传达的信息可能不同。英语中上扬的语调通常表示疑问或不确定,而汉语中上扬语调更依赖语境和语气,可能表示惊讶、疑问、好奇、强调等多重含义,需结合具体情境判断。

(二)历史文化背景差异

历史文化背景是导游词创作的基础,不同地区的历史发展轨迹、文化传承和民族特色都会体现在导游词中。各个国家和地区的历史文化背景各不相同,这导致了人们对同一事物会有不同的看法和理解。例如,某些历史事件或人物在不同文化中具有不同的象征意义。导游需要深入了解并尊重这些差异,以便在介绍时能够准确传达相关信息,避免引起游客的反感。

历史文化背景的差异体现在历史沿革、文化传承、民族特色等方面。历史沿革即历史发展脉络,包括重要历史事件、历史人物、文化遗址等。例如,介绍西安时,会提到其作为十三朝古都的历史地位,以及秦始皇兵马俑、大雁塔等著名文化遗址。文化传承即阐述当地文化的传承与发展,包括语言、文字、艺术、宗教等方面。例如,在介绍云南民族村时,会详细介绍傣族、白族、纳西族等少数民族的文化传承,包括他们的宗教信仰、建筑风格、服饰特色等。民族特色强调不同民族之间的文化差异和特色,如生活习俗、节日庆典、民间艺术等。例如,在介绍傣族的泼水节时,会讲述其起源、传说和节日活动,以及这些活动所蕴含的文化意义。

国内外历史发展轨迹与文化传承的差异较大。中国拥有悠久的历史,经历了多个朝代的更迭,具有深厚的文化底蕴。故宫、长城等古迹不仅见证了中国的历史变迁,更成为中华文明的重要象征。在文化传承方面,中华民族深受儒家、道家等传统思想的影响,尤为注重家庭、孝道、和谐等价值观。几千年来,中国的四大发明、诗词歌赋等也对世界文明化产生了深远影响。而在西方,以欧洲为例,其历史可以追溯到古希腊、古罗马时期,中世纪的城堡、教堂等建筑反映了其独特的历史发展轨迹。其受基督教影响深远,强调个人主义、自由、平等、博爱等价值观。此外,西方的文艺复兴、启蒙运动等也推动了世界文明的发展。

综上,国内外不同国家和地区的历史文化存在个体差异性,导游词的创作与讲解的前提则是了解、熟悉、尊重各个国家和地区的历史文化背景。

(三)风俗习惯与禁忌

不同文化背景下的风俗习惯和禁忌也各不相同。

1.风俗习惯差异

例如:在社交礼仪方面,中国人常将辈分、职务等作为称谓的依据,如"叔叔""阿姨""经理"等;而在西方国家,人们则更注重个人隐私和独立性,常以名字或姓氏加称谓词来称呼他人。中国人见面时常用握手、鞠躬等方式表示礼貌和尊重;西方人则更倾向以拥抱、亲吻脸颊等方式来表达亲近和友好。在节日庆祝方面,中国的传统节日比较注重家庭团聚和祭祖祈福;西方的传统节日则大多与宗教相关。在婚丧嫁娶时,中国的婚丧嫁娶习俗烦琐且讲究礼仪;西方则相对简化,更注重个人意愿和情感体验。因此,导游在讲解和互动时需要特别注意这些差异,以避免无意中冒犯游客或引起不必要的冲突。

2.禁忌不同

例如:在社交场合中,中国人受传统儒家思想的影响,通常注重礼貌和谦逊,倾向于通过委婉措辞避免直接冲突和让他人难堪;而西方人则通常更注重个人观点和感受的直接表达,但会主动避免与种族、宗教、性别等相关的敏感话题。同时,部分手势或行为在某些文化中可能被视为礼貌或友好,而在其他文化中则可能被视为不敬或冒犯。

导游在创作与讲解导游词时,需要考虑语言表达差异、历史文化背景差异、风俗习惯与禁忌等方面的内容。通过深入了解并准确传达这些信息,导游可以帮助游客更好地了解和体验旅游目的地的文化内涵和独特魅力。

二、外语导游词翻译讲解难点

目前,中国入境旅游市场持续展现出蓬勃发展的良好态势。这股热潮不仅得益于外国游客纷至沓来,为中国旅游产业注入强劲动力,同时也反映了中国旅游业态的多元化与创新,为外国游客带来了前所未有的惊喜体验。除传统跟团游外,诸如骑行探险、City Walk(城市漫步)及由本地向导陪同的深度游等个性化、定制化旅游产品正日益受到外国游客的青睐,成为他们探索中国的热门选择。中国广袤大地上,各省独特的自然美景与深厚的人文底蕴,更是吸引了不同旅行偏好的外国游客慕名而来。

深入探究这一趋势背后的原因,不难发现,一系列利好政策的出台与基础设施的完善起到了关键作用。单方面免签国家名单的不断增加、过境免签政策的深化实施,以及签证流程的全面优化,加之支付环境的日益便捷,极大地激发了外国游客访问中国的热情。同时,各旅游目的地积极打造蕴含丰富文化底蕴的旅游项目与活动,不仅丰富了外国游客的旅游体验,也进一步拓宽了他们的探索视野。如今,北京、上海等国际化大都市成为外国游客初访中国的首选之地,而成都、西安、张家界、昆明等则以其独特的魅力吸引着众多回头客,成为他们深度体验中国文化的"进阶之选"。

知识活页
Zhishi Huoye

过境免签政策

2024年以来,一系列便利外籍人员来华政策措施相继出台。2024年上半年全国各口岸入境外国人1463.5万人次,同比增长152.7%。其中通过免签入境854.2万人次,占比52%,同比增长190.1%。截至2024年,位于18个省(自治区、直辖市)的38个对外开放口岸,对54个国家人员实施72小时或144小时过境免签政策。

(资料来源:https://www.gov.cn/zhengce/jiedu/tujie/202407/content_6961526.htm。)

随着全球旅游业的持续复苏,中国旅游业也迎来了发展热潮,对外语导游的数量需求与日俱增,而现有的外语导游在翻译和讲解时也存在一些问题。

(一)外语导游词翻译及讲解现状

随着国际旅游业的蓬勃发展,外语导游词翻译及讲解在促进文化交流、提升旅游体验方面发挥着越来越重要的作用。然而,当前外语导游词翻译及讲解领域仍存在一些问题。

1.翻译质量参差不齐

市场上外语导游词翻译水平良莠不齐,部分翻译存在语义不准确、表达不地道等问题,不仅影响游客体验,也制约了文化的有效传播。

2. 文化传递不足

由于文化差异,一些具有文化特色的词汇和表达方式在翻译时难以准确传达,这使得游客无法深入理解景点的文化内涵。

3. 现场讲解效果不佳

部分导游在讲解时缺乏生动性和互动性,难以吸引游客的注意力,使得讲解效果大打折扣。

4. 精通外语的导游数量严重不足

这一问题在旅游旺季尤为突出,许多旅行社难以满足游客对高质量外语导游的需求。当今旅游市场中,外语导游和翻译需求量较大,但很多持证导游无法提供这样的服务。

(二)导游词翻译的方法与技巧

1. 归化策略

归化策略是指在翻译过程中,尽量让译文贴近外国游客的语言习惯和文化背景,从而减少文化冲突和误解。

(1)提升文化适应性:导游需要了解并尊重外国游客的文化背景和审美习惯,避免使用可能引起误解或不适的词汇和表达方式。例如,在翻译涉及中国特有文化元素(如"龙""凤"等)的导游词时,需要考虑到这些元素在外国文化中的象征意义可能完全不同,因此需要进行适当的文化转换。

(2)提高语言流畅性:归化翻译追求译文的自然流畅,使外国游客能够轻松理解并接受。导游需要关注译文的句子结构、语法规则和表达习惯,确保译文符合目标语的规范。

举例:

> 原文:在四川西部,有一美妙去处,它背依岷山主峰雪宝顶,树木苍翠,花香袭人,鸟声婉转,流水潺潺,它就是松潘县的黄龙。
>
> 译文:One of Sichuan's finest spots is Huanglong which lies in Songpan just beneath Xuebao, the main peak of the Minshan Mountain. It has lush green forests filled with fragrant flowers, bubbling streams and singing birds.

上述译文没有将"黄龙"直译为"Yellow Dragon",因为"龙"在中西文化中的象征意义不同。归化策略使译文更符合目标语游客的文化背景,突出了景区的自然美景而非文化象征。

2. 异化策略

异化策略则强调在翻译过程中保留原语文本的文化特色和语言风格,以展现原文的异国情调和独特魅力。

(1)注重文化保留:异化翻译注重保留原文中的文化元素和特色表达,使外国游客能够感受到原文的独特之处。例如,在翻译中国景点诗词或成语时,可以采用音译加注或直译加注的方式,以保留原文的音韵美和意象美。

(2)统一语言特色:导游需要关注原文的语言特色和风格,并尽量在译文中予以保留。这包括原文的修辞手法、句式结构、词汇选择等方面。通过异化翻译,外国游客可以更好地了解原文的文化背景和语言特点。

举例:

原文:这些附近农村的女信徒正在拜观音。

译文:Those female pilgrims from the neighboring rural areas are now seen to kowtow to Guanyin.

"kowtow to Guanyin"保留了原文中的中国特色词汇"观音",以及"磕头"的动作,使译文更具情调,有助于传播中国文化。

3. 增译法

增译法是指在翻译过程中增加必要的注释或解释,以帮助外国游客更好地理解原文内容。

(1)补充文化背景:对于原文中涉及的文化背景、历史典故或专有名词等,导游可以在译文中增加注释或解释,以帮助目标语游客更好地理解原文的含义和来源。

(2)补充信息:在翻译过程中,如果原文中的某些信息在外国文化中较为陌生或难以理解,导游可以通过增译的方式提供额外的信息或解释,使译文更加完整并易于理解。

举例:

原文:这座古桥见证了千年的历史沧桑。

增译:This ancient bridge has witnessed the vicissitudes of history for thousands of years, serving as a living testament to the past.

译文增加了"serving as a living testament to the past",补充了原文未明确表达的信息,使译文更加完整和易于理解。

4. 直译与意译结合

直译法强调保留原文的语言结构和表达方式,而意译法则更注重传达原文的意思和意境。在实际翻译中,往往需要将这两种方法结合起来使用。

(1)直译法的应用:当原文的词汇和句子结构相对简单、文化色彩不浓厚时,可以采用直译法。这样可以保持原文的语言风格和表达方式,让外国游客感受到原汁原味的内容。

（2）意译法的应用：当原文的词汇和句子结构较为复杂或具有浓厚的文化色彩时，需要采用意译法。意译后，译文更加符合外国游客的语言习惯和审美标准，也更能传达原文的意思和意境。

举例说明：

> 原文：长城是中国古代军事防御工程的杰出代表。
> 直接翻译：The Great Wall is an outstanding representative of China's ancient military defense projects.

这种翻译方式保留了原文的所有词汇和语序，直接对应翻译，适合那些字面意思即可传达清晰信息的句子。

> 意译：The Great Wall stands as a magnificent symbol of China's ancient prowess in defensive architecture.

意译则更注重传达原文的深层含义和氛围。这里将"杰出代表"意译为"magnificent symbol"，并添加了"in defensive architecture"来更具体地说明长城在防御性建筑方面的卓越成就，使译文更加生动和富有感染力。

5. 逐字翻译与突出重点结合

逐字翻译法强调保留原文的每一个词汇和语法结构，而突出重点法则强调在翻译过程中突出原文的核心信息和重点内容。

（1）逐字翻译的应用：在翻译专有名词、术语或特定表达时，可能需要采用逐字翻译法以确保其准确性和一致性。然而，这种方法并不适用于所有情况，因为它可能会破坏原文的流畅性和可读性。

（2）突出重点的应用：在翻译导游词时，需要特别关注那些能够吸引游客注意力、传递核心信息或具有独特魅力的内容。突出重点法可以使译文更加生动、形象、易于理解和记忆。例如，在翻译描述自然景观的句子时，可以突出其独特的地理特征、生态价值或人文内涵等。

举例：

> 原文：九寨沟以其独特的山水风光和丰富的生物多样性而闻名于世。
> 逐字翻译与突出重点结合：Jiuzhaigou Valley is renowned worldwide for its unique landscape of mountains and waters, as well as its rich biodiversity.

这里并没有完全逐字翻译，而是保留了原文的主要信息和结构，同时突出了"独特的山水风光"和"丰富的生物多样性"这两个重点信息,并且通过"is renowned world-wide"强调了九寨沟的国际知名度,使译文更加精练。

6. 文化信息的处理

(1)文化转换:对于原文中涉及的文化信息,导游需要根据目标语游客的文化背景和审美习惯进行适当的转换。这包括文化元素的替换、文化意象的重构和文化内涵的阐释等。

(2)文化保留:在某些情况下,为了保留原文的文化特色和独特魅力,导游可以选择在译文中保留原文的文化信息。这通常需要通过解释来帮助目标语游客理解其含义和背景。

举例:

原文:春节是中国最重要的传统节日,家家户户都会贴春联、放鞭炮来庆祝。

文化信息处理:The Spring Festival is the most important traditional festival in China, during which every family will paste Spring Festival couplets and set off firecrackers to celebrate.

在翻译中,对"贴春联"和"放鞭炮"这两个具有浓厚文化色彩的活动进行了详细解释,使目标语游客能够理解这些活动的含义和目的,同时,也保留了原文的语序和结构,使译文既忠于原文又易于理解。

7. 顺应语言结构

(1)词性转换:由于汉语和英语在词性使用上存在较大差异(如汉语动词和形容词突出,而英语名词和介词突出),导游在翻译过程中需要进行适当的词性转换以确保译文的通顺流畅。

(2)句子结构调整:汉语和英语的句子结构存在较大差异(如汉语主语功能较弱而英语主语功能较强),因此,导游在翻译过程中需要关注原文和目标语的句子结构。

举例:

原文:黄山以奇松、怪石、云海、温泉"四绝"著称。

顺应语言结构:Huangshan Mountain is famous for its four wonders: unique pines, grotesque rocks, sea of clouds, and hot springs.

上述翻译顺应了英语的并列结构,将"四绝"分别译为四个并列的名词短语,并使用了冒号来引出这些并列项。这种翻译方式不仅保留原文的信息量,还使译文更加符合英语的表达习惯,易于目标语游客接受和理解。

三、跨文化交流技巧

（一）尊重与理解

导游应尊重并理解不同文化之间的差异,包括历史、宗教、价值观和习俗等。这种尊重和理解是建立良好跨文化交流关系的基础。通过学习相关文化知识和历史背景,以及与当地人的交流,导游可以提升自己的认知,从而更好地理解游客。

（二）灵活沟通

导游应具备灵活的沟通技巧,以适应不同文化游客的需求。在交流时,注意语速、用词和肢体语言的差异,以确保信息的准确传达。善于倾听和观察游客的反应,以便更好地理解他们的需求和意图,并据此调整自己的讲解方式和内容。

（三）避免敏感话题

在跨文化交流中,文化冲突和误解难以完全避免。为了减少这种情况,导游应尽量避免谈论可能引起争议的话题,如政治、宗教和敏感的历史事件等。如果游客提出了意见或质疑,导游应礼貌、耐心地回应,尽量避免争论和冲突的发生。

（四）适当翻译与解释

在翻译和解释时,导游应适当运用解释法、类比法等,以确保游客能够准确理解相关信息。对于一些具有中国特色的词汇或短语,导游应提供必要的解释和背景信息,以帮助游客更好地理解其含义和背后的文化内涵。

（五）持续学习与提升

导游作为文化交流的桥梁,应持续学习和提升自己的跨文化沟通能力。通过参加培训、阅读相关书籍与同行交流等方式,不断积累经验和知识。同时,关注旅游市场的变化和游客需求的变化,以便及时调整自己的讲解方式和内容,更好地满足游客的需求。

综上所述,导游在创作与讲解导游词时,需充分认识文化差异带来的挑战,并灵活运用跨文化交流技巧来应对这些挑战。通过尊重与理解、灵活沟通、避免敏感话题、适当翻译与解释,以及持续学习与提升等方式,导游不仅可以为游客提供更好的服务和体验,还能助力搭建跨文化交流的桥梁。

案例分析
Anli Fenxi

全国特级导游张洋:"彰显文化自信,讲好中国故事"

2022年5月下旬,2021年全国特级导游考评结果公布后,作为北京唯一的一名获评者、中青旅国际旅游有限公司外语导游张洋更忙了。他忙着筹备特级导游工作室,忙着撰写红色旅游景点导游词,忙着准备多个骑行团队。

他说:"一名优秀的外语导游永远都要不断地自我提升和自我创新,努力成为专家型导游和外语翻译人才,从容应对当前跨境旅游市场跨语言、跨国文化交流的新需求。今后,我将继续努力,在危机中寻新机,于变局中开新局,彰显文化自信,讲好中国故事。"

2021年全国特级导游考评是时隔23年后重新启动的第三次考评。相比前两次,此次考评在参评人员的选拔条件、知识储备、专业能力等方面要求更高,如要求外语参评者精通跨文化交流、外语翻译等方面知识。精通跨文化交流等方面知识、具备较强的外语翻译水平正是张洋多年来在实践中逐渐形成的个人素养。

1997年,毕业于国际关系学院英语专业的他,因为大学期间一次在故宫兼职的经历爱上了导游职业,毕业后,毅然选择进入旅游行业。

1998年,张洋接待了导游职业生涯中的第一个荷兰旅游团,那是他第一次意识到外语导游要承担的责任。张洋接待的是一个研究中国历史文化的学者访问团,一路上,张洋出色的讲解和周到的服务赢得了客人的赞赏。送别客人那天,团里一对年过花甲的老夫妇特意将他请到房间表示感谢。老先生还盛情邀请他来年一定要到荷兰看一看。"那位老先生说:'从你的讲解中我们感受到了你为自己祖国感到自豪和骄傲,我们看到了一个历史厚重、快速发展的美丽中国。我想请你去我们的国家看一看,因为我们也为自己的祖国感到自豪和骄傲。'那一刻我明白了,原来导游讲解能够激发外国游客对于民族自豪感的共情。作为外语导游,不单要讲解好、服务好,还要与游客进行更多文化层面的交流,产生互动、形成共鸣。"张洋说。

那么,如何与游客进行文化层面的交流呢?对此,张洋的回答是重新创作导游词。第三次全国特级导游考评期间,张洋提交了原创导游词《北京颐和园的皇家园林特色》。他说:"北京颐和园加上黄山西递民居、茶园以及苏州网师园、甪直水乡等景点,是疫情暴发前中青旅国际旅游有限公司新推的一条线路,园林资源丰富。我在讲解时,注重通过对不同园林布局艺术、造景方法以及整体风格的解析,提升游客对于中国南北方园林的鉴赏能力,学会甄别东西方园林的异同,并最终达到现场游览体验的最佳效果。实践证明,对于类似这种文化内涵较丰富的个性化导游词,游客反响非常好。"

(资料来源:《中国旅游报》,2022年7月28日。)

分析:

从上述案例中可以得知,成为一名优秀的外语导游,需精通跨文化交流、外语翻译等知识,这样才能写出合格的导游词,彰显文化自信,讲好中国故事。

任务四 讲解互动及应变问题与解决方法

任务描述

讲解时若缺乏互动技巧,会降低游客的参与感和满意度。同时,导游可能因缺乏应对突发事件的经验或技能,而无法妥善处理问题,最终影响旅游活动顺利进行。

任务目标

能够创新互动形式,激发游客的参与积极性,提高现场应变能力。

一、互动问题及解决方法

(一)互动问题

1.互动方式单一

若互动仅局限于简单的问答形式,就会缺乏多样性和趣味性,从而难以长时间吸引游客的注意力,也无法充分调动游客的参与积极性。

2.忽视游客反馈

导游在讲解过程中未能有效利用游客的反馈来调整互动策略,导致互动效果不佳。

3.缺乏互动性设计

部分导游词仅停留在单向信息传递层面,导游词中未设置与游客互动的环节,导致游客参与度低,游览体验单调。

4.互动内容不贴切

互动内容可能与景点特色、游客兴趣点不匹配,导致互动效果不佳,甚至引起游客反感。

5.互动时机不当

互动时机选择不合理,可能打断游客的游览节奏,影响整体游览体验。

6.缺乏智能化演进

智慧旅游需要智能型导游词。"智慧旅游"理念的兴起,为旅游行业开辟了全新的增长路径,其核心要素——智慧规划、智慧体验与智慧传播,正逐步渗透并重塑旅游产业的每一个环节。作为现代服务业的领军者,旅游业正站在"云计算"与"人工智能"的潮头,迎接着由游客个性化、自主化趋势驱动的行业变革。作为智慧营销和智慧传播的关键部分,导游词与导游讲解也随之发生了深刻变化。新时代的导游不仅是旅途中的引领者,更是智慧旅游体验的塑造者。他们需积极拥抱科技,化身智能导游的载体,通过提供权威精准、实时更新、个性定制的旅游信息,为游客打造从行前规划到途中服务,再到归途回忆的全方位智慧服务体验。《导游技巧与导游词策划》一书中也提到:智能导游要提供权威、全面、及时、准确、个性化的旅游信息,并在游前、游中、游后提供全方位的资讯保障,提供360°全景体验、景区导览、二维码验证等服务,游客打开智能导游客户端就能跟随着讲解员游览,并能听到详细的讲解。因此,导游词创作面临着智能化、高端化、规范化的升级,以融入涵盖旅游体验、旅游互动和旅游消费的导航、导游、导览、导购等一系列服务功能的景区智能导游系统,让游客的旅游过程更顺畅。导游词不再仅仅是景点的简单介绍,而是融入了情感交流、文化深度挖掘、互动元素设计等多维度元素的创作艺术。这些精心编撰的导游词,将无缝对接智能导游系统,与导航、导览、导购等智能化服务深度融合,共同构建起一个集游览、学习、娱乐、消费于一体的综合旅游服务平台,让每一位游客的旅程都充满惊喜与收获,真正实现旅游体验的全面升级。

(二)解决方法

1. 设计多样化的互动环节

(1)故事讲述。

在导游词中穿插与景点相关的历史故事、民间传说等,通过引人入胜的故事吸引游客注意力,并在故事结尾设置问题,引导游客思考。

(2)角色扮演。

在条件允许的情况下,可以设计角色扮演环节,让游客参与其中,如模拟古代场景并进行角色扮演等,以增强代入感和互动性。

(3)问答游戏。

设计趣味问答游戏,通过游戏形式提高游客的参与度和兴趣。

(4)结合景点特色设计定制个性化互动内容。

在创作导游词时,要深入了解景点特色,结合游客兴趣点设计互动内容。例如,在介绍古建筑时,可引导游客观察建筑细节,并就其背后的历史故事或设计理念进行提问。假设你带领一群对历史文化有浓厚兴趣且希望获得独特体验的游客游览故宫,传统的导游词可能无法完全满足他们个性化的需求,此时则可以为他们定制导游词。

①前置调研:在导游服务开始前,通过问卷调查或简短交流了解游客的兴趣点、知识背景及期望。

②定制路线:根据调研结果,为游客设计一条个性化的游览路线,比如专注于皇家生活细节、书画艺术鉴赏或建筑设计理念等特定主题。

③故事化讲解:在导游词中融入更多与游客兴趣相关的故事或细节,让讲解更加贴近游客的心灵。

(5)利用现代科技手段。

可利用AR(增强现实)、VR(虚拟现实)等技术,为游客提供更加直观、生动的互动体验。例如:在介绍敦煌莫高窟时,传统的导游词和图片展示可能无法让游客充分感受到壁画的精美和历史的厚重。此时,可以通过VR技术,让游客"身临其境"地走进莫高窟,跟随导游词的引导,近距离观赏壁画细节,甚至参与到壁画修复的过程中;还可以增加AR互动,开发AR应用,让游客通过手机扫描特定标记后,在手机上看到关于壁画的动态解说、历史背景介绍或艺术家访谈等,以增加互动性和趣味性。

2. 把握互动时机

在讲解过程中,导游要注意观察游客的反应和情绪变化,选择合适的时机进行互动。例如,在游客对某一景点表现出浓厚兴趣时,导游可以适时提出问题或邀请游客参与讨论。避免在游客需要安静观赏或思考时打扰他们,要尽量保持讲解的连贯性,以保障游客获得良好的观赏体验。

3. 提高导游自身素质

导游需要不断学习和积累关于景点的知识,提高自身的专业素养和讲解能力。同时,要具备良好的沟通能力和应变能力,能够灵活应对各种突发情况。在讲解过程中,导游要注重语调和节奏的控制,使讲解更加生动有趣。同时,导游还要保持热情、友好的态度,与游客建立良好的关系。

4. 定期更新导游词

随着时间的推移和景点的变化,导游词也需要不断更新和完善。导游要关注景点的最新动态和游客的反馈意见,及时调整导游词内容。

5. 重视游客反馈

建立即时的反馈机制,鼓励游客对导游词提出意见和建议,并根据反馈及时调整互动内容和方式,提高互动的个性化和有效性。

综上所述,通过设计多样化的互动环节、把握互动时机、提高导游自身素质、定期更新导游词、重视游客反馈等方法,可以有效解决导游词创作与讲解过程中的互动问题,提升游客的旅游体验。

二、现场讲解应变能力不足问题与解决方法

(一)问题描述

导游在现场讲解时可能会遇到各种突发情况,如天气突变、游客投诉等。此时,导游可能因缺乏应对突发事件的经验或技能、对景点及周边环境不够熟悉、心理素质和应变能力有待提升,而无法妥善处理出现的各种问题,进而影响旅游活动的顺利进行。

（二）解决方法

1. 情景模拟训练

情景模拟训练是一种提升导游的应变能力和讲解技巧非常有效的方式。通过设计多种应急场景，如游客突然生病、交通延误等，进行模拟训练，让导游在模拟情景中积累经验。具体训练方法及示例如下。

(1)游客对景点知识有疑问。

面对游客关于景点的历史背景、建筑风格、文化内涵等方面的疑问，导游应通过以下方式妥善处理。

①充分准备：导游应事先对景点进行深入研究，了解相关知识。

②详细解答：耐心、详细地为游客解答疑问，并适当拓展相关知识，增加游览的趣味性。

西安半坡博物馆李莹在《天真的美丽——鹿纹盆》讲解词中，是这样讲述的："这是一件闪动着非凡灵气的艺术品！1955年出土于西安半坡遗址。它红底黑彩，陶质细腻，整体构图巧妙严谨，富于变化。在陶盆口沿上，装饰着箭头纹和直线纹，恰好把圆周八等分，这正体现了半坡人数学意识的萌芽。盆内等距离绘有四只活泼可爱、神态各异的小鹿，显得简洁而节奏明快，天真而意味深长，给人心灵以强烈的震撼。"这段导游词简短而全面，以精练的语言生动展现了艺术品的非凡之处，历史背景、艺术特色与文化内涵并重，引人入胜，可见导游对于文物了解之深。一名合格的导游只有具有这样的知识储备，才能在游客对景点有疑问时对答如流。

(2)讲解时出现错误。

导游在讲解过程中出现错误时，应当及时采取诚恳且有效的措施来纠正错误，并确保游客的游览体验不受影响。一旦发现讲解内容存在错误，导游应立即停止当前讲解，并真诚地向游客道歉。要使用敬语和礼貌的措辞，如"非常抱歉，我之前的讲解有误，请允许我更正"。然后，导游应准确、清晰地更正错误内容，并提供正确的信息，也可以适当补充一些背景知识或趣闻，以增加讲解的趣味性和吸引力。如果错误对游客的游览体验造成了较大影响，导游可以采取一些补救措施，如提供额外的讲解服务、安排特别的体验活动、赠送小礼品等。讲解结束后，导游应认真总结本次讲解中的经验教训，分析错误产生的原因，并思考如何避免类似错误再次发生。

(3)讲解时忘词。

导游在讲解过程中难免会遇到忘词的情况，然而，只要处理得当，不仅可以"化险为夷"，甚至还能增加讲解的趣味性。遇到此种情况，导游应保持冷静，并采取以下措施。

①利用现场资源：迅速观察周围的环境，以眼前的景物、建筑、标志等为话题切入点。比如可以提到某个景点的特色、历史故事，或者与游客互动，询问他们是否注意到了某些有趣的细节。

②幽默化解：适时地运用幽默手法来化解尴尬，缓解紧张气氛，让游客感到轻松。

③提问互动：向游客提出问题，引导他们参与讨论。这不仅可以转移游客的注意力，还能让游客更积极地参与到讲解中来，增加互动性。例如："大家对这里的建筑风格有什么看法呢？"

④简短回顾：如果忘词的部分不是特别关键，可以简短回顾一下之前讲过的内容，然后自然地过渡到下一个话题。这样既能保持讲解的连贯性，又能给自己一些时间来回忆忘掉的内容或重新组织语言。

⑤求助同事或查看资料：如果条件允许，可以向同行的导游或工作人员求助，或者查看手中的资料、导览图等，找回遗忘的内容。

⑥灵活调整：如果遗忘的部分确实难以回忆，不妨灵活调整讲解内容，将游客的注意力转移到其他相关的、有趣的内容上。这样既能使游客保持兴趣，又能避免尴尬。

⑦事后反思与学习：讲解结束后，及时反思并记录下自己忘词的原因和情境，以便在未来的讲解中避免类似情况发生。同时，也可以加强相关知识的学习和准备，提高自己的专业素养。

（4）突发事件模拟。

模拟各种突发事件（如天气变化、游客突发疾病等），让导游在模拟环境中进行应对和处理，以提升其应变能力和解决问题的能力。

①天气变化模拟：模拟天空突然下起了大雨的情景，导游需要立即调整行程，寻找合适的避雨场所，并继续为游客提供有趣的讲解内容。例如，可以引导游客前往室内展厅，讲解与雨天相关的历史故事或诗词歌赋，使游客保持游览兴趣。

②游客突发疾病模拟：模拟一位游客突然感到不适，需要紧急处理的情景。导游须迅速评估情况，采取初步救助措施（如拨打急救电话、提供舒适环境等），并向其他游客解释情况，安抚游客情绪，维持团队秩序。

（5）游客需求模拟。

模拟不同游客的多样化需求（如特殊兴趣点、文化背景差异等），让导游在模拟环境中学习如何更好地满足游客需求，提供个性化的服务。

①特殊兴趣点模拟：假设有一位游客对古建筑的结构和工艺特别感兴趣，导游在模拟训练中需要针对这一兴趣点，提前准备相关资料，并在讲解过程中深入解析古建筑的特点和工艺，让游客感受到专业性。若游客对目的地的文化传统、习俗和风俗等方面感兴趣，导游应深入了解当地文化，并在讲解中生动地传达给游客。同时可以组织游客参与一些文化体验活动，如制作当地手工艺品、品尝特色美食等。

②文化背景差异模拟：模拟接待来自不同国家和地区的游客的场景，导游需了解并尊重游客的文化背景，避免出现可能引起误解的话语或产生冒犯的行为。在模拟训练中，可以安排不同文化背景的模拟游客提出各种问题，考验导游的跨文化交流能力。

（6）互动环节模拟。

模拟各种互动环节（如问答游戏、角色扮演等），让导游在模拟环境中学习如何与游客互动，提高讲解的趣味性和参与度。

①问答游戏模拟：设计一系列与景点相关的问题，让游客提问，导游进行回答。通

过游戏的方式,增加讲解的互动性,同时检验导游的知识储备和应变能力。

②角色扮演模拟:模拟不同的场景和角色,如导游与游客、游客与景区工作人员之间的对话和互动。通过角色扮演,让导游亲身体验不同角色的需求和情感,从而更好地理解游客心理,提供贴心服务。

(7)文化冲突与误解模拟。

模拟因文化差异而产生误解或冲突的场景,让导游学会识别并妥善处理这些敏感问题,以维护和谐的旅游氛围。例如,模拟外国游客对当地某些习俗或行为表示不解甚至反感(如拍照禁忌、食物选择等)的场景,导游需要运用跨文化交流技巧,耐心解释当地文化背景和习俗的意义,同时尊重游客的个人感受,寻找双方都能接受的解决方案。

(8)游客提出不合理要求。

在导游讲解时,游客可能提出一些不合理或超出导游能力范围的要求。此时应采用合理的说服方法,向游客解释要求的不合理性,并寻求游客的理解。如果可能,为游客提供其他合理的替代方案。例如,游客要求更改行程以参观未包含在计划中的景点,导游可以解释该景点距离较远且时间紧张,建议游客下次再来参观。或者,为游客提供其他有趣且时间允许的景点作为替代选择。

(9)游客投诉与反馈处理模拟。

模拟在讲解过程中,游客对导游服务、行程安排等方面表示不满并投诉的场景,让导游学会如何有效倾听、理解游客的不满,并做出积极、合理的回应。例如在游览结束后,几位游客对某个景点的讲解质量表示不满,并向导游提出投诉,此时导游需要保持冷静、专业的态度,认真倾听游客的意见,了解具体情况,然后诚恳道歉并提出切实可行的解决方案(如提供额外讲解等),以平息游客的不满并挽回信任,事后还需总结投诉情况,记录存档,以便改进服务质量。

(10)迷路与寻人模拟。

模拟在讲解过程中,游客在景区内迷路或走失的场景,让导游掌握有效的寻人方法和技巧,以及如何与景区管理部门和其他游客协作,尽快找到走失的游客。例如在游览过程中,一位老年游客与家人走散并迷路。导游需要立即启动寻人程序,向景区管理部门报告情况并请求协助,同时利用广播、社交媒体等渠道发布寻人信息。此外,导游还需与其他游客保持沟通,询问是否有人见到过走失的游客,以及在安置好其他游客的同时,组织相关工作人员在景区内展开搜寻。

2. 反馈与改进

在模拟训练后提供专业反馈,指出导游在应对过程中的优点和不足,并提出改进建议。

3. 持续培训

定期进行情景模拟训练,以确保导游能够持续提升其应变能力。同时,邀请专业心理咨询师为导游提供心理辅导,帮助他们了解并管理自己的情绪,提升情绪调节能力。通过案例分析、角色扮演等方式,让导游学会在压力下保持冷静和理智。此外,还可以组织团队建设活动,如户外拓展训练、团队协作游戏等,增强导游的沟通和协作能力。

项目小结

导游词创作与讲解是导游工作的重要组成部分,也是展现导游专业素养和服务水平的关键环节。本项目从记忆负担问题与认知支架方法、讲解吸引力不足问题与故事化策略、文化差异挑战与跨文化交流技巧、讲解互动及应变问题与解决方法四方面,详细分析了导游词创作与讲解中的常见问题,并提出了具体的解决策略。面对导游词创作和讲解过程中的各类问题,导游应不断学习新知识,掌握新技能,努力提升个人素质和能力水平,这样才可以更加自信、从容地应对各种挑战和困难,为游客提供更加优质、专业、贴心的服务体验。

项目训练

一、知识训练

请扫描二维码进行在线答题。

二、能力训练

1.请为一座历史古城设计一段导游词开场白,要求引人入胜,能激发游客的兴趣。

2.介绍知名自然景区时,应如何巧妙地穿插生态环保知识,提高游客的环保意识?

3.请针对亲子旅游团,设计一个关于当地传统手工艺品的互动环节,并说明目的。

4.面对突发情况时(如天气突变、景点关闭等),应如何灵活调整导游词,保持游客的积极情绪?

5.请为夜间游船活动设计一段富有诗意的导游词开场白,引导游客进入夜晚的浪漫氛围。

6.介绍少数民族村落时,应如何设计互动环节,让游客更好地体验当地文化?

7.面对不同年龄段的游客群体(如老年人、年轻人、儿童),应如何制定讲解策略,以满足他们的不同需求?

在线答题
▼
项目八

参考答案
▼
项目八

Note

本课程阅读推荐

1. 原群《导游技巧与导游词策划》

该书着眼于景区景点规划策划特性,针对智慧旅游时代的游客心理需求、景区服务方式的新变化,结合具体景区景点实例,阐述了侧重个性化、互动性强的导游讲解技法,以及导游词创作与再创作的思路、原则、案例。书中内容兼具实践性与指导性、注重个性化与互动性、紧跟时代变化、具备全面性与系统性,为导游员和景区景点讲解员提供了宝贵的参考和指导。

2. 汪亚明、徐慧慧、王显成《导游词编撰与讲解实务》

该书专为旅游院校旅游管理专业及导游专业的学生设计,不仅涵盖了导游词编撰的基本理论与技巧,还详细讲解了各类导游词的编写与讲解方法,包括概况类、山地类、水体类、动植物类、古代园林类、古代建筑类、宗教景观类和主题公园类等。通过项目化的实训教学,帮助学生掌握不同类型导游词的写作与讲解,提升他们的专业技能和应试能力。此外,该书还增加了讲解视频和全国导游资格考试中景点讲解导游词的内容,为学生提供了丰富的学习资源和实战演练机会。作为浙江省普通高校新形态教材项目的一部分,该书在旅游教育和导游培训领域具有较高的权威性和实用性,是广大旅游管理专业学生和导游从业人员不可或缺的参考书之一。

3. 范志萍、张丽利《导游词创作与讲解》

该书从导游词创作与讲解概述入手,阐述了欢迎词与欢送词、沿途导游词、人文景观导游词、自然景观导游词、地方文化导游词、不同旅游团团型导游词、竞赛型导游词的创作与讲解技巧。

4. 窦志萍《导游技巧与模拟导游(第三版)》

该书以理论的先进性、知识的系统性、技能的实用性作为写作指导思想,结合新时代旅游发展对导游服务的要求与导游人才培养的特点,在第二版基础上修订而成。全书分为上、下两篇:上篇是导游技巧与艺术,以导游相关概念、要求及服务程序分析为基础,重点探讨导游语言、导游词创作、导游讲解及服务艺术,特色是"六素"导游服务与讲解。下篇是典型景观与特色旅游产品导游,包括各类自然和人文景观的学科知识背景、服务程序、线路安排、审美引导和讲解内容选择及技巧运用,与时俱进地增加了新兴旅游(如城市旅游、工业旅游、乡村旅游、红色旅游、研学旅行及特种旅游)的导游服务与讲解等内容。

5. 尹燕《英文导游词的创作与讲解》

该书针对英文导游词的创作与讲解做了一些有意义、有价值的探索,旨在更好地满足英文导游的实际需要,提高其英文导游词创作与讲解的水平,从而为游客提供更优质的服务。

参考文献

[1] 原群.导游技巧与导游词策划[M].北京:旅游教育出版社,2014.

[2] 汪亚明,徐慧慧,王显成.导游词编撰与讲解实务[M].北京:旅游教育出版社,2021.

[3] 范志萍,张丽利.导游词创作与讲解[M].北京:中国旅游出版社,2019.

[4] 窦志萍.导游技巧与模拟导游[M].3版.北京:清华大学出版社,2020.

[5] 江舸.基于旅游资源评价的导游词创作研究[M].北京:中国旅游出版社,2018.

[6] 尹燕.英文导游词的创作与讲解[M].北京:中国旅游出版社,2007.

[7] 李兴荣,李巧玲.导游实训教程[M].2版.成都:西南财经大学出版社,2015.

[8] 赵湘军.导游语言技巧与实践[M].长沙:湖南师范大学出版社,2002.

[9] 陈乾康.导游实务[M].2版.北京:中国人民大学出版社,2012.

[10] 王浪.中国著名旅游景区导游词精选[M].北京:旅游教育出版社,2010.

[11] 汪亚明,刘建明.中国5A级旅游景区导游词全编[M].北京:旅游教育出版社,2011.

[12] 范运铭.导游基础知识[M].3版.北京:高等教育出版社,2012.

教学支持说明

　　为了改善教学效果,提高教材的使用效率,满足高校授课教师的教学需求,本套教材备有与纸质教材配套的教学课件和拓展资源(案例库、习题库等)。

　　为保证本教学课件及相关教学资料仅为教材使用者所得,我们将向使用本套教材的高校授课教师赠送教学课件或者相关教学资料,烦请授课教师通过加入旅游专家俱乐部QQ群或公众号等方式与我们联系,获取"电子资源申请表"文档并认真准确填写后发给我们,我们的联系方式如下:

地址:湖北省武汉市东湖新技术开发区华工科技园华工园六路

邮编:430223

旅游专家俱乐部QQ群号:758712998

旅游专家俱乐部QQ群二维码:

群名称:旅游专家俱乐部5群
群　号:758712998

扫码关注
柚书公众号

电子资源申请表

填表时间：_____年____月____日

1. 以下内容请教师按实际情况写，★为必填项。
2. 根据个人情况如实填写，相关内容可以酌情调整提交。

★姓名		★性别	□男 □女	出生年月		★职务	
						★职称	□教授 □副教授 □讲师 □助教
★学校				★院/系			
★教研室				★专业			
★办公电话		家庭电话				★移动电话	
★E-mail（请填写清晰）						★QQ号/微信号	
★联系地址						★邮编	

★现在主授课程情况	学生人数	教材所属出版社	教材满意度
课程一			□满意 □一般 □不满意
课程二			□满意 □一般 □不满意
课程三			□满意 □一般 □不满意
其他			□满意 □一般 □不满意

教 材 出 版 信 息	
方向一	□准备写 □写作中 □已成稿 □已出版待修订 □有讲义
方向二	□准备写 □写作中 □已成稿 □已出版待修订 □有讲义
方向三	□准备写 □写作中 □已成稿 □已出版待修订 □有讲义

　　请教师认真填写表格下列内容，提供索取课件配套教材的相关信息，我社根据每位教师填表信息的完整性、授课情况与索取课件的相关性，以及教材使用的情况赠送教材的配套课件及相关教学资源。

ISBN（书号）	书名	作者	索取课件简要说明	学生人数（如选作教材）
			□教学 □参考	
			□教学 □参考	

★您对与课件配套的纸质教材的意见和建议，希望提供哪些配套教学资源：